Gustaf Gründgens

Das Buch

Gustaf Gründgens war die wohl schillerndste Figur des deutschsprachigen Theaters im 20. Jahrhundert – und die umstrittenste dazu. Keiner wurde so bejubelt und als Genie gefeiert, keiner so tief verachtet und als politischer Opportunist verurteilt. Noch heute wird er bewundert in seiner legendären Rolle als Mephisto und gleichzeitig beargwöhnt wegen seiner Nähe zur Macht während der Nazidiktatur.
Ohne Gründgens zu dämonisieren oder zu glorifizieren, zeichnet Peter Michalzik ein neues, fundiertes Porträt dieses außergewöhnlichen Schauspielers und Regisseurs. Im Mittelpunkt steht dabei Gründgens' Bühnenarbeit in der Zeit des Nationalsozialismus.

Der Autor

Peter Michalzik, Jahrgang 1963, studierte Theaterwissenschaften und Philosophie. Er ist ständiger Mitarbeiter der *Süddeutschen Zeitung*, der *Frankfurter Rundschau*, des *Deutschlandfunks* sowie Korrespondent des *Börsenblatts für den Deutschen Buchhandel*.

Peter Michalzik

Gustaf Gründgens

Der Schauspieler und
die Macht

List Taschenbuch

List Taschenbücher erscheinen im UllsteinTaschenbuchverlag,
einem Unternehmen der Econ Ullstein List Verlag GmbH & Co. KG,
München
1. Auflage 2001
© 2001 by Econ Ullstein List Verlag GmbH & Co. KG, München
© 1999 by Ullstein Buchverlage GmbH & Co. KG, Berlin/
Quadriga Verlag
Umschlagkonzept: HildenDesign, München – Stefan Hilden
Umschlaggestaltung: Init GmbH, Bielefeld
Titelabbildung: AKG, Berlin
Satz: Utesch GmbH, Hamburg
Druck und Bindearbeiten: Clausen & Bosse, Leck
Printed in Germany
ISBN 3-548-60134-0

Inhalt

Vorwort 7

Erinnerungsspuren:
Gesinnung oder Maske 11
Bedeutung als Programm:
Die ersten Jahre, die erste Ehe 31
Fuß fassen:
Emmy als Minna 64
Inseltheater:
Spielplan und Planquadrat 91
Selbstbewußt sein:
Hamlet, 1936 121
Eine Frage der Haltung:
Die Räuber 163
Fassung gewinnen:
Der Snob, 1946 193
Mephisto sein:
Faust 228
Held oder Dämon:
Der Staatsschauspieler 260

Anmerkungen 285
Chronik 299
Rollen- und Inszenierungsverzeichnis 301
Bibliographie 312
Personenregister 318
Bildnachweis 320

Vorwort

DER MANN WAR EIN ENTERTAINER, eine überragende Bühnenbegabung. Er hat in einer Zeit zu sich und seiner öffentlichen Rolle gefunden, als er sich hätte distanzieren müssen. Dadurch erschien er als Opportunist, Karrierist und Verführer. Ein Mythos wurde geboren, der bis heute das Bild des Künstlers im Dritten Reich ganz wesentlich bestimmt. Der Mann ist so zu einer Symbolfigur geworden. Und das Symbolische zu einem wesentlichen Teil seiner selbst.

Wenn er sich selbst auf der Straße begegnen würde, hat Gustaf Gründgens gesagt, würde er sich nicht erkennen. Immer wieder hat er sich beklagt, vollkommen verkannt zu werden. In einem, dem zentralen Punkt, hatte er damit recht: Gründgens war kein Teufel, er war kein Dämon, er war kein Mephisto.

Aber was ist tatsächlich geschehen? Und wie kam es zu dem Mythos Gründgens? Das sind die Fragen, die mich in erster Linie beschäftigt haben. Beide hängen eng zusammen. Insbesondere bei einem Künstler ist das Leben Teil der symbolischen Sphäre. Mit der Frage nach der Entstehung des Bildes von Gründgens als Dämon wird zugleich jene nach der Bedeutung und der Funktion des Mythos Gründgens aufgeworfen.

Damit ist die öffentliche Figur, der Künstler, in den Vordergrund gerückt. Wer Gründgens seinem innersten Wesen nach war, hat mich dagegen weniger beschäftigt. Daß Gründgens als privater Mensch integer war, läßt sich nach vielen, auch jüdischen Zeugnissen kaum bestreiten. Doch es besagt auch nicht besonders viel. Gründgens durchschaute seine Zeit nicht, sowenig wie die meisten, die zu stark in ihr verwickelt sind. Und als er zu ahnen begann, in welche Zusammenhänge er sich begeben hatte, behalf er sich, auch darin repräsentativ, mit Selbsttäuschungen. Ihm fehlte die Kraft zur Wahrheit. Macht wurde von Gründgens nicht in Frage gestellt und überprüft, sondern bestätigt.

Dieses Buch ist keine Biographie im traditionellen Sinne. Viel eher versucht es – meist orientiert an einzelnen Aufführungen oder der Inszenierungsgeschichte eines der Stücke, die ihn ein Leben lang begleiteten –, einzelne Schnitte in die psychologisch kaum zu erhellende Welt von Gustaf Gründgens zu legen. Diese Querschnitte werden dann mit biographischem Material angereichert.

Das Buch folgt deshalb der Chronologie der Ereignisse nur ungefähr. Trotzdem erhebt es einen gewissen Anspruch auf Vollständigkeit. Manchmal scheinen sich deshalb bereits angesprochene Situationen zu wiederholen. Ich hoffe, dieses Vorgehen aber immer durch einen jeweils neuen Blickwinkel zu rechtfertigen. So findet der »Faust« am Anfang und am Ende des Buchs Erwähnung. Die Absicht war, Gründgens' Rollen im Nachhinein zum Sprechen zu bringen. Gründgens wollte reines, zeitloses Theater machen. Doch die Geschichte hat ihn eingeholt. Wer sich heute mit Gründgens beschäftigt, erfährt deshalb vor allem etwas über seine Zeit.

Theater ist durch seine interaktive Natur, den Austausch zwischen Schauspielern und Publikum, ein Ort, an dem man die Gefühlsgeschichte einer Gesellschaft ablesen kann. Ein – wenn auch kleiner – Teil dieser Geschichte soll hier ebenfalls erzählt werden.

Durch die Orientierung am Theater wird das Buch notwendigerweise subjektiv. Dies um so mehr, da ich selbst Gründgens nie auf der Bühne gesehen habe. Er starb in dem Jahr, in dem ich geboren wurde. Das muß aber, wie mir bald klar wurde, kein Nachteil sein. Wie keine andere Kunst lebt Theater nur im Auge und Ohr des Zuschauers. Die Auswertung unterschiedlicher Zeitzeugnisse erlaubt deshalb ein differenzierteres Bild, als es persönliche Erinnerungen liefern könnten.

Gründgens polarisiert noch immer. Die Stellungnahmen zu Gründgens spalten sich in die aus dem Lager der Glorifizierer und jene aus dem Lager der Dämonisierer. Bei beiden Seiten ist überdeutlich, daß sie sich in einem aufeinander bezogenen, blickverengenden Spielfeld bewegen. Auch in Archiven ist Objektivität nicht zu haben, trotzdem machen es einem erstaunlicherweise immer noch nicht aufgearbeitete Akten in Berlin und Düsseldorf leichter, den »Verblendungszusammenhang« der Bewunderer und Verächter zu verlassen. So kommen diese Akten hier erstmals ausführlicher zu Wort.

Ich danke meinem Lektor Thomas Rathnow, der viel Mühe investiert hat, und Thomas Montasser, der die Idee hatte. Das Dumont-Lindemann-Archiv und das Hauptstaatsarchiv in Düsseldorf sowie das Bundesarchiv in Berlin zeigten sich sehr kooperativ. So etwas wie persönliche Nähe zu Gründgens verschafften mir in Gesprächen Marianne Hoppe, seine einstige Gattin und Schauspielpartnerin, Antje Weisgerber, einstige Geliebte und ebenfalls Schauspielpartnerin, Imo Moszkowicz, langjähriger Regieassistent, und Walter Zemma, Gewandmeister und langjähriger Garderobier.

Erinnerungsspuren:
Gesinnung oder Maske

Gustaf Gründgens' letzte Rolle war König Philipp in Schillers »Don Carlos«. Die an Selbstverleugnung grenzende Selbstdisziplin und die verbissene, aber würdevolle Pflichterfüllung Philipps haben ihn für den späten Gründgens zu einer Identifikationsfigur gemacht. Er hat Philipp als mißtrauischen, zutiefst einsamen, aber auch pflichttreuen, ausharrenden Menschen dargestellt.

Bereits kurz nach seinem Tod am 7. Oktober 1963 wurde diese Rolle zu einem ergreifenden Vermächtnis stilisiert. Selbst Siegfried Melchinger, einer der klarsichtigsten Theaterkritiker seiner Zeit, entging der Versuchung nicht. Auch ihn verführte der Tod zu Verklärung. Gründgens' Philipp sei wie ein lebender Leichnam gewesen, meinte Melchinger: »Von nun an wird er handeln wie eine Figur aus Becketts ›Endspiel‹: er wird weiterspielen, was ihm das Leben zugespielt hat; er wird es zuende spielen, [...] Ja, ich glaube, er wußte, daß es seine letzte Rolle war, er spielte eine Einsamkeit, aus der man nicht zurückkehrt.«[1] Gründgens sah jetzt, wer er geworden war, aber er hielt an dem Platz aus, an den ihn das Leben gestellt hatte. Dahin konnte ihm niemand mehr folgen. Gründgens wurde so überlebensgroß, gleichzeitig tot und lebendig schaute er als Philipp auf sich selbst und sein Leben zurück, eine tragische Figur einsamer Größe. Kunst und Wirklichkeit verschmolzen im Zeichen des Todes.

Bei Theaterschauspielern ist die Gefahr der Stilisierung besonders ausgeprägt. Aus Verwandlungskünstlern macht die Erinnerung feste Typen. Was auf der Bühne geschah, kann – im Gegensatz zum geschriebenen Wort und auch zum Film – im Nachhinein jeder so sehen, wie es ihm gefällt. Das Theater kennt, anders als andere Kunstgattungen, kein Speichermedium, es gibt kein Papier oder Zelluloid, auf dem festgehalten wäre, was war, und das die Zeiten überdauert, und so muß sich die Erinnerung auf das Gedächtnis verlassen.² Gründgens war das – wie den meisten Schauspielern – bewußt. »Eigentlich ist die Verzauberung durch Kunst bei einem Theaterabend in dem Augenblick erloschen, in dem der Vorhang gefallen ist; denn was in der Erinnerung auch bei denen, die ihn gesehen haben, weiterlebt, ist etwas sehr Subjektives und etwas, das sich im Laufe der Zeit immer subjektiver gestaltet«, sagte er 1941 bei einem Vortrag.³

Gründgens sah in dieser subjektiven Erinnerung jedoch keine Schwäche des Theaters, sondern die Grundlage seiner Dauerhaftigkeit. »Es bleibt also schließlich nur das ferne Vorbild eines großen Darstellers, das ein Anfänger aufgenommen hat; und aus immer nur flüchtigen Worten und Gebärden, aus entfliehenden, dennoch bewahrten Impressionen setzt sich das Erbe fort, von einer Zeit zur anderen weitergereicht, und darum letzten Endes alle Zeiten verbindend.«⁴ Was Gründgens für die Schauspieler sagt, gilt genauso für die Zuschauer. Erinnerung an Theater ist persönlich und emotional.

Aber ist sie tatsächlich auch dauerhaft? Wirkt Gründgens heute noch? 1995, 32 Jahre nach seinem Tod, inszenierte Johann Kresnik das Tanztheaterstück »Gustaf Gründgens« am Hamburger Schauspielhaus. Der Schauplatz war zugleich Ort der Handlung. Gründgens war in Hamburg von 1955 bis 1963 Intendant gewesen, Hamburg war eine der ersten und die letzte Station seiner 44jährigen Theaterlaufbahn gewesen. Hier hat er auch als König Philipp das letzte Mal auf der Bühne gestanden. Wo also, wenn nicht hier, hatte die Erinnerung 1995 ihren Ort?

Kresnik, das weiß man, scheut vor deutlichen Bildern und provokanten Anspielungen nicht zurück. Die Stimmung vor der Premiere war entsprechend gespannt. Während der Aufführung aber war sie dann bei weitem nicht mehr so erregt, wie erwartet, befürchtet und wohl auch erhofft worden war. Selbst nach dem sich etwas blasphemisch gebenden Ende, wo Gründgens' Asche über das Publikum verstreut wurde, regte sich niemand auf, es gab keinerlei Protest, niemand wollte sich für die verletzte Ehre von Gründgens in die Bresche werfen. Gründgens, mußte man da denken, ist also wirklich tot.

Die stärkste Szene der Aufführung war eine Seilnummer. Nachdem sie den Nationalsozialismus überstanden haben, Klaus Mann im Exil, Gustaf Gründgens in Deutschland, treffen sie noch einmal aufeinander. Mann, der einstige Freund und spätere Feind, der Mephisto-Autor und amerikanische Soldat, versucht Gründgens bei diesem späten, letzten Aufeinandertreffen mit einem Dean-Martin-Song einzuwickeln: »Return to me.« Er will ihn so zum Selbstmord verführen, er will mit ihm gemeinsam Walter Benjamin, Ernst Toller und Stefan Zweig nachfolgen. »Du und ich, wir werden den Ruf der deutschen Kultur reinwaschen, mit unserem gemeinsamen Tod«, sagt Mann und wirft ein Seil über Gründgens, an dessen anderem Ende er selbst hängt. Klaus Mann und Gustaf Gründgens waren nicht nur ihr Leben lang aneinandergekettet, behauptet die Aufführung da, Mann sehnte sich bis zu seinem Ende auch nach Gründgens. Es tanzten dann beide an dem Seil um einen imaginären Mittelpunkt. Bis sich an diesem Mittelpunkt ein Feuer entzündete, das das Seil und damit die beiden Männer trennte und Mann tot in den Bühnenhintergrund stürzen ließ. Mann verschwand, Gründgens blieb, behauptet die Aufführung also an dieser Stelle. Stimmt das?

Die Auseinandersetzung zwischen Klaus Mann und Gustaf Gründgens, die sich als ein erbittertes »Duell der Toten«, wie Marcel Reich-Ranicki es nannte, bis in die achtziger Jahre und dann weiter bis zu Kresnik fortsetzte, ist ein Kampf um die Erinnerung. Welcher der beiden Antipoden repräsentiert die Vergangenheit? Wer sagt, wie es wirklich gewesen war? Die Perspektive der Exilanten steht dabei gegen die Sicht der Daheimgebliebenen, der kompromißlose Kampf gegen den Nationalsozialismus aus der Ferne steht gegen den trick- und fintenreichen Nahkampf, eindeutige Gewissensentscheidungen stehen gegen die zweideutige Behauptung, sich im Dritten Reich trotz allem auf einer Insel befunden zu haben. Um die Frage der wahren Erinnerung drehten sich auch die diversen Gerichtsverhandlungen zu Klaus Manns eng mit Gründgens verknüpftem Roman »Mephisto«, die 1966 zu einem Verbot führten. Um sie drehten sich die öffentlichen Schaukämpfe zu Ariane Mnouchkines Mephisto-Inszenierung 1979, zu der sich daran anschließenden Gründgens-Ausstellung des Dumont-Lindemann-Archivs, zu dem vor allem durch die Schauspielerleistungen beeindruckenden Mephisto-Film von Istvan Szabo 1981. Und im Bann dieser Frontstellung sind tatsächlich alle Bücher geschrieben, die bis heute über Gustaf Gründgens erschienen sind. Alle diese Bücher sind mehr oder weniger Gegen-Mephistos. Alle diese Bücher sind, bewußt oder unbewußt, Rechtfertigungen von Gründgens, alle argumentieren gegen Klaus Mann.

So sind Klaus Mann und Gustaf Gründgens die beiden prominentesten Gegenspieler geworden, wenn es um die Rolle des Künstlers im Dritten Reich, wenn es um die Frage nach dem Verhältnis des Künstlers zur Macht geht. Das hat Mann und Gründgens im öffentlichen Bewußtsein lange ungemein präsent gehalten. Es hat aber beiden auch geschadet, da sie nur durch die Augen des jeweils anderen weiterleben.

Gründgens und Mann sind zu einem Paar der Erinnerung geworden, das sich in anscheinend unauflösbarer Haßliebe gegenübersteht.

Die Gemeinsamkeiten zwischen diesen beiden Figuren sind größer als die Unterschiede, und anfangs bestand ja auch eine große Affinität zwischen ihnen. Als sich Gründgens und Mann 1925 das erste Mal trafen, war klar, daß beide homosexuell waren. Beide waren höchst ehrgeizig und fleißig, denn beide hatten vor allem eins im Sinn: Sie wollten berühmt werden. Später wurde dann deutlich, daß nicht nur Klaus Mann, sondern auch Gustaf Gründgens das Reisen liebte, und vor allem verband sie, daß sich beide in ihrer künstlerischen Arbeit durch ihr Verhältnis zur Macht definierten. Mann wie Gründgens waren Reinheitsfanatiker, bei Mann ging es um die Reinheit des Gewissens, bei Gründgens um die Reinheit des Theaters. Beide waren, ganz im Gegensatz zu diesem Reinheitsfanatismus, drogensüchtig, beide starben an Schlaftabletten, ob es bei Gründgens wie bei Mann wirklich eine Überdosis war, ist bis heute unklar. Parallele Leben also, könnte man denken.

Zwei entscheidende Unterschiede allerdings gibt es. Während Klaus Mann keinerlei Schwierigkeiten hatte, Sprachen zu lernen, er schrieb später auch auf Englisch, schämte sich Gründgens immer seiner mangelhaften Fremdsprachenkenntnisse. Klaus Mann hatte es objektiv, auch wegen der Verbindungen seiner berühmten Familie, leichter, ins Exil zu gehen. Das heißt aber nicht, daß Gründgens über die Entschuldigung, die er mit seiner Fremdsprachenschwäche vor sich selbst hatte, unzufrieden gewesen sein muß. Zweitens standen Klaus Mann durch seinen Vater alle Türen offen, die er durchschreiten wollte, er mußte sich auch nicht um sein finanzielles Auskommen sorgen, während sich Gustaf Gründgens immer nur auf sich selbst verlassen konnte.

So neigten zwar beide, vor allem am Anfang ihrer Laufbahn, zum Blendwerk, allerdings aus vollkommen unterschiedlicher Motivation. Während Gründgens gewissermaßen darauf angewiesen war, mehr darzustellen, als er war, um dahin zu kommen, wohin er wollte, war es für Klaus Mann ungeheuer schwierig, im Verhältnis zu seinem bestimmenden Vater Thomas Mann als Schriftsteller eine eigene Identität zu finden. Aber auch hier treffen sie sich merkwürdigerweise wieder: Während Gründgens seine eher kleinbürgerlichen Anfänge immer überspielen wollte, gelang es Klaus Mann in seinem künstlerischen Werk nie, dem »kleinen Mann«, für den er doch so vehement Partei ergriff, in einem Buch wirklich Gestalt zu geben. Dagegen schrieb Mann dann ausdauernd über Gewissensfragen, während Gründgens ein Buch mit dem geplanten Titel »Der Künstler und die Macht« nie fertigstellen konnte. Mehr noch: Er hat es nicht einmal richtig angefangen.

So sind Gründgens und Mann verwandt, und doch steht jeder von beiden für ein dem anderen entgegengesetztes Modell des Verhaltens und des Vergangenheitsbezugs. Klaus Mann schrieb aus dem Exil, er konnte ein reines Gewissen haben. Gustaf Gründgens sagte immer wieder, etwa im letzten Interview vor seinem Tod, das er Günther Gaus in seinem Haus in Madeira gab, man könne das Verhalten im Dritten Reich nicht beurteilen, wenn man nicht dabeigewesen sei. Distanz steht also gegen Nähe, und beide Haltungen scheinen sich auszuschließen. Klaus Manns Haltung zur Macht war durch größtmögliche Distanz gekennzeichnet, Gründgens Beziehung zur Macht war vor allem durch Nähe bestimmt. Folglich baut Klaus Mann sein Bild des Dritten Reichs und von Gründgens, die in der Figur seines Hendrik Höfgen verschmelzen, auf Bildern und anderen Medien auf, er beschreibt, wie unerträglich er es fand, Gründgens auf

Photographien zusammen mit NS-Größen zu sehen. Gründgens versuchte dagegen, sich in der realen Nähe zur Macht zu behaupten und eigene Statur zu bewahren. Aber das war nicht nur Notwendigkeit, er mußte und wollte lavieren, das lag ihm viel mehr als Manns bedingungsloser Rigorismus. Mann schloß aus Photographien auf die Gesinnung; Gründgens glaubte, daß die Gesinnung nicht an Äußerlichkeiten ablesbar sei.

Daraus ergeben sich auch gegensätzliche Formen der Geschichtsschreibung. Der Nachlaß von Klaus Mann liegt in der Münchner Stadtbibliothek und ist seit Jahrzehnten zugänglich, der Nachlaß von Gustaf Gründgens, der erst vor kurzem von seinem Adoptivsohn Peter Gorski an die Staatsbibliothek Preußischer Kulturbesitz in Berlin verkauft wurde, ist immer noch nicht zugänglich. Aus dem guten Gewissen und der Verschriftungsmanie der Familie Mann folgt beinahe zwangsläufig die minutiöse Genauigkeit, mit der man heute über alle Stationen im Leben von Klaus Mann Bescheid weiß. Die von Frederic Kroll herausgegebene Klaus-Mann-Schriftenreihe zeichnet dessen Leben so akribisch nach, daß es nicht viele Schriftsteller gibt, über die man so viel weiß wie über Klaus Mann. Die Form der Überlieferung bei Gründgens ist dagegen die der Anekdote, unbeweisbar und sich ständig ändernd[5], weil mündlich tradiert und sich nicht auf Dokumente stützend. Die bisherigen Bücher über Gustaf Gründgens sind entweder mehr oder minder zuverlässige Erlebnisberichte wie bei Alfred Mühr oder uferlose Anekdotensammlungen wie bei Curt Riess. Auch die Sammlung der »Briefe, Aufsätze, Reden«, von Peter Gorski und Rolf Badenhausen herausgegeben, obwohl fast nur aus Dokumenten bestehend, gleicht durch die höchst eigenwillige Anordnung der Texte eher einem undurchdringlichen Dschungel als daß sie ein Persönlichkeitsbild entstehen ließe. Erst mit der Gründgens-Ausstellung des Dumont-Lindemann-Archivs in Düsseldorf begann 1981 auf der Gründgens-Seite eine materialbezogene, an Objektivität und Deutlichkeit interessierte Aufarbeitung.

Selbstverständlich ist die Erinnerungsarbeit, wie sie sich mit Klaus Mann verknüpft, genauer als bei Gründgens. Akribischer Forschung ist kaum zu widersprechen. Trotzdem versteckt sich hier ein Moment, das auf Seiten der Gründgens-Anhänger für besondere Verbitterung gesorgt hat. Auf Seiten Manns wird festgeschrieben, was war. Man kann darin auch einen Versuch diskursiver Machtausübung sehen, eine Fortsetzung der Sicherheit des Exils, und damit auch einen Versuch, die unauflösbare Zweideutigkeit, die Gründgens kennzeichnet, auszuschließen.

Klaus Manns »Mephisto« ist eine grundsätzliche Auseinandersetzung mit dem Künstler im Dritten Reich. Aber auch wenn Klaus und die Nachlaßverwalterin Erika Mann mehrfach, selbst in schriftlicher Form, erklärten, mit Hendrik Höfgen sei nicht Gründgens gemeint, ist doch sicher, daß der Roman zu Gründgens' Lebzeiten wie ein Schlüsselroman gelesen wurde und gelesen werden mußte. Die ausgedehnten Diskussionen, die in der Öffentlichkeit bis in die achtziger Jahre hinein um den Status des »Mephisto« geführt wurden, belegen das. Die Versuchung war einfach zu groß, in Höfgen Gründgens zu sehen, weil die Ähnlichkeiten unübersehbar waren. Klaus Manns Buch ist ein offener, grundsätzlicher und massiver Angriff.

Gründgens' Verhalten war dagegen nie ganz durchsichtig, immer pragmatisch, durch den Umgang mit den unmittelbaren Gegebenheiten bestimmt, auf das Naheliegende bezogen, durch persönliche Kontakte geprägt, sich dabei im näheren Umfeld eine Gemeinschaft treuer Anhänger schaffend. Gründgens' vor allem im Dritten Reich enorm exponierte Position war nur durch eine gewitzte Geistesgegenwart möglich, die darauf vertrauen konnte, in einer unvorhergesehenen Situation schon einen Ausweg zu finden. Anekdote und Gerücht, vage Mitteilungsformen, wurden bei Gründgens zum Kitt einer Gemeinschaft, die meinte, ihre Identität im Zusammenhalt und durch den Gegensatz zur feindlichen Umgebung finden zu können.

Das »Duell der Toten«, die Auseinandersetzung zwischen Klaus Mann und Gründgens, dreht sich um unterstellte und tatsächliche Haltungen und dazugehörige wahre und falsche Gesinnungen. In diesem Konflikt gibt es bis heute keine Lösung, die Polarisierung ist bis heute nicht aufgehoben, noch immer schließt der Blickwinkel des einen den des anderen aus. Dabei treffen sich beide auch hier in einem zentralen Punkt: Sie irrten sich, wenn sie meinten, in der Kunst eine verläßliche Kraft des Widerstands gegen das Naziregime gefunden zu haben. Von beiden wurden die Möglichkeiten der Kunst überschätzt. Kunst ist per se vieldeutig. Sie läßt sich nicht auf Gesinnungen reduzieren und geht nicht aus ihnen hervor. Vor der Politik versagt die Kunst, wenn sie meint, ihr unmittelbar Paroli bieten zu können.

Wer aus der Distanz von heute auf das Leben von Gustaf Gründgens zurückblickt, sieht eine eigenartige Kurve. Da steigt einer aus unbedeutenden Anfängen steil nach oben, von Anfang an ein Spieler am Rand der Möglichkeiten. Er bleibt dort oben, als sich die Rahmenbedingungen mit einem Schlag radikal ändern, jetzt ist er, nach einem Wort von Peter Suhrkamp, ein Tänzer auf dem Drahtseil. Und er kann sich immer noch dort oben halten, als sich das Umfeld ein zweites Mal grundsätzlich neu gestaltet, da geht er jetzt zwar auf festem und sicherem Grund, aber er wird den Spieler und Seiltänzer nicht los. Es scheint, als brauche er die Unsicherheit. Über die gesamte Strecke nimmt er, trotz aller Wandlungen, immer für sich in Anspruch, er selbst zu sein. Dann aber, kaum daß er seine Rolle als Intendant 1963 niederlegt, kaum daß er versuchen möchte zu leben, kaum daß er sich auf eine Weltreise begeben hat, stirbt er. Es scheint, als habe Gründgens außerhalb des Theaters nicht existieren können. Als der Tote im Oktober 1963 aus Manila nach Deutschland zurückgebracht wird, ist nur mehr eine Urne mit Asche von ihm übrig. Und ein Zettel mit den letzten, recht prosaischen Worten, die von Gründgens' Anhängern allerdings wie ein persönliches Vermächtnis mit Goetheschem Gewicht behandelt wurden. »Ich glaube ich habe zu viele Schlafmittel genommen, ich fühle mich etwas komisch, laß mich ausschlafen.«

Diese Worte waren keine Antwort auf die Frage nach der Todesursache. Sie ist bis heute ungeklärt und wird auch nie mehr zu klären sein. Gustaf Gründgens starb am 7. Oktober 1963 in einem Hotelzimmer in Manila. Während seine letzte Rolle zu einer großen Metapher stilisiert wurde und so Anlaß zur Interpretation gab, bot die Todesursache Anlaß zu wilden Spekulationen. Kaum war die Nachricht von seinem Ableben bekannt geworden, erschienen erste Berichte über einen Selbstmord. Die Vermutung bekam durch den Zettel neue Nahrung. Der Obduktionsbericht spricht von einer Magenblutung als Todesursache, die durch Barbitursäure hervorgerufen wurde. Barbitursäure ist in Schlafmitteln enthalten. Denkbar sind zwei Varianten. Gründgens hat absichtlich zu viele Schlaftabletten genommen, wie Marianne Hoppe und Antje Weisgerber, zwei der Frauen, die ihm am nächsten standen, direkt nach seinem Tod vermuteten. Oder die klimatischen Umstände ließen eine sonst gewohnte Menge zu einer tödlichen Dosis werden.

Sein Reisebegleiter, der damals 25jährige Regieassistent

Jürgen Schleiß – den zum Zeitpunkt des Todes kaum jemand kannte, Gründgens hatte ihn geheim gehalten, und der später seinen Namen änderte, um ein normales Leben führen zu können –, stellte kurz nach dem Tod die Geschichte so dar, als sei Gründgens während des Flugs guter Laune gewesen und habe sich nur zurückgezogen, weil er von der Hitze erschöpft gewesen sei.[6] Die mündliche Überlieferung meint zu wissen, daß Schleiß sich mit Gründgens gestritten und Gründgens sich daraufhin allein gefühlt habe. Außerdem soll das Hotelzimmer furchtbar gewesen sein, was Gründgens vollkommen aus der Fassung bringen konnte. Daß ihm in einer solchen Situation auf einmal die ganze Leere des theaterlosen Lebens, das jetzt vor ihm lag, vor Augen stand, und daß er dieses nicht erleben wollte, ist zumindest nicht unplausibel.

Was auch immer geschehen ist, dieser Tod haftet Gründgens bis heute wie ein Menetekel an. Er erinnert daran, daß er die meiste Zeit seiner Bühnenlaufbahn nur mit Medikamenten überstehen konnte, daß er zweitweise morphiumsüchtig und häufig krank war, daß sich die Lichtgestalt auf der Bühne oft nur durch einen eisernen Willen und chemische Unterstützung aufrecht erhalten konnte. Das aber konnte nur funktionieren, solange diese Figur den Auftritt als ihre Erfüllung vor Augen hatte. Die Bühne war also tatsächlich das Zentrum und Ziel von Gründgens' Leben, die oft dahingesagte Floskel hat hier einmal ihren Sinn.

Und durch das Schlafmittel erinnert Gründgens' Tod eben auch an einen anderen, der 14 Jahre vorher in Cannes stattgefunden hatte. Klaus Mann, ebenfalls drogensüchtig, hat vollzogen, wovon er in seinem Tagebuch im Exil so oft gesprochen hatte; er hat sich am 21. Mai 1949 das Leben genommen. Nun war es schon damals klar, daß es falsch wäre, Gründgens den Tod von Mann anlasten zu wollen.

Trotzdem fällt auch von Klaus Manns Selbstmord ein Schatten auf Gründgens. Denn Mann, der im Gegensatz zu Gründgens so entschieden und schnell ins Exil gegangen war, mußte es einfach verbittern, daß es in der alten Heimat auch nach dem Ende der nationalsozialistischen Herrschaft offenbar wieder keinen Platz für ihn gab. Gründgens, einer seiner Hauptwidersacher, so schien ihm, hatte schon alle Positionen besetzt und bereits wieder Macht und Einfluß. Er schien sogar in der Lage, das Erscheinen des Mephisto-Romans zu verhindern und damit die Erinnerung zu bestimmen.

»Sehr geehrter Herr Jacobi, Ihr Brief vom 5. Mai ist unbezahlbar! Einen Roman drucken – das heißt bei euch jetzt also ›eine Aktion starten‹. Diese Aktion, so meinen Sie – dürfte im Fall des ›Mephisto‹ ›keinesfalls einfach sein‹ und muß ergo zunächst unterbleiben. Warum? Weil Herr Gründgens ... ›hier, eine bereits bedeutende Rolle spielt‹«, schrieb Mann in einer Mischung aus Spott, Hohn und Verzweiflung an seinen Verleger Georg Jacobi am 12. Mai 1949[7]. Jacobi hatte Mann geschrieben, daß er den Roman nicht drucken wolle, weil Gründgens schon wieder eine starke Anhängerschaft in Deutschland habe. Neun Tage später brachte Klaus Mann sich um.

Begreiflicherweise ist dieser Selbstmord in Zusammenhang mit der Ablehnung des »Mephisto« durch Jacobi gebracht worden, doch wurde schon bald deutlich, daß Manns Suizid nicht auf diesen Brief zurückzuführen ist. In der Ablehnung des Romans kann auch nicht das Hauptmotiv gesehen werden. Aber sicher ist auch, daß diese Ablehnung eine Tendenz der Ausgrenzung bestätigte, sie unterstrich das Gefühl, gescheitert zu sein. Und dieses Gefühl trug mit dazu bei, Klaus Mann in den Selbstmord zu treiben.

Gründgens behauptete mehrfach, den »Mephisto« nie

gelesen zu haben. Weitgehend sicher aber ist, daß er genauestens Bescheid wußte, worum es in dem Buch ging.[8] Alle Vertrauten aus seinem Umfeld, die heute noch befragt werden können, halten es für undenkbar, daß er das Buch nicht gelesen hatte.[9] Gründgens wollte das Erscheinen des »Mephisto« verhindern, nach Manns Tod auch durch direkte Einflußnahme. Über verschiedene Mittelsmänner hat er sein Ziel erreicht. Gründgens wollte zwar nicht gegen das Buch klagen, wie es später sein Adotivsohn Peter Gorski mit Erfolg getan hat, an einer öffentlichen Auseinandersetzung lag ihm nicht, weil sie ihm würdelos erschienen wäre. Außerdem hätte sie ihm als Eingeständnis von Schuld ausgelegt werden können. Gründgens arbeitete aber mit versteckten Mitteln gegen eine Veröffentlichung des »Mephisto«. Es berührt dabei merkwürdig, daß das verdeckte Verhalten, mit dem Gründgens im Dritten Reich sich und sein Theater erfolgreich behaupten konnte, auch in der Auseinandersetzung um den »Mephisto« die überlegene Taktik blieb.[10]

1966 dann, drei Jahre nach Gründgens' Tod, schien Klaus Mann im Kampf um die Erinnerung endgültig der Unterlegene zu sein, da wurde sein Roman auf Betreiben von Peter Gorski, Gründgens' Adoptivsohn, verboten. Gorski hatte 1964 gegen das Erscheinen geklagt. 1971 bestätigte das Bundesverfassungsgericht das Urteil. Erst 1981 – nach dem auf Klaus Manns Roman basierenden Theaterstück von Ariane Mnouchkine, nach einem in Frankreich hergestellten[11] und auch in Deutschland verbreiteten Raubdruck und kurz bevor Istvan Szabos Mephisto-Film mit Klaus Maria Brandauer in die Kinos kam – erschien der Roman in einer Taschenbuchausgabe bei Rowohlt. So kam es 1981 zu einer regelrechten Mephisto-Welle, das Buch verkaufte sich in enormen Stückzahlen, die Presse diskutierte ausführlich über Buch, Theaterstück und Film. Da schien Klaus Mann der Sieger im Erinnerungsstreit. Das Verbot seines Romans allerdings ist bis heute formal nicht aufgehoben.

Was bei Klaus Mann die Reinheit des Gewissens war, war bei Gründgens die Reinheit des Theaters. Ordnung und Klarheit waren für ihn die zentralen Begriffe, wenn es um die Ästhetik des Theaters ging. Immer wieder wurde in seinem Umfeld betont, daß er sich persönlich um alles kümmerte, was im Theater vorging, daß er über alles Bescheid wissen wollte. Theater war für Gründgens ein autonomer Raum, der von außen nicht angetastet werden durfte. Innerhalb dieses Raums aber wollte er alles wissen, nichts sollte ihm entgehen. Er wollte das Theater sein, und alles sollte seine Ordnung haben. Gründgens erfüllte alle seine Aufgaben äußerst pflichtbewußt, und er verlangte als Gegenleistung dafür von allen Seiten bedingungslose Gefolgschaft. Das war seine Form, Beziehungen zu pflegen.

Für die eine Seite, repräsentiert durch Klaus und Erika Mann, war Gründgens ein durch und durch charakterloser Mensch und Karrierist, der sich bedingungslos auf das Nazi-Regime eingelassen hatte. Für die andere Seite, repräsentiert vor allem durch seine Kollegen am Staatstheater, war er der Schutzpatron der Verfolgten. Vieles spricht dafür, daß Gründgens wirklich dachte, das Innen und das Außen trennen zu können, daß er das Innen rein halten könne und daß es von Innen gesehen auch wirklich so aussah. Wer dazugehörte, war seiner bedingungslosen Solidarität sicher und glaubte sich in einer anderen Welt aufgehoben. Wer das aber von außen betrachtete, mußte den Eindruck gewinnen, hier habe sich einer mit dem Regime trefflich arrangiert, sich mit ihm gemein gemacht, denn zwischen dem Staatstheater und dem Staat war keine eindeutige Trennlinie mehr zu ziehen.

Gründgens war immer von einer Gemeinde von Anhängern umgeben, die ihn fast kultisch verehrt hat. Dieser Zusammenhalt wird von allen, die die Nazizeit am Staatstheater überdauert haben, hervorgehoben. In Düsseldorf und Hamburg fand das seine Fortsetzung. Immer wieder ist von einer Familie die Rede, Gründgens bezeichnete sich selbst manchmal als »Vater«, und alle gebrauchten den Ausdruck »die Insel«. Aber der verläßliche, geschützte Ort hat auch seine Kehrseite. »Es gehörte zu seiner Wirkung«, sagte Alfred Mühr, der das an sich selbst erfahren hatte, »daß der Anschluß an den Chef genauso freiwillig erfolgte wie die Begeisterung der Zuschauer.« Verführung zog Ausgeliefertsein nach sich. Es ist eines der bemerkenswertesten Aspekte des Phänomens Gründgens, daß er auch ehemalige Gegner zu Verbündeten machen konnte. Der eben zitierte Alfred Mühr war, bevor ihn Gründgens 1934 als künstlerischen Beirat verpflichtete, einer der schärferen öffentlichen Kritiker von Gründgens gewesen. Curt Riess, der spätere und dann vollkommen distanzlose Gründgens-Biograph, stand bis nach dem Krieg auf der anderen Seite: Er war mit Klaus Mann befreundet und reiste mit ihm noch durch das zerstörte Nachkriegsdeutschland. Friedrich Luft hatte sich nach dem Krieg mehrfach kritisch über Gründgens geäußert und wurde später trotzdem ein treuer Anhänger. Er schrieb, wie Mühr und Riess, ein Buch über Gründgens. Der Journalist Karl Marx war es, der erst einen Zusammenhang zwischen dem Selbstmord von Klaus Mann und der Unterdrückung des Mephisto durch Gründgens konstruiert hatte und dann einer der erbittertsten Kämpfer gegen das Erscheinen des »Mephisto« wurde. Und der Kommunist Gustav von Wangenheim war im Moskauer Exil ein scharfer Kritiker von Gründgens gewesen und ebnete Gründgens nach der russischen Gefangenschaft dann trotzdem den Weg zurück ins deutsche, das heißt in diesem Fall in das Deutsche Theater in Berlin. Außerdem gehört noch der Schriftsteller Erich

Ebermayer in diese Reihe; er hatte zusammen mit Klaus Mann das Stück »Nachtflug« geschrieben und brachte dann in der Nazizeit bei Gründgens ein Stück unter und bewahrte ihm die Freundschaft.

Die Kunst der Verführung oder des Zusammenschweißens, je nachdem, von welcher Seite man es sieht, brachte Gründgens und seine Anhänger dazu, sich nach dem Dritten Reich über ihre Motivationen zu täuschen. Das Staatsschauspiel erschien wie eine Insel. Daraus schlossen manche, Gründgens habe die Leitung auch wegen des Widerstands übernommen. Da er in der Barbarei des NS-Staats die Kunst und Menschlichkeit durch seine Intendanz verteidigt habe, schloß man, daß das von Anfang an sein Ziel gewesen sei. Dabei, das zeigt der Fall Gründgens eindringlich, schließen sich Anpassung und Courage keineswegs aus. Untersucht man diese eigenartige Mischung, kommt man Gründgens näher als durch jene einseitige Parteinahme, die bisherige Darstellungen prägt. Man muß versuchen, Gründgens sozusagen mit Manns und seinen eigenen Augen gleichzeitig sehen.

Angesichts von Gründgens' Vermögen, aus Feinden Freunde zu machen, bei dem ausgeprägten Verbundenheitsgefühl des Gründgens-Ensembles, überrascht es heute um so mehr, daß Gründgens keine künstlerische Nachfolge gefunden hat. Es gibt heute im Theater keine lebendige Tradition, die sich mit Gründgens, mit seiner Art zu spielen und das Theater zu sehen, verbinden würde. Das Schauspielertheater, das Gründgens vorschwebte, ist heute weitgehend verschwunden. Die Tradition, für die Gründgens steht, Klarheit und Werktreue, spielen schon seit längerer Zeit keine bestimmende Rolle mehr. In dieser Hinsicht ist Gründgens' Wirkung verpufft. Die Regisseure, die seit den sechziger Jahren das Theater prägten, angefangen mit Peter Zadek und

Peter Stein, haben ein ganz anderes historisches Bewußtsein als Gründgens, dessen Bezug auf die Vergangenheit sich auf das originalgetreue Kostüm zu beschränken scheint.

Etwa zur Zeit von Gründgens' Tod wurde das Theater wieder zu einer moralischen Anstalt, zu einer der wichtigsten Gewissensinstanzen der bundesrepublikanischen Gesellschaft. Die Theater bemühten sich intensiv um Aufarbeitung der Vergangenheit, überall begehrte man gegen die Verdrängungsmechanismen der Adenauerära auf, jener Zeit, in die Gründgens ebenfalls so gut gepaßt hatte. Für Gründgens gab es da keinen Platz mehr. Die Doppeldeutigkeit, die in einer Figur wie Gründgens steckt, wurde tendenziell zugunsten moralischer Eindeutigkeit vergessen. Klaus Mann war einfach die passendere Identifikationsfigur, er blieb, so schien es, im Kampf um die Erinnerung der Sieger. Das Verbot des »Mephisto« hat Gründgens in diesem Umfeld eher geschadet als genutzt.

Regelrecht altväterlich nahm sich damals Gründgens' Position aus. Etwas resigniert wirkt denn auch seine letzte überlieferte programmatische Stellungnahme, die er gegenüber dem einstigen Intendantenkollegen Utz Utermann kurz vor seiner Weltreise in München äußerte: »Weißt du, eine Zeit, in der man auf der Bühne die Großeltern in Mülltonnen stecken muß, um interessantes Theater zu machen, das ist wohl doch nicht mehr meine Zeit. Aber mir dreht sich das Herz um, wenn ich daran denke, was man aus so großen Potenzen wie der Marianne [Hoppe], der Flicki [Elisabeth Flickenschildt], der Antje [Weisgerber], dem Günther [Reim], dem [Heinz] Reincke, ach, du kennst ja die ganze Equipe, machen wird! Die Potenz erstklassiger Schauspieler zählt nur noch wenig. Regisseure setzen sich in Szene – mit Vergewaltigungsakten. Ich habe immer Partitur gespielt, weil ich mit meinen Schauspielern dem Dichter diente, aber deren Texte sind ja meistens nur noch Vorwand für einen unerträglichen Regie-Exhibitionismus.«[12]

Wenn das Theater der sechziger und siebziger Jahre an eine große Schauspieler-Regisseur-Figur anknüpfte, dann nicht an Gustaf Gründgens, sondern an Fritz Kortner. Kortner stellte nach dem Dritten Reich ebenfalls eine lebende Verbindung zum Schauspielertheater dar, das zwischen den Weltkriegen das Theater in Deutschland und vor allem in Berlin geprägt und eine Reihe wirklich großer Akteure hervorgebracht hatte. Aber er war eine moralisch zweifelsfreie Identifikationsfigur. Und seine Theaterarbeit war das genaue Gegenstück zu Gründgens. Kortner war Realist und Moralist in einem, er führte die intensiven, monatelangen Proben ein, er war detailversessen und ließ in seinen Inszenierungen trotzdem Widersprüche zu, wo sie durch die Sache geboten schienen. Mit einem Wort, Kortner war, ganz anders als Gründgens, ein Intellektueller.

Seit Anfang der neunziger Jahre ist nun eine grundsätzliche Neuorientierung im kulturellen Empfinden zu beobachten. Konvention wird gegenüber dem Gewissen zunehmend als Leitlinie des Handelns aufgewertet. Entsprechend ändert sich der Habitus, er ist nicht mehr introvertiert-identifikativ, sondern distanziert-souverän. Der Literaturwissenschaftler Helmut Lethen hat in seinem Buch »Verhaltenslehren der Kälte«[13] eine solche Haltung bereits als Leitbild der Zwischenkriegszeit beschrieben. Lethens Buch entwirft dazu das Bild der »kalten persona«. Hinter dieser Figur steht eine ganze Philosophie und Lebenseinstellung. Genausowenig wie an meditativen Formen des Empfindens orientiert sich die »kalte persona« am Gewissen, wenn sie ihren Verhaltenskodex aufstellt. Auch ihr Leitbild ist die Konvention.

Gründgens erscheint als die ideale Verkörperung dieser »kalten persona«, als der schauspielerische Exponent dieses

Temperaments schlechthin. Wenn seine Auftritte in der Zeit vor dem Nationalsozialismus, in den späten zwanziger und frühen dreißiger Jahren, beschrieben wurden, fehlte das Wort »Kälte« tatsächlich fast nie.

In Kresniks »Gustaf Gründgens« von 1995 spielte dieses Temperament noch keine wichtige Rolle. Ganz anders dagegen in Heiner Müllers Inszenierung von Brechts »Arturo Ui«, im gleichen Jahr am Berliner Ensemble. Bernhard Minetti war hier der Schauspieler, der dem jungen Ui/Hitler beibringt, wie man geht und spricht – und der ihm damit seine Statur gibt. Charisma, so lernt der gelehrige Ui/Hitler in dieser Szene vom alten Minetti, ist keine Frage der Natur, sondern eine Frage der Kunst. Es ist der abgründige Unterricht zum Staats-Schauspieler, der in dieser an sich sehr einfachen Konstellation vorgeführt wird.

Bernhard Minetti war in den letzten Jahren vor seinem Tod 1998 der große alte Mann des deutschen Schauspiels. Bei Hitlers Machtantritt war er am Preußischen Staatsschauspiel engagiert gewesen. Seine politische Position ist bis heute verschwommen, er selbst bezeichnete sich als Sympathisant der Linken[14], andere hielten ihn für einen Nazi[15]. Minetti spielte mit und unter Gründgens. So tauchte im Berlin des Jahres 1995, obwohl er gar nicht auf der Bühne stand, obwohl er gar nicht genannt wurde, dann auch der Staatsschauspieler Gustaf Gründgens als die symbolische Verbindung von Macht und Schauspiel schlechthin endlich wieder einmal auf einer Bühne auf. Geisterbeschwörung – das konnte niemand so wie Heiner Müller.

Als Marianne Hoppe einige Monate später die Rolle von Minetti übernahm, wurde die Assoziation noch dringlicher. Die Hoppe, Gründgens Gattin von 1936 bis 1946, mußte bei ihrem wahrscheinlich letzten großen Auftritt nur noch sich selbst spielen. Kühl, klar und beherrscht, wie Gründgens, brachte sie jetzt Martin Wuttke bei, ein ganz anderer zu sein, als er ist, und dabei seine, das heißt Uis bzw. Hitlers Gestalt zu finden. Da vermischten sich das Innere und das Äußere, das Gewissen und die Konvention, endgültig im Zeichen des Schauspiels. Gesinnung oder Maske? Das war nicht mehr zu entscheiden. Brecht zeigt in seinem Stück, wie der Faschismus aus dem Kapitalismus geboren wurde, Heiner Müller verschränkte in seiner Inszenierung die deutsche Geschichte mit der Schauspielerei. Und das genau ist der Ort, an dem Gustaf Gründgens steht, am Schnittpunkt von Theater und Macht, von Schauspieler und Staatsmann.

Bedeutung als Programm:
Die ersten Jahre, die erste Ehe

AM 20. SEPTEMBER 1927, fast 28 Jahre alt, schrieb Gustaf Gründgens nach einer längeren Briefpause wieder einmal aus Hamburg an die damals noch in seiner Geburtsstadt Düsseldorf lebende Mutter. Die Jahre zuvor hatte er häufig nach Hause geschrieben und in diesen Briefen getreulich über sein Intimleben berichtet.[1] Der Brief vom September 1927 beginnt, wegen der Schreibpause, mit umständlichen Entschuldigungen, um dann doch schnell und deutlich zur Sache zu kommen: »Nun ist wenigstens ein äußerer Einschnitt erfolgt, und ich kann Dir zunächst mitteilen, daß am 15. Oktober endgültig meine ›Hamlet‹-Premiere ist, zu der ich Dich (wie Du mir seit meiner Geburt versprochen hast) unbedingt allein programmatisch erwarte. Du siehst dann gleichzeitig zwei große Inszenierungen von mir und – glückliches Zusammentreffen – meine letzte Rolle, den Caesar in Shaw's ›Caesar und Cleopatra‹. *Erika*, die bestens grüßen läßt, fährt am 6. Oktober mit *Klaus* nach Amerika und ik bin Neese. Dies wünscht Dir nicht Dein Dich immer wieder überraschend und unglaublich liebhabender Gustaf.«[2]

An diesem Brief ist nicht nur bemerkenswert, daß Gründgens offenbar der Meinung war, von seiner Mutter bereits bei der Geburt auf den Hamlet eingeschworen worden zu sein, sondern auch das konkrete Ereignis, das Gründgens zwar anspricht, noch mehr aber verschweigt. Erst im September, ein paar Tage bevor Gründgens den Brief an die Mutter schrieb, hatten die Geschwister Erika und Klaus Mann nämlich definitiv entschieden, daß sie zusammen nach

Amerika reisen würden. Die schnelle Abreise der Manns am 6. Oktober muß für Gründgens etwas Überstürztes, Fluchtartiges gehabt haben. Im August zuvor – Gründgens lebte in Hamburg, wo sich auch der gemeinsame Hausstand befand, seine Gattin Erika war an den Münchner Kammerspielen engagiert, Erika und Klaus wohnten zu dieser Zeit gemeinsam am Starnberger See – hatten die beiden Dichterkinder festgestellt, daß sie wieder einmal verreisen müßten. »Der Starnberger See ist hübsch, kann so bleiben. Aber ich will nicht bleiben. München ist hübsch, und es spielt sich nett an den Kammerspielen. Aber ich wäre lieber anderswo,« hatte Erika Mann zu Bruder Klaus gesagt.[3] Am Starnberger See, im Hotel »Kaiserin Elisabeth« in Feldafing, hatten Gustaf Gründgens und Erika Mann ziemlich genau ein Jahr zuvor, am 24. Juli 1926, bei schönstem Sommerwetter und in einem der Familie Mann angemessenen Rahmen geheiratet. Trauzeugen waren Thomas Mann und Klaus Pringsheim, Katia Manns Bruder, gewesen.

Diese Hochzeit war für Gründgens eine beglückende Veranstaltung. Thomas Mann hatte in seiner Rede Worte gesagt, die Gründgens zeitlebens gerne und mit leuchtenden Augen zitierte. Noch 1963, kurz vor seinem Tod, gibt sich Gründgens von Manns Worten unübersehbar beeindruckt[4]. Thomas Mann hatte die Schauspieler mit Glühwürmchen verglichen, tagsüber unscheinbar, aber nachts begännen sie zu strahlen. Gründgens scheinen diese nicht besonders originellen Ausführungen geradezu beseelt zu haben. Daß aus Thomas Manns Vergleich auch ironische Herabsetzung herauszulesen war, bemerkte er offenbar nicht. Zwielichtige, unscheinbare Schwärmer seien die Schauspieler – anders als andere Künstler, grundseriöse Schriftsteller etwa. Wenn später im Theater gemutmaßt wurde, warum Gründgens und Erika Mann sich wieder trennten, hieß es, Thomas

Mann habe Gründgens nicht gemocht und das sei der eigentliche Grund der Entzweiung gewesen[5].

Das junge Glück war im September 1927, als Gründgens den Brief an die Mutter schrieb, wohl schon deutlich angeknackst. Auf der Ehe, die im Januar 1929 offiziell geschieden werden sollte, lag zumindest schon ein tiefer Schatten. Am 17. September 1927 schrieb Klaus Mann an Erika, die nach dem Engagement in München wieder in Hamburg war: »Was hast du plötzlich gegen den Onkel G.G.? Erwähntest ihn so gehäßig. Und warum hindert er dich an Amerika?«[6]

Gründgens muß also bei der Abfassung des Briefs an seine Mutter klar gewesen sein, daß ihm seine Gattin bei der wichtigsten Aufführung seiner bisherigen Theaterkarriere nicht zur Seite stehen würde. Er mußte das Gefühl haben, daß sie sich eigentlich gar nicht wirklich für ihn interessierte, daß er wieder einmal auf sich gestellt sein würde, daß er in die zweite Reihe gestellt worden war. Und er hat deswegen offenbar versucht, die Abreise zu verhindern oder doch zumindest seiner Kränkung irgendwie Ausruck gegeben. Gründgens war in solchen Punkten immer höchst empfindich. Darüber war es zu einem so heftigen Streit gekommen, daß Erika Mann sich ihrem Bruder gegenüber, der ihr engster Vertrauter war, erstmals abfällig über Gründgens äußerte.

Daß Gründgens der Hamlet-Premiere enorme Bedeutung beimaß, zeigt ein Passus, den er eigens in einen zwei Jahre zuvor aufgesetzten Vertrag mit den Hamburger Kammerspielen hatte aufnehmen lassen. Sein Engagement an den Hamburger Kammerspielen hatte schon in der Spielzeit 1923/24 begonnen. »Falls Hamlet zur Aufführung kommen sollte, hat der G. das Recht, den Hamlet in der Premiere zu spielen«, hieß es da.[7]

Gründgens erlebte im September/Oktober 1927 also tatsächlich einen Einschnitt, aber er war tiefer und vielschichtiger als er der Mutter mitteilen wollte. Große Aussichten als Schauspieler und das Scheitern der Ehe, Bühnenkarriere und ein erster Schiffbruch im Privaten gingen Hand in Hand. Die Aufnahme in die großbürgerlichen Kreise war gescheitert, hier verweigerte man sich ihm, aber aus eigener Kraft schaffte er im gleichen Moment einen Schritt nach oben. So hatte Gründgens allen Grund, mal wieder einen Brief an die Frau Mutter aufzusetzen. Eine, die einzig verläßliche Vertraute wenigstens mußte ihm in diesem entscheidenden Moment zur Seite stehen. Der Brief wirkt mit seiner Bezugnahme auf die Geburt wie die Beglaubigung einer uralten Bindung, nachdem die neue in die Brüche gegangen ist, wie die Wiederaufnahme eines alten Musters, nachdem das neue sich als unstabil erwiesen hatte. Auf der anderen Seite hat sich mit diesem Brief auch etwas geändert, nichts mehr von der alten Offenheit, mit der er früher der Mutter ausführlich über seine Liebesbeziehungen (allerdings nur von denen zu Frauen) geschrieben hatte.

Warum Gründgens' Ehe mit Erika Mann scheiterte, ist nicht besonders schwer zu klären. Für Gründgens hatte die Arbeit am Theater höchste Priorität, Erika Mann nahm ihren Beruf weit weniger wichtig und entschied sich, wie im August 1927, im Zweifel für eine Reise. Gründgens' Arbeitsethos war ihr mehr als fremd. Die Bindungen beider an ihre Herkunftsfamilien waren außerordentlich stark und hatten, wie sich erwies, im Zweifel den Vorrang. Die Jungvermählten versuchten zwar in der Oberstraße 125 in Hamburg so etwas wie ein bürgerliches Familienleben zu etablieren, vor allem Gründgens hatte daran ein vitales Interesse, beide aber waren dafür nicht geschaffen. Gründgens verdiente nicht genug, um dem sorglosen, großbürgerlichen Umgang seiner Frau mit Geld eine gesicherte Grundlage bieten zu können, auch wenn er gerade Oberspielleiter an den Kammerspielen geworden war.

Und die im Kern kleinbürgerliche Haltung des äußerlich zum Bohemien gewordenen Gründgens belastete das junge Glück wahrscheinlich noch mehr als die unbezahlten Rechnungen. Erika Mann ihrerseits zeigte keinerlei Neigung, sich in eine Hausfrau zu verwandeln und Gründgens den gesicherten Rahmen zu bieten, den er suchte.

An dieser Stelle brach der Zwiespalt zwischen Gründgens und den Manns auf, der sich in den folgenden Jahren immer weiter öffnen sollte. Er wurde für Gründgens weitere Entwicklung und für das Bild, das sich die Nachwelt bis heute von ihm macht, bedeutsam. Die Geschwister Mann konnten in Gründgens' Entscheidung für ein geordnetes und geplantes Bühnenleben – wenn er schon im wirklichen Leben nicht die gesicherte Stellung erreichte, nach der sich seine eher kleinbürgerliche Herkunft sehnte – nur mehr Karrieredenken erkennen, zumal sie beide andere Prioritäten setzen konnten. Sie hatten natürlich genau gespürt, wie sehr Gründgens danach dürstete, in die Kreise der Manns aufgenommen zu werden. Die Geschwister nannten Gründgens in ihren Briefen später nur noch verächtlich und gönnerisch »unseren Gustaf«. Er war für sie wie eine Figur, die sie vollständig durchschaut zu haben glaubten, und den Schlüssel lieferte ihnen der vermeintliche Karrierismus. Das ist die Keimzelle von Klaus Manns »Mephisto«. Gustaf Gründgens dagegen konnte der nachlässige und sorglose Umgang seiner Frau mit seiner eigentlichen Welt, dem Theater, auf das er alle Hoffnungen setzte, nur enttäuschen. Mehr, er mußte ihn sogar verletzen.

An einer der besten und amüsantesten Stellen des »Mephisto« wird dieser Zwiespalt durch Herkunft, natürlich wie er sich aus der Sicht der Kinder Mann darstellt, besonders deutlich. Barbara Bruckner (Erika Mann) und Hendrik Höfgen (Gustaf Gründgens) sind verheiratet und wohnen zusammen. Barbara Bruckner habe, so Mann in der Einleitung der Szene, einer pathetischen Werbung Höfgens halb aus Mitleid, halb aus Neugier nachgegeben und fragt sich jetzt, ob Höfgen sie wirklich liebe. Der aber spürt bereits, wie sich sein anfänglicher Sturm der Leidenschaft zu legen beginnt, obwohl er Barbara die ihm größtmögliche Liebe entgegengebracht habe. Seine Selbstanklage verwandelt sich in Rechtfertigung und Gereiztheit: »War es nicht Barbara, die versagte, und an deren arroganter Kühle der Elan seines Gefühls ermatten mußte? Tat sich Barbara nicht gar zu viel zugute auf ihre feine Herkunft wie auf ihren feinen Intellekt? Lagen nicht Spott, Hochmut und ein kalter Dünkel in den forschenden Blicken, die sie jetzt so oft auf ihn richtete?«[8] Solche Fragen läßt Klaus Mann Hendrik an sich selbst richten. Morgens, so Mann weiter, ritt Barbara immer aus, und wenn sie zurückkam, saß Hendrik meist müde am Frühstückstisch. Da entspinnt sich folgender Dialog:

»›Du scheinst mir noch halb zu schlafen!‹ sagte Barbara wohlgelaunt und goß den Inhalt eines weichen Eis ins Weinglas; denn auf diese Manier pflegte sie ihre Eier zum Frühstück zu essen: aus dem Glase und gewürzt mit viel Salz und Pfeffer, scharfer englischer Sauce, Tomatensaft und ein wenig Öl. Hendrik versetzte pikiert: ›Ich bin ziemlich wach und habe sogar schon gearbeitet – zum Beispiel mit dem Kolonialwarenhändler telephoniert, der ungeduldig wegen unserer großen Rechnung wird. Entschuldige, daß ich nicht früh morgens schon den Anblick einer festlichen Frische biete. Wenn ich jeden Tag spazierenreiten würde wie du, sähe ich wahrscheinlich reizvoller aus. Aber ich fürchte, zu so eleganten Gewohnheiten wirst sogar du mich nicht mehr erziehen können. Ich bin zu alt, um mich noch zu ändern, und ich komme aus Kreisen, in denen so nobler Sport nicht üblich ist.‹ Barbara, die sich die gute Laune nicht verderben lassen wollte, zog es vor, seine Rede wie etwas humoristisch Gemeintes aufzufassen. ›Ausgezeichnet triffst du diesen Ton‹, lachte sie. ›Man könnte beinah glauben, es wäre dir ernst mit ihm.‹ Hendrik schwieg zornig; um einen repräsentativeren Eindruck zu machen, klemmte er sich sein Monokel vors Auge. Übrigens kränkte Barbara ihn gleich wieder, sicherlich ohne es beabsichtigt zu haben. Während sie mit gutem Appetit ihr gewürztes Ei aus dem Glase löffelte, sagte sie: ›Du solltest es auch mal versuchen, dein Ei auf diese Weise zu essen. Ich finde, einfach so aus der Schale und ohne das scharfe Zeug, schmeckt es langweilig …‹ Nach einer Pause fragte Hendrik, mit einer vor Gereiztheit bebenden Höflichkeit: ›Darf ich dich auf etwas aufmerksam machen, meine Liebe?‹ Sie erwiderte kauend: ›Aber gewiß doch.‹ Hendrik trommelte mit den Fingern auf der Tischplatte, reckte das Kinn in die Höhe und kniff die Lippen zusammen, was seiner Miene einen gouvernantenhaften Zug gab. ›Deine naive und anspruchsvolle Art‹, sprach er langsam, ›dich zu verwundern oder zu mokieren, wenn irgendjemand irgendetwas anders macht, als es im Hause deines Vaters oder deiner Großmama üblich ist, könnte manchen, der dich weniger genau kennt, als ich es tue, erstaunen oder sogar abstoßen.‹ Barbaras Augen, die eben noch von einer frohen Helligkeit gewesen waren, wurden nachdenklich und bekamen den forschenden Blick. Nach einem kurzen Schweigen erkundigte sie sich leise: ›Wie kommst du darauf, das gerade jetzt zu bemerken?‹ Er erwiderte, wobei er immer noch auf strenge Art mit den Fingern trommelte: ›Es ist allgemein üblich, ein weiches Ei aus der Schale und mit Salz zu essen. In der Villa Bruckner speist man es aus dem Glase und mit sechs verschiedenen Gewürzen. Das ist sicher sehr originell. Aber ich sehe keinen Grund, sich über jemand lustig zu machen, der an solche Originalitäten nicht gewöhnt ist.‹«[9]

Am Düsseldorfer Theater kursierte zwanzig Jahre später das Gerücht, daß sich Erika Mann und Gustaf Gründgens darüber entzweit hätten, wie ein Ei zu öffnen sei, mit dem Messer, wie Gustaf es vorzog, oder mit dem Löffel, wie es Erika beliebte. Trotzdem darf die Romanstelle – wie das gesamte Buch – natürlich nicht als realistische Schilderung gelesen werden. Es ist zu deutlich, wie sehr sich Klaus Mann bei der Abfassung dieser Passage bemüht, Gründgens zu verachten und wie sehr er seine Schwester positiv zu sehen versucht. Aber es ist auch unübersehbar, daß dem Schriftsteller die Parteinahme nicht ganz gelingt, dem Leser fällt es schwer, sich eindeutig für eine Seite zu entscheiden. Und so könnte es doch sein, daß Klaus Mann hier die Entzweiung zwischen Erika und Gustaf doch in aller Deutlichkeit und ausreichender Unparteilichkeit schildert. Der Schriftsteller triumphiert hier sozusagen über die Voreingenommenheit des Bruders. Klaus Mann schildert, wie sich der Zwiespalt bis in die feinsten Verästelungen des Alltagslebens erstreckt, bis in Stilfragen und grundsätzliche Ansichten hinein. Die Entfremdung in dieser Szene erscheint tatsächlich unüberbrückbar. Die Identitäten von Erika Mann und Gustaf Gründgens waren durch die Ehe so tiefgreifend in Frage gestellt, daß es mehr bedurft hätte als der geschliffenen Umgangsformen, die beide beherrschten, um eine gemeinsame Ebene zu finden.

Angedeutet hatte sich der Bruch schon im Frühjahr 1927. Klaus Mann hatte Ende 1926, also nach der Heirat seiner Schwester, die »Revue zu Vieren« geschrieben. Ein Stück, bei dem sich alle, Mitspieler, Rezensenten, Publikum (mit Ausnahme von Erika Mann) über die miserable Qualität einig waren (und es bis heute sind). Für dieses Stück war eine große Tournee vorbereitet worden. Man hoffte, mit dieser Tournee in pekuniären Erfolg umsetzen zu können, was bei

Klaus Manns vorhergehendem Drama »Anja und Esther« nur ein künstlerischer gewesen war. Die Personenkonstellation, zwei junge Paare, die durch alle denkbaren erotischen Beziehungen miteinander verbunden sind, war in der »Revue zu Vieren« die gleiche wie in »Anja und Esther«. Und das Aufführungsprinzip war ebenfalls das bereits erfolgreich erprobte: Die berühmten Dichterkinder spielen sich selbst, sie geben auf der Bühne ihr Intimleben – oder das, was man dafür halten konnte – preis und sorgen so, jenseits aller Frage nach der Qualität, für publicityträchtigen Rummel.

Die Verlockung, den Erfolg von »Anja und Esther« zu wiederholen, war ohne Zweifel groß. Klaus Mann, gerade mal achtzehn Jahre alt, und mit ihm Erika und Pamela Wedekind, waren durch das Stück bereits auf das Titelblatt der Berliner Illustrierten gelangt, ein früher Gipfel an Prominenz. Besonders pikant war das Bild, weil auf dem ursprünglichen Photo Gustaf Gründgens mitabgebildet war, für das Titelblatt aber wegretouchiert wurde[10]. Auch hier bekam Gründgens also den Standesunterschied zu spüren, auch hier wurde er, symbolträchtig, ausgegrenzt. Doch die Wiederholung scheiterte: Was bei »Anja und Esther« noch einigen Reiz gehabt hatte, wurde in der »Revue zu Vieren« zum durchschaubaren Kalkül.

In »Revue zu Vieren« bildeten Erika und Klaus Mann das eine, Pamela Wedekind (die Tochter des bereits verstorbenen Dramatikers Frank Wedekind) und Gustaf Gründgens das andere Paar. Die Viererkonstellation wurde in diesem Stück zu einem Schmelztiegel, der Neues hervorbringen soll, stilisiert. Einerseits werden hier Frauen getauscht (die ihrerseits intime Beziehungen zueinander haben), andererseits entwirft die orientierungs- und vaterlose Jugend mit großer Geste eine noch größere, von Visionen erleuchtete Zukunft. Michael (Klaus Mann) schreibt am Programm einer künftigen europäischen Jugend in drei Bänden, Allan (Gustaf Gründgens) will das Werk durch ein gigantisches Spektakel übertrumpfen. Dieses Spektakel ist eigentlich nur eine Revue, erscheint den vier Welterneuerern aber als religiöses Fest. Der große Wurf scheitert dann an sehr irdischen Gegebenheiten. Die Eifersucht von Ursula Pia (Pamela Wedekind) bringt bei der Premiere von Allans Spektakel absichtlich die Hutmacherin Renate (Erika Mann) und mit ihr das ganze Stück zu Fall, das schließlich in einem Publikumstumult untergeht. Das anfängliche Pathos der »Revue zu Vieren« wandelte sich im Verlauf des Stückes also zu Selbstironie, das ganze Werk wurde so zum bloßen und überflüssigen Jux. Das wirkliche Publikum reagierte denn auch ähnlich erbost und enttäuscht, wie es Klaus Mann bereits im Stück selbst vorausgesehen hatte.

Professionell an dem Unternehmen war einzig die Besetzung – Erika, Pamela, Klaus. Ergänzt wurde das aufsehenerregende Personal durch Klaus Pringsheim als Komponist. Er war 1926 Trauzeuge gewesen. Außerdem war Mopsa Sternheim, Carl Sternheims Tochter, die Bühnenbildnerin.[11] Gustaf Gründgens war für die Regie vorgesehen.

Auf der geschäftlichen Ebene läßt sich »Revue zu Vieren« als sauberes Tauschgeschäft zwischen Klaus Mann und Gründgens betrachten. Klaus Mann steuerte die Prominenz bei, Gustaf Gründgens die künstlerische Kompetenz – und beide würden voneinander profitieren. Aber wo die persönliche Ebene getrübt ist, funktionieren solche Arrangements nicht mehr. So wurde das Stück zum Problem, Gustaf Gründgens wollte sich nicht mehr dafür hergeben, die mangelhafte Qualität des Stückes durch seine Regie aufzuwerten und so den Starrummel um die anderen zu fördern. So mußte Pamela Wedekind, die allerdings Klaus Manns kalkulierten Reißer ebenso miserabel fand wie Gründgens, die Inszenierung übernehmen. Gründgens machte auch nur einen kleinen Teil der großangelegten, bis ins Ausland führenden Tournee mit[12], und so war das, was eine Feier der Einigkeit sein sollte, der erste Anlaß zur Zwietracht zwischen den jungen Eheleuten. Denn wer gegen Klaus Mann war, war auch gegen seine Schwester Erika.

Dabei hatten sich Erika Mann und Gustaf Gründgens – das macht das Verhältnis so pikant und schwer zu durchschauen – eben durch Klaus Manns die Inzucht streifenden Bühnenphantasien gefunden. Damit aber ist das weitaus schwieriger als die Trennungsfrage zu beantwortende Problem aufgeworfen, warum dieses Paar überhaupt jemals geheiratet hat. Im nachhinein waren beide Seiten mit ihrer jeweiligen Anhängerschaft bemüht, die Mesalliance der anderen Seite in die Schuhe zu schieben. So daß heute keinerlei verläßliche Aussagen mehr zu finden sind. Erika Manns Biographin Irmela von der Lühe kann die Eheschließung nicht überzeugend erklären.[13] Curt Riess, Gründgens' Biograph, zitiert Pamela Wedekind: »Er heiratete nicht sie, sie heiratete ihn. Er war der Geheiratete.«[14] An Pamela Wedekind aber hatte Erika Mann im April und Mai 1926 geschrieben, daß »ein gemeinsames Leben mit dem hochempfindlichen, leicht kränkbaren und zu genialisch-hysterischen Ausbrüchen neigenden Mann [Gründgens] im Grunde unmöglich war«[15]. Was Klaus Mann später über die Ehe seiner Schwester dachte, war bereits dem oben zitierten Ausschnitt aus dem »Mephisto« zu entnehmen: Gründgens suchte jemanden, der ihm Halt gab, Erika Mann war darüber hinaus förderlich für seine Karriere, Erika Mann heiratete, gänzlich unbeteiligt, aus »Neugier und Mitleid«. Quasi im taktischen Gegenzug warf Riess Erika Mann vor, sie habe Gründgens nur geheiratet, weil sie sich davon am Theater Karrierevorteile versprochen habe. Und er berichtet von einer Szene, nach der Gründgens etwa drei Tage vor der Hochzeit zu seiner Schwester Marita sagte: »Kannst du mir mal sagen, warum ich Idiot heirate?«[16] So steht hier Kalkül gegen Kalkül, Meinung gegen Meinung.

Die höchst merkwürdige Hochzeitsreise, die das jungvermählte Paar unternahm, legt als Heiratsgrund eine dritte, von keiner Seite ins Spiel gebrachte Variante nahe. Erika Mann und Gustaf Gründgens verbrachten ihre Flitterwochen in Friedrichshafen am Bodensee, wo Klaus Mann einen Bekannten traf. Mit von der Partie war Pamela Wedekind. Diese für eine Hochzeitsreise doch etwas eigenwillige Konstellation legt die Vermutung nahe, daß es von Anfang an gar nicht um eine Ehe im traditionellen Sinn ging, viel eher sollte die Verbindung eine Fortsetzung des gemeinsamen Lebens zu Viert sichern, das sich um »Anja und Esther« 1926 entsponnen hatte. Nimmt man die Aufführung dieses Stücks, die ja ebenfalls mit der Überblendung von Fiktion und Realität arbeitete, zur Grundlage der Eheanalyse, ist es wahrscheinlich, daß sich alle vier Hochzeitsreisenden damals in eine Art Gemeinsamkeitsrausch gesteigert hatten. Und die sexuellen Beziehungen dürften auch nicht so monogam gewesen sein, wie es das Ehegelübte verlangt. Pamela und Klaus wollten ebenfalls heiraten, was zu diesem Zeitpunkt nur daran scheiterte, daß Klaus noch nicht volljährig war.

Die Aufführung von »Anja und Esther«, Premiere war am 24. Oktober 1925 an den Hamburger Kammerspielen, basierte wie die spätere »Revue zu Vieren« auf der Gleichsetzung von Drama und Leben. Durch dieses Stück kam auch der Kontakt zwischen Gründgens und »seinem« Theater, den Hamburger Kammerspielen, sowie Klaus Mann, Erika Mann und Pamela Wedekind zustande. Am 5. September 1925 hatte Klaus Mann Gründgens als Leonce in der Premiere von Büchners »Leonce und Lena« gesehen und er hatte ihm gefallen.[17] Gründgens seinerseits gefiel das Stück von Klaus Mann. Er soll dann, zumindest laut Mann, die Idee mit der Besetzung gehabt haben. »In einer seiner jähen und intensiven Launen verliebte er sich in mein Stück; vor allem reizte ihn die Idee, ›Anja und Esther‹ mit Erika und Pamela in den Titelrollen herauszubringen. Und ich, der Autor, sollte auch mitspielen: Gustaf hatte es sich in den Kopf gesetzt.«[18] Auch wenn die Vermählung seines Theaters mit der Münchner Kulturschickeria damals durchaus in Gründgens' Sinn gewesen sein dürfte, Klaus Mann wiegelt hier ab, denn tatsächlich entsprach die delikate Besetzung auch seinen eigenen Intentionen.

Wie stand Mann damals zu Gründgens? Siebzehn Jahre nach der Begegnung schrieb Klaus Mann in seiner Autobiographie »Der Wendepunkt« über den ehemaligen Freund. Die Stelle ist bemerkenswert, weil neben aller Verachtung noch immer die Faszination nachklingt, die Gründgens für ihn anfangs hatte. »Er glitzerte und sprühte vor Talent, der charmante, einfallsreiche, hinreißende gefalsüchtige Gustaf! Ganz Hamburg stand unter seinem Zauber. Welche Verwandlungsfähigkeit! Welche Virtuosität der Dialogführung, der Mimik, der Gebärde! Sein Repertoire umfaßte alle Typen und Altersstufen. […] Gustaf war brillant, witzig, blasiert, mondän. […] Gustaf war düster und dämonisch, Gustaf war müde und dekadent. Gustaf war von überströmender Lebendigkeit; […] Die erste Begegnung mit Gustaf beibt mir unvergeßlich. Mit dem Elan eines neurotischen Hermes drang er in unser Hotelzimmer ein. So leichtfüßig war sein Gang, daß man nicht umhin konnte, seine abgetragenen aber doch irgendwie sehr schicken Sandalen mit mißtrauischem Blick zu streifen. Gab es dort keine Flügel? Nein: auch war es kein antikes Göttergewand, was ihm da mit edler

Nachlässigkeit um die Schultern hing, sondern nur ein ziemlich schäbiger Ledermantel.«[19]

Diesem Bild fügt Mann eine nachträgliche Interpretation hinzu, die einen ganz anderen Gründgens zeichnet. »Er litt an seiner Eitelkeit wie an einer Wunde. Es war diese fieberhafte, passionierte Gefallsucht, die seinem Wesen den Schwung, den Auftrieb gab, an der er sich aber auch buchstäblich zu verzehren schien. Wie tief muß der Inferioritätskomplex sein, der sich in einem solchen Feuerwerk von Charme kompensieren will! Welche Beunruhigung, welch gequältes Mißtrauen versteckt sich hinter dieser exaltierten Munterkeit! Wer seiner selbst sicher wäre, gäbe wohl nicht so an. Wer sich auch nur von einem Menschen wirklich geliebt wüßte, hätte es kaum nötig, ständig zu verführen.«[20]

Die ursprüngliche Faszination beruhte auf Gegenseitigkeit. Ähnlich euphorisch, wie Mann 1925 gewesen war, äußerte sich Gründgens über Klaus Mann. In den Blättern der Hamburger Kammerspiele war ein kleiner Aufsatz über den neuen Bekannten aus seiner Feder zu lesen: »Die jüngere Generation hat in Klaus Mann ihren Dichter gefunden. Dies sei vor allem festgestellt. Schon in seinem Novellenband ›Vor dem Leben‹ […] findet sich […] eine prachtvolle Erzählung: ›Die Jungen‹, in der zum ersten Mal mit schmerzlicher Objektivität in die seelische Kompliziertheit unserer heutigen Jugend hineingeleuchtet wird, einer Jugend, deren Existenz, trotz aller Wege zu Kraft und Schönheit, nicht wegzudemonstrieren ist. Jedem, der mit der jungen Generation verwachsen ist, war diese Novelle in ihrer erstaunlichen Beherrschung der Form ein großes Versprechen, das Klaus Mann in ›Anja und Esther‹ herrlich gehalten hat. Mit unerbittlicher Liebe zeigt er seine Generation in all ihrer wissenden Unwissenheit, ihrer gehemmten Hemmungslosigkeit, ihrer reinen Verworfenheit. Diese Kinder aßen früh vom

Baume der Erkenntnis und tragen schwer an ihrem jungen Wissen; gelockert und den verästeltsten Empfindungen zugänglich, führen sie den schweren Kampf aus ihren tausend Möglichkeiten, die eine richtige zu finden. Man muß sie lieben diese Menschen, die soviel Liebe in sich haben, und mit wissender Schmerzlichkeit ihre Irrwege gehen. Und mit traurigem Lächeln sieht man diese Neunmalklugen mit sehenden Augen an Erik, dem noch unkomplizierten ›Männchen‹, dem einfach daseienden schönen Nichtstuer, scheitern. Lieben muß man vor allem den Dichter dieser Menschen, der seine Gestalten so beseelt und leidvoll durch dieses erregende Stück sendet und sie nicht – wie die meisten Propheten von heute – mitten im Schlamassel sitzen läßt, sondern mit hilfreicher Hand zur Klarheit führt. Und das ist das Wesentliche an diesem Klaus Mann: Er ist nicht nur ein Schilderer der neuen Jugend, er ist vielleicht berufen, ihr Wegweiser zu werden.«[21]

Obwohl auch hier Begeisterung zu spüren ist, fällt doch auf, daß Klaus Mann noch 17 Jahre nach dem Zusammentreffen weitaus direkter und emotionaler auf Gründgens reagiert, während dieser um Objektivierung und künstlerische Einordnung bemüht ist. Schon damals verwendet Gründgens zwei Begriffe, die später für seine Ästhetik zentral werden sollten: »Beherrschung der Form« und »Klarheit«. Gründgens' Werbung für Klaus Mann fand übrigens Anklang. Im Oktober des gleichen Jahres sprachen die »Münchner Neuesten Nachrichten« anläßlich einer Lesung von Klaus Mann ebenfalls vom »Wortführer einer neuen Generation«[22]. An den Münchener Kammerspielen fand am 22. Oktober auch die Uraufführung von »Anja und Esther« in der Inszenierung von Otto Falckenberg statt. Sie fiel glatt durch. Ganz anders war dagegen die Publikumsreaktion in Hamburg.

»Anja und Esther« steht offensichtlich in der Tradition von Frank Wedekind. Das romantische Stück in sieben Bildern spielt in einem »Erholungsheim für gefallene Kinder« und beginnt mit der sehnsuchtsvollen lesbischen Liebe zwischen Anja (Erika Mann) und Esther (Pamela Wedekind). Esther verliebt sich dann aber, wie Anjas Halbbruder Kaspar (Klaus Mann), in den von Gründgens verkörperten Erik, der als einziger nicht aus der Welt der Gefallenen stammt[23]. Esther, Erik und Kaspar ziehen in die Stadt, zurück bleibt Anja, in bewußter und schöner Entsagung. Herbert Ihering ging 1926 anläßlich der Berliner Premiere hart mit dem Stück ins Gericht, benannte dabei aber auch den zentralen Punkt der eher lyrischen denn dramatischen Konstruktion: »Wenn man früher auf den Tisch die duftenden Reseden stellte, so parfümiert Klaus Mann die Luft seines ›Heimes für gefallene Kinder‹ mit erotischen Komplikationen.«[24] Anläßlich des Berliner Gastspiels von »Revue zu Vieren« vom 2. bis 9. Mai 1926 sollte Ihering, neben Alfred Kerr der wichtigste Kritker seiner Zeit, dann auch mit Gustaf Gründgens nicht zimperlich umspringen, er bezeichnete ihn als groben und undifferenzierten Schauspieler. Ihering konnte sich mit Gründgens' Habitus bis in die dreißiger Jahre hinein schwer anfreunden. Später näherte er sich dem etablierten Gründgens dann an, bis er ihn 1936 sogar um Hife bitten sollte. Doch der Argwohn zwischen beiden blieb immer bestehen.

Die Mischung aus erotischen Verwicklungen und exzentrischem Parfümgeruch, aufbegehrender Jugend und altklugen Phrasen, aus Privatsphäre und Bühnenleben, war 1925 das, worauf Gründgens positiv reagierte. Klaus Mann schickte sich für ihn genau mit dieser Mischung an, die neue Generation zusammenzuschweißen, die erotischen Vielfachbindungen waren es, die gegen die überkommene Welt der Väter ein einigendes Band darstellen sollten. Diese

Grundtendenz von Klaus Manns Stück kann Gründgens nicht entgangen sein. Klaus Mann gestaltete in »Anja und Esther« ein Stück weit seinen Vater-Sohn-Konflikt. Es muß Gründgens also auch enttäuscht haben, als sich mit der Fortsetzung »Revue zu Vieren« bald herausstellte, daß Klaus Mann nicht der »Wegweiser« werden konnte, den er ursprünglich in ihm hatte sehen wollen. Die Verbindung Gustaf Gründgens und Klaus Mann hielt tatsächlich so lange, wie sich die Illusion von einer neuen Generation aufrechterhalten ließ. Diese Welt muß Gründgens damals verheißungsvoll erschienen sein, auf sie ließ er sich ein und hier hoffte er, wie die Heirat zu vermuten nahelegt, eine künstlerische Identität zu finden, in der innigen Verbindung mit den Manns hoffte er auf Grund zu stoßen. Denn bisher, in mittlerweile doch fast zehn Bühnenjahren, war Gründgens immer nur auf der Suche gewesen.

Seine Theaterlaufbahn hatte der Rekrut Gründgens im 1. Weltkrieg mit einer Finte begonnen: Er schaffte es, eine Stelle am Fronttheater Friedrichsburg zu bekommen, indem er nicht vorhandene Bühnenerfahrung vortäuschte. Das Abgangszeugnis der Düsseldorfer Theaterschule von Louise Dumont, die er ein Jahr lang von 1919 bis 1920 besuchte, bescheinigte ihm »ungewöhnliches Talent für die sinnfällige Ausformung der seelischen Struktur problematischer Naturen; seine starken Ausdrucksmittel sind mit energischem Willen gepaart und gut diszipliniert.«[25] Das war die Richtung, in die sich Gründgens weiterentwickeln wollte. Vorerst aber mußte er je eine Spielzeit in Halberstadt und Kiel die Spielpläne rauf und runterspielen. »Ich spiele sehr viel durcheinander: [...] Lassen Sie mich nach Düsseldorf kommen. Ich bin fest überzeugt, daß mir eine volle Entwicklung meiner Fähigkeiten nur unter Ihrer Leitung gelingen wird...« schreibt der junge Schauspieler an Louise Dumont am 24. 2. 1921[26]. Es ging ihm da nicht anders als den meisten jungen Schauspielern, die sich in der Provinz durchschlagen müssen. Bei Gründgens aber führte das dazu, daß er schnell seine Begabung für viele Bereiche entdeckte. Bereits in diesen ersten Jahren seiner Theaterlaufbahn hatte sich Gründgens in allen Sparten versucht, er hat klassische Rollen, Operette, Oper, Kabarett gespielt, er hatte gesungen und getanzt und er hatte bei Oper und Operette Regie geführt. Auch wenn ihn das, wie seine Briefe an Louise Dumont zeigen, nicht zufriedengestellt hatte.

Schon 1922 spielte Gründgens das erste Mal den Mephisto. Ein Kritiker schrieb damals: »Den Mephistopheles spielte Herr Gründgens (Umbesetzung), dessen behende Hagerkeit und ebenso kalte, wie scharfe Dialektik zwei Vorbedingungen der Gestalt trefflich erfüllen.«[27] 1922 war es auch, als sich Gründgens das erste Mal in Berlin, im Theater in der Kommandantenstraße, versuchte. 1923 kam er dann an die Hamburger Kammerspiele, ein renommiertes Theater, das Erich Ziegel nach dem Vorbild der Münchner Kammerspiele gegründet hatte, und das einen Schwerpunkt bei zeitgenössischer Dramatik hatte. »Ich habe hier eine sehr sehr schöne Stellung und die weitaus beste Beschäftigung des Jahres gefunden«, schrieb Gründgens, jetzt schon zuversichtlicher, an Louise Dumont[28] und hatte jetzt auch ein klares Bild von seinem Typus als Schauspieler: »ein etwas neurasthenischer Henckels mit jgdl. Bonvivanteinschlag.«[29]

Was Gründgens damals noch Kopfzerbrechen bereitet hat, weil er nicht wußte, in welche Richtung er gehen sollte, wurde später zu einer seiner Stärken: Er hatte für alles Talent, neben dem Schauspiel lagen ihm auch Gesang und Tanz, von der Oper bis zum Kabarett standen ihm alle Gattungen offen. Seine Vitalität, von mehreren Seiten bezeugt, machte seine Auftritte in allen Sparten zu einem Ereignis. Ein Brief an die Eltern zu deren Silberhochzeit zeigt die überschäumende Lebendigkeit, auf die es ihm ankam: »Ich bin so mitten drin im Leben, atme Leben mit jedem Pulsschlag und durch jede Pore meines Körpers, – Leute mich zerreißts nochmal in der Luft –«.[30] Mit dieser Vitalität und Vielseitigkeit faszinierte Gründgens dann auch Klaus Mann. Gründgens war in diesen Jahren auch schon arrogant, überspannt und hysterisch – in den Charakterfächern des Lebens, in seinem Fall »Snob«, »Bohemien« und »frühe Staralluren«, brachte er es bereits recht weit. Aus einer eher dem Lifestyle als der politischen Analyse zuzurechnenden Ecke kommt auch seine Idee eines revolutionären Theaters, das er in Hamburg eröffnen wollte. Klassenkampf auf der Bühne, das war schick und verrucht zugleich, und das paßte Gründgens damals hervorragend. Ein politischer Überzeugungstäter war er jedenfalls nicht.[31]

Seine Schauspielerkollegin Lucy von Jacobi faßte die frühen Jahre im Hamburger Bühnenalmanach von 1926 anschaulich zusammen: »Wenn Theater eine Menagerie ist, in der der Budenbesitzer (in diesem Fall Erich Ziegel) eine Reihe besonders bunter, leuchtkräftiger Exemplare ihrer Gattung zur Schau stellt; besonders kraftvolle, besonders wohlgelungene oder aber auf besondere Art mißlungene, skurrile – aber eben: immer ›besondere‹; wenn Talent die *telepathische Übertragung des inneren Gesichtes* ist und nicht die Fähigkeit, mit mehr oder weniger Temperament, auswendig Gelerntes herzusagen und dazu Gesichter zu schneiden, dann ist dieser Gustl einer der ganz wenigen Schauspieler, die wirklich berufen und auserwählt sind. Er spielt den Prinzen Pao mit tänzerisch romantischer Anmut, er ist der hingerissen schwärmende Anbeter der Emilia Galotti und der unerreichbar kühle, gefährlich verantwortungslose Abgott der unglücklichen Orsina; – tänzerisch – dämonisch irrlichternd in ›Spiegelmensch‹; aristokratisch blutleer und gehirnlich als Herzog in ›Franziska‹. Für Oscar Wilde viel zu jung, bringt er doch das wichtigste mit: Niveau, Kultur, Phantastik, – angeborene Delikatesse und herzlichen Charme in den Liebesszenen; ein tiefes Wissen um die letzte Hoffnungslosigkeit und Vergeblichkeit trotz liebenswürdigster Anspannung. Und ob er mit einem bezaubernden Sarkasmus in den Mundwinkeln den Bluntschli (›Helden‹ von Shaw) spielt oder aber den sinnlos wilden Rittmeister in Sakheims ›Haßbergs‹ fragiert, ob er den Junker Bleichenwang mit Reitpeitsche und Monokol als schneidig lächerlichen Korpsstudenten zeichnet – immer ist er mühelos ein ›Herr‹. Der schäbigste Anzug gewinnt lässige Eleganz, wenn er ihn trägt. Sein Angelo (Maß für Maß) war der letzte Sprößling eines überzüchteten Adelshauses, dem sich das rote Blut schon in grünes Eiswasser zersetzt hat. Dagegen der ›Snob‹: gieriger, ordinärer, skrupelloser Lebensappetit; der draufgängerische Emporkömmling, wie er im Buch steht (in Sternheims Buch, notabene). Der Arrivist, der mit unwiderstehlichem Elan alle Hindernisse überrennt und mit elastischer Anpassungsfähigkeit sofort in der im Handstreich gewonnenen Herrenkaste zuhause ist. In Arnold Zweigs ›Semaels Sendung‹ stellte er eine fehlerlos konturierte George Groß-Figur auf die Bühne. Unermüdlich hat er im vergangenen Winter die dümmsten Revuen inszeniert, gedichtet, getanzt, gesungen. Ich glaube, er tanzt noch im Schlaf. Während des Essens bestimmt. Und zwar mit einer beispiellosen Begabung, mit einer grandiosen Frechheit und einem Witz, der alle Professionals hinriß und zu seinen Schülern machte. Es brennt eine Flamme in ihm. Die Frauen rissen sich ihn aus den Armen. Und er lächelte zu all dem charmant und tanzte in den Wolken über dem brodelnden Saal, ein verhätscheltes Kind, ein

Monokelprinz – ein gefährlich Wissender.«[32] Gründgens war schon weit gekommen, Vielseitigkeit und Aura waren also bereits vorhanden. Vor allem aber finden sich in diesen frühesten Besprechungen immer wieder zwei Worte: Nervosität und Neurasthenie. Gründgens muß neben aller Noblesse und Formbeherrschung etwas Fahriges, Aufgeregtes, Hysterisches und Überspanntes gehabt haben.

Gründgens fand bei Erich Ziegel an den Kammerspielen erstmals eine künstlerische Heimat. Aber er fand noch nicht den Platz, den er für sich vorgesehen hatte.[33] Und er fand noch nicht seine Form, seinen Stil. Den ersten entscheidenden Schritt tat er da erst in der bewußten Absetzung von den Geschwistern Mann. Was vor der Beziehung zu ihnen talentierte, nervöse, ziellose Bemühung war, wurde danach eine zielstrebig angegangene Karriere. Es ist nicht ohne Pikanterie, daß ihm beim ersten Schritt zum Ruhm die Manns noch halfen, was sie später besonders ärgern mußte. Auch die Verbindung zu Max Reinhardt, bei dem Gründgens ab 1928 spielte, wurde möglicherweise noch durch Thomas Mann hergestellt. Gründgens aber ging jetzt bereits selbständig seinen Weg. In einer nur kurz nach der Huldigung auf Klaus Manns Drama »Anja und Esther« erschienenen Darstellung seiner eigenen Regiearbeit bei Strindbergs »Traumspiel« schreibt er selbstbewußt: »Ich glaube, man darf gar nichts machen. Man soll die Dichtung sprechen lassen und seine Regie darauf beschränken, alle Mitwirkenden mit dem Geist dieser Dichtung zu durchtränken – was an sich schon schwer genug ist –. [...] Und hier setzt das ein, was ich die Entindividualisierung des Schauspielers nennen möchte, etwas, das scheinbar ein Widerspruch ist, denn der Schauspieler ist ja im Grunde wie jeder Künstler Individualist; und gerade darin, nämlich daß er ein starkes Individuum, eine einmalige unverwechselbare Einzelerscheinung ist, besteht ja sein Talent; ja, nur daraus allein resultiert seine Berechtigung, allein im Hellen zu stehen, wo tausend andere im Dunkel sitzen und ihm zusehen! Und auf diese persönliche Wirkung, seine stärkste Waffe, soll er verzichten, diese seine ureigensten Regungen unterdrücken? Was bleibt dann noch? Ja, dann bleibt das hier allein Wichtige, das Allgemeingültige, das, was alle angeht, weil es alle erleben, *dann wird aus der Schau das Erlebnis.*«[34]

Das ist einer der ersten Texte, in denen Gründgens seine Theaterarbeit reflektiert, und er enthält im Kern schon die gesamte Gründgens-Ästhetik. Gründgens hat also auf allen Ebenen einen entschiedenen Schritt nach vorne getan. Die Erfahrung, die er gerade mit den Manns gemacht hatte, wird dabei eine entscheidende Rolle gespielt haben. Einen Monat nach dem »Traumspiel« hatte die »Revue zu Vieren« Premiere, die neuen Prinzipien der Regiearbeit erscheinen da wie ein vorweggenommenes Gegenmodell, und damit auch wie eine Selbstvergewisserung.

Warum wurde die Beziehung zu Erika Mann für Gründgens so prägend? Mit Sicherheit hatte Gründgens nicht nur homosexuelle Beziehungen, mit Sicherheit war sie nicht die erste Frau in seinem Leben, der er Bedeutung gab. Es gab, noch in Düsseldorf, eine längere und intensive Beziehung zu Renée Stobrawa, die er an der Schauspielschule kennengelernt hatte, und mit der er in den dreißiger Jahren noch zusammenarbeitete. Nach seinem Tod sagte sie zu Curt Riess: »Ich glaube heute, daß er damals einen Halt suchte, daß er glaubte, ich könne dieser Halt sein. Damals war ich einfach zu unwissend, es zu begreifen.«[35] Dieses Motiv kehrt später wieder, das schlechte Gewissen der Renée Stobrawa wiederholte sich bei seiner zweiten Frau Marianne Hoppe, die später das Gefühl hatte, ihn im schwierigen Jahr 1946 sitzengelassen zu haben. Und Erika Mann wollte zwar nichts von schlechtem Gewissen wissen, dafür schrieb ihr Bruder, daß Gründgens bei ihr Halt gesucht habe. Über die Gründe der Trennung von Renée Stobrawa berichtete Gründgens der Mutter noch ganz offen: »Ich setze zum Beispiel einen großen Teil meiner Erotik in künstlerisches Schaffen um. Und Renée schafft nur aus einer Erotik heraus, die dauernd nach einer Befriedigung verlangen muß.«[36] Eine nicht näher bekannte Heike wollte Gründgens dann in Hamburg sogar heiraten. An die Mutter schrieb er über sie: »Ich habe nun wirklich Sehnsucht nach Dir und möchte Dir das Heikchen zeigen. Komm also bald! Wir wollen nun auch mit der Hochzeit nicht mehr zögern; wir kennen uns ja nun über zwei Jahre.«[37]

Die Beziehung zu seiner Mutter war für Gründgens äußerst bedeutsam, wodurch sie bestimmt war, ist allerdings nicht mehr eindeutig feststellbar. Gründgens Anfänge liegen bis heute weitgehend im dunkeln. Auch hier ist man auf Interpretation angewiesen. 1952, in Zürich, in einer Phase der Rückbesinnung, schrieb Gründgens einen kurzen Text über den ersten Abschnitt seines Lebens. Er lautet: »Biographien sind meine Lieblingslektüre. Aber ich überschlage immer die Jugendzeit der Autoren. Schließlich haben wir alle auf dem Eisbärfell gelegen, sind alle in die Schule gegangen, und ich finde es nicht interessant, in welcher Klasse man sitzengeblieben ist. Und ich kann auch nicht finden, daß die Schilderung der Schullehrer für den Leser wissenswert ist. [...] Um es kurz zu machen: Vom Vater her aus Aachen, von der Mutter aus Köln stammend, wurde ich in Düsseldorf geboren. Beide Familien hatten ihre große Zeit. Die Familie meines Vaters mit holländischem Einschlag ist durch viele Heiraten weit verzweigt und stellte einen großen Teil der rheinischen Industrie. Aus der Familie meiner Mutter ging ein sehr bekannter Kölner Oberbürgermeister hervor, und sie beherrschte eine Zeitlang die Rheinschiffahrt. Der Verfall dieser Familien setzte aber bereits vor meiner Geburt ein. Was blieb, war die äußere Fassade, die angeblich gehalten werden mußte und die mich letzen Endes zwang, schon von meinem fünfundzwanzigsten Lebensjahr an meine Eltern zu ernähren, eine Tatsache, die sie nicht davon abhielt, eine Siebenzimmerwohnung in der besten Gegend der Stadt zu unterhalten, die aber meine Lebensführung entschieden beeinflußte. Ich lebe jetzt wieder in Düsseldorf und finde, daß sich trotz zweier verlorener Kriege wenig daran geändert hat. Wieder kehrt die Gesellschaftsklasse, der ich angehörte, zu den Gewohnheiten zurück, unter denen schon ich als junger Mann gelitten habe, und zwischen einer Bigotterie und einer ebenso unechten Freizügigkeit sehe ich als Erfahrener dieselbe verklemmte Jugend zu einer unwahren Stellung im Leben einen Weg suchen. Ich stehe, fünfzigjährig, am Fenster meiner Wohnung und sehe auf der anderen Rheinseite die Wiesen, auf denen ich die Schule schwänzte mit meinen Klassenkameraden und meine ersten schauspielerischen Versuche machte. Ich überlege: Was hat mir damals vorgeschwebt, und was ist daraus geworden? Ich denke darüber nach und kann nur den Kopf schütteln. Ich bin nicht verbittert und schon gar nicht stolz. Ich bin nur verwundert, und ich sehe an meinem Schicksal, wie sehr wir alle überfordert sind, wie viel mehr das Leben von uns verlangt hat als wir zu geben imstande waren, vor welche Hürden uns das Leben gestellt und was es uns, fast selbstverständlich, abverlangt hat.«[38]

Gründgens' Blick auf seine Vergangenheit ist von einer soziologischen und nicht individualpsychologischen Sichtweise geprägt. Dieser Zug bestätigt sich in anderen Texten, die sich mit späteren Phasen seines Lebens beschäftigen. Unübersehbar ist der Versuch, so seinen Lebensweg zu objektivieren. Noch stärker ins Auge fällt allerdings, daß dieser Text, auch das ist typisch, etwas ausblendet. Das Spezifische der Jugend, die Prägung die man in dieser Zeit erfährt, kommen bei Gründgens nicht vor. Wie diese Prägung bei Gründgens genau ausgesehen hat, kann man allerdings kaum rekonstruieren. Er selbst hat dazu nichts gesagt. Gründgens weigert sich, Auskunft über die Erfahrungen zu geben, die seinem späteren Leben zugrundeliegen.

Über diesen autobiographischen Text hinaus weiß man, daß Gründgens am 22. Dezember 1899 in Düsseldorf geboren wurde, daß seine Mutter Emmy, sein Vater Arnold, seine jüngere Schwester Marita hießen. Man weiß, daß der Vater ihn gegen seinen Willen für eine kaufmännische Lehre vorgesehen hatte und daß er von 1916 bis 1918 Soldat war. Er kämpfte zwar nicht an der Front, wurde aber durch einen Kameraden verletzt, was ihn 1917 zu einem Lazarettaufenthat zwang. Aus dem Lazarett schickte er Briefe an die Mutter, zum Teil gedichtet: »Geliebte meiner Seele,/ Ich mich Dir empfehle./ Vierzehn Tage sind vergangen,/ Hab keinen Brief von Dir empfangen.«[39]

Gustaf Gründgens verehrte seine Mutter. Curt Riess berichtet, das Schönste für Gründgens sei gewesen, sie im Abendkleid zu bewundern, bevor sie zu einer der Soireen fuhr, bei denen sie gelegentlich auftrat. Genauso kolportierte er, daß sie sich noch auf dem Sterbebett für ihren Sohn schön machen wollte.[40] Man weiß weiter, daß Gründgens ein gespanntes Verhältnis zum Vater gehabt hat. Die später oft wiederholten Vorwürfe, dieser habe Gründgens auf der Tasche gelegen, erscheinen allerdings übertrieben. Schließlich hat Gründgens selbst seinen Vater jahrelang um Geld angebettelt, auch nachdem er bereits berufstätig war. Die Gründe für die Differenzen mit dem Vater können nicht rein finanzieller Natur gewesen sein. Wahrscheinlich war der Vater ihm einfach zu unseriös, zu kraft- und erfolglos. Auf jeden Fall dürfte der Vaterkonflikt Gründgens für Klaus Manns Generationsvisionen empfänglich gemacht haben.

Was aber könnte das Ideal gewesen sein, nach dem Gründgens sich richtete und das ihm selbst wahrscheinlich nicht bewußt war? Die Manns unterstellten Gründgens skrupelloses Karrieredenken als einziges Motiv. Für ihn selbst wurden in der Zeit als Staatstheaterintendant in Berlin das Ensemble und die Werktreue, die er mit Klarheit gleichsetzte, zu den zentralen Leitgedanken. Beide, Ensemble und Werktreue, bedeuteten für Gründgens »Ordnung« und nichts war ihm auf der Bühne wichtiger als Ordnung. In dem später oft gebrauchten Wort von der »Insel«, womit das Staatstheater als geschützter und heiler Ort in der Nazizeit gemeint ist, ist dieses Ideal dann auch zu einem politischen Mythos geworden. Wie sich im Rückblick zeigt, akzentuierte sich damit allerdings nur eine Einstellung, die sich bei Gründgens schon vorher abzuzeichnen begann. Denn Werktreue und Inselgedanke nähren sich von der Vorstellung, daß man sich aus der Gesellschaft heraushalten kann. Werktreue war sein Inszenierungsideal von Anfang an, wie zum Beispiel der Text zur »Traumspiel«-Regie von 1926 zeigt. An dieser und verwandten Äußerungen ist auffällig, daß Gründgens jede politische Tendenz, jede außerästhetische Festlegung zu vermeiden sucht. Er will nur die Dichtung sprechen lassen. Gründgens, diesen Eindruck muß man gewinnen, sucht so nach Bedeutsamkeit, ohne zu sagen, worin die Bedeutung bestehen könnte, die er dem Theater gibt. Das Theater als Bedeutungsraum ist ihm ein Wert an sich. Das deutet sich auch in den Briefen an die Mutter immer wieder an. Den »Hamlet«, das bedeutendste Bühnenwerk überhaupt, habe sie ihm quasi in die Wiege gelegt, schreibt er. »Programmatisch«, das heißt, dem gemeinsamen Programm zur Selbstzeugung durch Inszenierung folgend, müsse sie deshalb zur Premiere kommen. »Hamlet« – das ist das Gegenprogramm zur Gefahr, endgültig ins Kleinbürgertum abzurutschen, dem die Familie ausgesetzt ist. So erklärt sich auch Gründgens Hang, seine Biographie soziologisch zu sehen.

Und so erklärt sich auch das Urteil von Erika und Klaus Mann, die in ihm den bloßen Karrieristen sehen wollten. Die Ehe zu Erika Mann war für Gründgens ein enormer sozialer Aufstieg, aber er wollte mehr. Die erste Erfahrung mit einem Ensemble, mit dem er sich identifizierte, machte Gründgens an Erich Ziegels Hamburger Kammerspielen. Die erste Gruppe allerdings, der er sich, wenn auch nur kurzzeitig, mit Haut und Haaren verschrieb, war die der Dichterkinder. So erscheint auch der Gedanke, »Esther und Anja« mit den realen Vorbildern zu besetzen, als der erste Versuch, nicht nur eine eigene Theatergruppe ins Leben zu rufen, sondern selbst zum Kunstwerk zu werden, das Leben zum Theater zu machen, selbst die Bedeutung zu gewinnen, die man der Bühne zuschreibt. Das war die Ebene, auf der sich Gründgens für Klaus Mann begeistern konnte. Die späteren Werte »Ensemble« und »Ordnung« erscheinen dagegen als ein Rückzug, sie sind der Versuch, das Theater vor dem »Leben« zu schützen. Später reagierte Gründgens allergisch, wenn Berufliches und Privates vermischt werden sollten, denn er hatte erlebt, wohin dieses führt.

1928 zog Gründgens dann ein zweites Mal in jenes Berlin, das er der Mutter als feindliche, abweisende Stadt schilderte. Ende der zwanziger, Anfang der dreißiger Jahre arbeitete er vor allem bei Max Reinhardt. 1928 spielte er am Deutschen Theater zusammen mit Hans Albers und unter der Regie des damals noch unbekannten Heinz Hilpert[41] in »Verbrecher« von Ferdinand Bruckner. Durch diese Inszenierung erhielt

Gründgens sein Image als kalter und perverser Charakter. Er spielte einen zwielichtigen, homosexuellen Verführer. »Matthias Wiemann als angstgejagter, gequälter Homosexueller, ein feiner, vornehmer, ein unglaublicher Mensch, Gustav [sic!] Gründgens' Ottfried von derselben Art, aber kalt, niedrig, seelenlos, gaben Ausgezeichetes«, schrieb Julius Hart im »Tag«.[42] Und in der »Welt« stand: »Jener fahle Abgrundstyp von Gustaf [sic!] Gründgens mit seiner eleganten Verworfenheit«[43].

1929 führte Gründgens am Deutschen Theater erstmals Regie. 1931 inszenierte er mit großem Erfolg »Die Hochzeit des Figaro« an der Kroll-Oper, einer der wesentlichen Schritte auf dem Weg zum ganz großen Durchbruch in Berlin. Und 1932 hatte er mit der Operette »Liselott« an der Seite von Käthe Dorsch enormen Erfolg. Gründgens hatte hier Songtexte kurzerhand neu- oder umgeschrieben. Das Unterhaltungsstück »Menschen im Hotel« wurde ebenfalls ein Berliner Gesprächsthema. Gründgens hatte sich also in der Hauptstadt schnell in unterschiedlichsten Bereichen etabliert. Nur eines war Gründgens noch nicht: ein großer Charakterdarsteller. 1930 hatte Gründgens den Orest in »Iphigenie auf Tauris«, 1931 den Hofmarschall Kalb in »Kabale und Liebe« gespielt, beide Male war ihm allerdings der große Erfolg versagt geblieben.

Als Gründgens das zweite Mal nach Berlin kam, war er noch nicht ganz entschieden, ob er seine Energie ganz ins Theater und nur ins Theater stecken sollte. In Berlin wurde das dann aber schnell eindeutig, Gründgens explodierte förmlich, er füllte jetzt alle Sparten der darstellenden Kunst mühelos aus, egal ob Schauspiel oder Kabarett, Tanz oder Oper, Revue oder Film. Geichzeitig verflüchtigte sich aber, was man privates Leben nennt.

In insgesamt dreizehn Filmproduktionen hat Gründgens

vor der Machtübernahme durch die Nazis mitgearbeitet, meist als Schauspieler und 1932 mit »Eine Stadt steht Kopf« erstmals auch als Regisseur. Die letzte dieser Rollen, Baron Eggersdorf in Max Ophüls' Schnitzler-Verfilmung »Liebelei«, fertiggestellt Anfang 1933, war die beste: Mit einer einzigen großen Szene, in der Gründgens mit eisiger Konsequenz auf gesellschaftlichen Konventionen beharrt, bestimmte er die Atmosphäre des gesamten Films. Einen ähnlich prägnanten Auftritt hatte er in Fritz Langs berühmtem Unterweltfilm »M – Eine Stadt sucht einen Mörder«. Fritz Lang, der wie kein anderer Gespür für Besetzungsfragen hatte, holte Gründgens für einen Dreiminutenauftritt als Gangsterboß. Gründgens spielte mit Ledermantel und Melone einen überlegenen, weil gefühlsfreien Unterweltfürsten. Friedrich Luft verwendet in seiner Beschreibung dieser Rolle bezeichnenderweise dreimal die Vokabel »kalt«, um dann mit dem Ausdruck »kaltes Feuer« zu enden.[44] Diese und ähnliche Auftritte vor 1933 sind unzweifelhaft der Gipfel von Gründgens' Filmarbeit geblieben. Später hat er oft gesagt, daß er diese Rollen gehaßt hat, weil er nicht mit dem Klischee »kalt« assoziiert werden wollte. Hört man sich die wenigen frühen Tonaufnahmen von Gründgens an, kann man sich aber der Erkenntnis nicht verschließen, daß Gründgens wahrscheinlich auch auf dem Theater nie besser denn als eisiger Verführer war.

Gründgens fand damals im »kalten Abgrundstyp« ein Profil, das in die Zeit und zu ihm paßte. Er konnte den schnellen, coolen, skrupellosen, souveränen und abgründigen, weil amoralischen Großstadttyp verkörpern, den auch das Theater in ihm sehen wollte, weil dieser Typ gefragt war. Gründgens aber wollte sich auf diese Rolle nicht festlegen lassen. Er wollte alles spielen, er wollte das gesamte Theater sein, und am meisten wollte er das spielen, was er am wenigsten war, die innigen, beseelten, gütigen Menschen, die man auch damals noch für die bedeutenderen Menschen hielt. In einem Interview mit Werner Höfer, zu seinem 50. Geburtstag und anläßlich der Premiere des »Hamlet«, sagte Gründgens über die Rollen, die ihm besonders am Herzen lagen: »… die unglücklichen Lieben sind die typischen Gründgens-Rollen, die hasse ich. Also das sind die Rollen, die das Bild von mir verfälschen. Rollen, die ich *auch* spielen kann. Rollen, die ich in jedem Engagement von Halberstadt an oder Kiel oder wie, immer wieder gespielt habe zuerst. Im ersten Jahr habe ich immer die falschen Rollen gespielt. Ich habe immer den Marinelli gespielt in ›Emilia Galotti‹ statt den Prinzen. Ich habe immer die leicht ablesbaren, aus meinem Gesicht scheinbar leicht ablesbaren Rollen gespielt, und nie die aus meinem Herzen kommenden, also nie. Im Anfang, meine ich! Und der Film ist vielleicht schuld daran, daß ich, na also, Sie wissen, daß ich früher der typische Filmschurke war. Und das klebt an einem. Auch meine erste Berliner Rolle in ›Verbrecher‹ von Bruckner war eine Rolle, die ich sehr gehaßt habe, die ich aber spielen mußte, einfach um leben zu können, nicht? Aber, sie gab nichts von mir. Sie gab ein Bild von mir, und ich bin manchmal ganz verblüfft, wie wenig das Bild, das man von mir hat, mit dem Bild, das ich von mir habe, zusammenpaßt.«[45] Es ist tatsächlich paradox: Der Schauspieler will Rollen spielen, aber er sucht sich in den Rollen selbst, und zwar zählt als Selbst nur ein Ideal, das er von sich hat. Gründgens konnte den Widerspruch zwischen dem »Typischen«, das der Schauspieler verkörpern solle, und dem Individuellen, nach dem er suchte, nie auflösen. Sein Leben lang sollte er sich deshalb als den Verkannten sehen. Was es war, das verkannt wurde, konnte er aber nicht sagen.

Man weiß nicht, wann genau es war, daß Erika und Klaus

Mann auf der einen und Gustaf Gründgens auf der anderen Seite zu regelrechten Feinden wurden. Das allein ist schon merkwürdig – bei der Notatwut der Mann-Familie, bei der Anekdotenverliebtheit der Gründgens-Gemeinde. Allgemein nimmt man an, daß Erika Manns Weigerung, ihre Rolle in A.P. Antoines »Die liebe Feindin« weiterzuspielen, der Auslöser war. Die Boulevardkomödie hatte am 11. März 1930 am Deutschen Theater Premiere gehabt. Erika Manns Auftritt wurde allseits gelobt, das von Gründgens inszenierte Stück lief glänzend – und so wurde es verlängert. Erika Mann aber wollte zusammen mit Klaus im April mal wieder verreisen, diesmal sollte es per Auto nach Afrika gehen. Es wiederholte sich also ziemlich genau das Muster vom September 1927. Möglicherweise wurde erst hier klar ausgesprochen, was sich 1927 nur angedeutet hatte. Klaus Mann schreibt jedenfalls ein Jahr später unter Bezugnahme auf die Auseinandersetzung vor der Afrikareise, jetzt deutlich sarkastisch: »Gell, in Zukunft Autotouren immer gleich absagen, wenn Karrierevorteile winken!«[46]

Und im »Wendepunkt« schrieb Klaus Mann über diese Zeit: »Während die verbrecherischen Elemente in der politischen Sphäre sich immer dreister bemerkbar machten, war ein Stück namens ›Verbrecher‹ von Ferdinand Bruckner ein sensationeller Erfolg im Deutschen Theater. Die große Attraktion der Vorstellung war Gustaf Gründgens in der Rolle eines morbiden Homosexuellen. Der Hamburger Star war schließlich von den Kennern der Metropole entdeckt worden: Berlin war hingerissen von seiner aasigen Verworfenheit, dem hysterisch beschwingten Gang, dem vieldeutigen Lächeln, dem Juwelenblick.«[47] Die im Manuskript nachfolgende Passage wurde für das Buch gestrichen: »So viel Geld verdiente unser Gustaf, daß er es sich leisten konnte, als Kommunist aufzutreten. Wenn die Vorstellung im respektablen Deutschen Theater vorüber war, ließ er sich von seinem Chauffeur in ein Arbeiterviertel fahren, wo er auf einer Versammlung der K.P.D. ein Lied zu Ehren des Genossen Stalin sang. Halb Robespierre, halb Brummel, stolzierte er vor dem verblüfften Proletariat einher: der Komödiant als Künder der Weltrevolution, der Gaukler in der Maske des Freiheitskämpfers. (Erika hatte sich gerade rechtzeitig von ihm scheiden lassen. Die Capricen seiner dunklen Tage hatte sie ihm verziehen, aber die Affektationen seines flitterhaften Ruhmes wurden ihr unerträglich. Wenn der Erfolg ihn wenigstens entspannt und gelockert hätte! Im Gegenteil: er wurde immer verkrampfter. Nun entdeckte er auch noch seine politische Sendung! Es ging zu weit, man konnte kaum noch mit ihm verkehren.)«[48]

Klaus Mann haßte Gründgens damals bereits, er warf ihm vor, keinen Charakter zu haben, vollkommen gewissenlos zu sein und alle Ideale der eigenen Karriere zu opfern. Für Mann gab es nichts, wofür Gründgens einstand. Gründgens beschuldigte Mann des genauen Gegenteils, Mann vermische das Berufliche und das Private. Das zumindest läßt sich einer anderen Passage von Klaus Mann entnehmen: »Ich war einigermaßen niedergeschlagen, wenn alte Gefährten wie Gründgens mich wegen Nachlässigkeit bei meinen Pflichten als antifaschistischer Kämpfer scholten. G.G. sagte: ›Das ist alles so privat. So verspielt. Ohne soziales Bewußtsein ...‹ Er war zu dieser Zeit militanter Kommunist.«[49] Gründgens, dessen Künstlertum im Wesentlichen ein Selbsterschaffungsversuch war, gelangte nach der Erfahrung mit den Manns zu der Ansicht, daß die Vermischung von Privatem und Künstlerischem den bedeutenden Künstler verhindere. Mensch oder Künstler, vor diese Alternative gestellt, entschied Gründgens sich für den Künstler.

Zur Zeit der endgültigen Trennung von Erika Mann löste

sich Gründgens, der jetzt tatsächlich gut verdiente, auch von Max Reinhardt. Seine Eltern zogen aus Düsseldorf zu ihm nach Berlin, in seine Grunewalder Wohnung. Jetzt ernährte der Sohn endgültig den Vater. Nochmal ein Jahr später, Anfang 1933, war Gründgens an einem Punkt, wo er bekannt war, wo er aber immer noch nicht genau wußte, wer er sein wollte. Umso genauer wußte er, wer er nicht sein wollte. Seine Domäne hatte sich vom eher hysterisch-nervösen Darsteller, vom neurasthenischen Typ, wie es mit dem damaligen Modewort hieß, zum snobistischen, eleganten, zwielichtigen, intelligenten, charakterlosen, gefühlsarmen Verbrecher, Perversen oder Intriganten verschoben. Genau der, das wußte er, wollte er nicht sein. Er wollte nicht mehr der sein, den die Welt, denn das war Berlin, in ihm sehen wollte. Er wollte ein großer Schauspieler sein, und großer Schauspieler ist, wer die großen klassischen Rollen spielt. Und welche Rolle wäre besser geeignet gewesen, den Übergang vom eiskalten Verführer zum wirklichen Schauspieler zu markieren, als der Mephisto in Goethes »Faust«?

Fuß fassen:
Emmy als Minna

Der Besucher ging nicht zwischen den beiden imposanten Löwenfiguren die Freitreppe hinauf und er betrat das Schauspielhaus am Gendarmenmarkt nicht durch die sechs mächtigen Säulen des Portikus. Er benutzte, wie alle anderen Zuschauer an diesem Abend auch, den kleinen Eingang unter der monumentalen Treppe. Trotzdem war es nicht der bereits begonnene Umbau des Schauspielhauses, der den Besucher beschäftigte, als er das Theater betrat. Ein Umbau, der nicht nur eine Drehbühne und die Rekonstruktion des Besucherraums in der Gestalt, die ihm einst Karl Friedrich Schinkel gegeben hatte, bringen sollte. Ein Umbau, der auch den würdigen Zutritt in dieses erste deutsche Theater wieder herstellen würde.

Es war auch mehr als das gespannte Kribbeln, das selbst ihn, den Theatererfahrenen, noch vor jeder Premiere befiel. Er besuchte das Theater jetzt schon viele Jahre, fühlte sich abgebrüht, ging vielleicht nur noch aus Pflichtgefühl hierher, er wußte das selbst nicht mehr genau. Trotzdem fühlte er, wie jedesmal, eine Erregung, wenn das Theater zum Spielzeitbeginn sich wieder öffnete. Diesmal aber war die Anspannung größer als gewöhnlich.

Im Foyer reflektierten die bloßen Schultern der Damen und blanken Häupter der Herren das blinkende Licht der Kronleuchter genauso wie die Orden und Perlenketten. Die Damen, der Besucher bemerkte das nebenbei, trugen immer noch gerne Samt, Seide und Satin, aber manche gaben ihrer Garderobe jetzt jenen ländlichen Charme oder das antikisierende Pathos, das noch vor zwei Jahren als ganz und gar unmöglich gegolten hätte. Bei den Herren waren neben dem Frack jetzt auffällig viele Uniformen vertreten, mehr als vor einem Jahr, wenn er sich richtig erinnerte, wobei alle Varianten zu bestaunen waren, von dunkelblau bis braun, von schwarz bis hellgrau, von der Garde- bis zur Weltkriegsuniform. Das Stimmengewirr verschmolz wie immer zu einem unentwirrbaren Summen – aber auch hier meinte der Besucher eine besondere Tonlage zu vernehmen. Auch das Staatsschauspiel, dachte er, war von jener erwartungsvollen Atmosphäre ergriffen, die in den vergangenen beiden Jahren in Deutschland so oft zu spüren gewesen war.

Grund für die spezielle Erregung des heutigen Abends war aber die immer noch nicht vollkommen geklärte Machtfrage am Staatsschauspiel selbst. Schon jahrelang war der Intendantenposten Gegenstand verschiedenster Spekulationen gewesen. Seit Leopold Jessner 1930 das schwierige und wichtigste Theateramt Berlins niedergelegt hatte, war die Stelle im Prinzip vakant. 1932 stellte sich heraus, daß es Jessners von Anfang an mit Argwohn betrachteter Nachfolger Ernst Legal nicht schaffen würde, zu Goethes 100. Todestag einen »Faust« herauszubringen.[1] Damit war das Ende seiner Regentschaft besiegelt – der Preußische Landtag drohte mit der Schließung des Theaters, wenn es keinen »Faust« geben würde. Daraufhin wollte Tietjen das Theater zusammen mit dem Schauspieldirektor Albert Patry als Interimsleiter selbst führen, dieser Plan wurde in der Öffentlichkeit heftig kritisiert. Der geschickte Tietjen war schon seit 1927 Generalintendant aller preußischer Bühnen, hatte seinen Schwerpunkt aber bei der Oper: Er war seit Anfang der dreißiger Jahre auch noch künstlerischer Leiter in Bayreuth. Tietjen versprach, das Amt zu besetzen, fand aber keinen Nachfolger oder wollte keinen finden. In dieser Zeit gelang es Lothar Müthel, der bis dahin erst ein Stück inszeniert hatte, den

»Faust« herauszubringen. Müthel war von da an heißester Tip in der Intendantenfrage – aber über diesen Status kam er nicht hinaus. Aus welchen Gründen ist nicht bekannt, seine politische Einstellung hätte nicht gegen Müthel gesprochen.[2]

Und Gustav Lindemann[3], der in Düsseldorf »Faust II« inszeniert und damit breite Anerkennung gefunden hatte, und der den zweiten Teil dann in Berlin mit Werner Krauß als Faust und Gründgens als Mephisto in einer gefeierten Aufführung herausbrachte, hatte wenige Tage vor dem politischen Machtwechsel abgesagt, weil er sich nicht im Räderwerk der Politik wiederfinden wollte. »Das Staatstheater wird niemals von den Einflüssen des Landtags, den politischen Parteien und den Instanzen frei zu machen sein,« schrieb Lindemann in seiner Absage.[4] So kamen Tietjen und das Staatstheater aus der öffentlichen Kritik nicht heraus, und die Stelle blieb ein Jahr lang vakant.

Der Tag, an dem sich vieles ändern sollte, war dann der 1. März 1933. Leopold Jessner hatte an diesem Tag mit »Rosse« von Richard Billinger seine letzte Regiearbeit am Schauspielhaus abgeliefert, Max Reinhardts letzte Inszenierung in Deutschland, »Das große Welttheater« von Hofmannsthal und Calderon, hatte im Deutschen Theater ebenfalls Premiere. Und am Staatstheater trat Franz Ulbrich das Amt des Intendanten an. Ulbrich war bis dahin in Weimar Intendant gewesen und hatte dort bereits das Mussolini-Drama »Hundert Tage« herausgebracht.

Er mußte ein Protegé des neuen obersten Chefs der Staatstheater, des Preußischen Ministerpräsidenten Hermann Göring sein, dachte der Besucher im Foyer, schließlich hatte bei ihm in Weimar auch Emmy Sonnemann gespielt, mit der Göring liiert war. Und Ulbrich zur Seite stand als Chefdramaturg mit Intendantenvollmacht der Dramatiker

Hanns Johst. Johst, ursprünglich Expressionist, hatte sich früh zu Hitler bekannt, so war es nicht verwunderlich, daß seine Berufung noch vor der Ulbrichs, bereits eine Woche nach dem politischen Machtwechsel, am 7. Februar im NS-Organ »Der Angriff« bekannt gemacht worden war. Zu dieser Zeit war Johst schon mit der Auflösung der Sektion Dichtkunst der Preußischen Akademie der Künste beschäftigt. Johst, auch das wußte der Besucher, war Mitglied bei Rosenbergs »Kampfbund für deutsche Kultur«, er war mit Himmler gut bekannt, und er gehörte Goebbels' Reichsschrifttumskammer[5] seit ihrer Gründung als Präsidialrat an.

Der 20. April 1933 war für das Staatstheater der zweite entscheidende Tag gewesen. Am ersten offiziell begangenen Führergeburtstag war Johsts Hitler gewidmetes Drama »Schlageter« in der Regie von Ulbrich und im Bühnenbild von Benno von Arent[6] uraufgeführt worden. Der »Ruhrkämpfer« Leo Schlageter war 1923 erschossen worden, weil er einen Bombenanschlag gegen die französische Besatzungsmacht durchgeführt hatte. Von Johst wurde er zum Nationalheld und Märtyrer stilisiert.[7] Wer sich auf Schlageter berief, war der Zustimmung der neuen Machthaber gewiß. Die Titelrolle spielte Lothar Müthel, Albert Bassermann gab einen General, daneben spielten Maria Koppenhöfer, Veit Harlan und Bernhard Minetti. Außerdem hatte Emmy Sonnemann hier ihr Berliner Debut gegeben. Und am Ende der Aufführung, nach Schlageters letzen Worten »Deutschland erwache!« waren das Horst-Wessel-Lied und das Deutschlandlied vom Publikum, in dem unter anderem Goebbels und Gottfried Benn saßen, gesungen worden.

Johsts Spielplan war eindeutig von Weltanschauungsdramatik dominiert, auch die spärlichen Klassiker wie Ulbrichs »Julius Cäsar«-Inszenierung waren ideologisch auf Linie zu bringen. Und bereits im Dezember sollte dann ein zweiter

Johst, das 1921 geschriebenes Lutherdrama »Propheten«, in der Regie von Jürgen Fehling mit Heinrich George und wieder Bernhard Minetti gegeben werden. Das Stück war zwar bereits 1921 geschrieben, in einer Zeit als Johst noch Expressionist war, Luther wurde hier aber bereits zur nationalen Heldenfigur verklärt. Dieses Stück war von Göring im Dezember nach der Generalprobe vollkommen überraschend und ohne Begründung abgesetzt worden. Der überhebliche und eitle Johst war gedemütigt worden, auch wenn dem Publikum am Abend mitgeteilt worden war, Heinrich George habe sich das Bein verletzt und das Stück dann am 21. Dezember doch Premiere hatte. Paßten ihm Heinrich George als Luther und Fehlings kühne Inszenierung nicht, wie mancher vermutete, nachdem er sie gesehen hatte? Hatte Göring etwas gegen Johst, weil er in ihm einen Parteigänger von Goebbels und Rosenberg sah? Oder waren gar die antisemitischen Tiraden des Stücks nicht opportun? Johst wurde jedenfalls kurz nach diesem Zwischenfall beurlaubt. Und auch Ulbrich, der allgemein als zu provinziell galt, mußte seinen Hut nehmen und wurde mit anderen Aufgaben betraut, er wurde in Görings Stab aufgenommen. So konnte Gustaf Gründgens von Göring auf den Schild gehoben werden, wenn auch bisher nur, wie der Besucher im Theater am Gedarmenmarkt an diesem Abend immer noch dachte, als kommissarischer Intendant.

Denn eine endgültige Lösung konnte das ja nicht sein. Fragen über Fragen: Konnte, durfte, wollte dieser Gründgens die repräsentativste Theaterposition im ganzen Reich auf Dauer überhaupt ausfüllen? Und wer stand hinter ihm? War es nur Heinz Tietjen, der ihn doch wohl vorgeschlagen hatte, oder war es tatsächlich der preußische Ministerpräsident, war es wirklich Hermann Göring, der an Gründgens Gefallen gefunden hatte? Jener Gründgens, der unübersehbare Züge der Dekadenz trug, der mit Erika Mann verheiratet gewesen war und der trotzdem den Ruf nicht los wurde, in erster Linie dem eigenen Geschlecht zugeneigt zu sein. Jener Gründgens, den etwas Anrüchiges umgab, der einmal revolutionäres Theater gemacht hatte, das sich ganz anderen Zielen als denen der Nazis verschrieben hatte. Und mit welcher verführerischen Unwiderstehlichkeit er den Mephisto gespielt hatte! Da waren schon andere als Kulturbolschewisten beschimpft worden. War es überhaupt denkbar, daß so jemand den Intendantenposten des Preußischen Staatsschauspiels übernehmen konnte? Und was dachte Goebbels? Welchen Einfluß hatte der mächtige Herr der Theater hier, in Görings Machtsphäre? Oder redete vielleicht sogar Hitler ein Wort bei dieser wichtigsten deutschen Theaterposition mit? Wer war dieser Gründgens, daß er sich jetzt womöglich an so exponierter Stelle etablieren konnte? Wer spielte da mit wem sein Spiel?

Solche Fragen waren es, die dem Besucher durch den Kopf gingen, während er und seine Gattin am Ritual des gegenseitigen Grüßens, Nickens, Parlierens und Taxierens teilnahmen, dem in Theaterfoyers noch etwas ausgiebiger gefrönt wird als andernorts, und das jetzt, unter den neuen Machtverhältnissen, wo man immer noch nicht genau wußte, welches die angemessene Kleidung und das passende Benehmen waren, besonders aufregend geworden war. Nicht nur auf der Bühne werden im Theater die neuen Rollen ausprobiert. Es klingelte zum ersten Mal.

»Im Bewußtsein, daß es heute mehr denn je die Pflicht ist, mit wachen Sinnen und gespannter Aufmerksamkeit Leben und Kunst neu zu formen, ist die Arbeitsgemeinschaft des Staatlichen Schauspielhauses entschossen, verantwortlich für Wert und Zukunft des deutschen Theaters zu kämpfen. Das geschieht in kameradschaftlicher Verbundenheit und in

Selbstzucht des Einzelnen.« Diese Worte hatte der Besucher im Programmheft entdeckt und las sie gleich zweimal. Aber Antworten auf seine Fragen bekam er nicht. Was bedeutete der Text? Ordnete sich hier einer den neuen Gepflogenheiten unter oder behauptete einer seine Selbständigkeit? Und wer war der Verfasser? Der kommissarische Leiter, der künftige Intendant, der preußische Ministerpräsident oder wirklich eine »Arbeitsgemeinschaft«, wie es im Text hieß?

Es mußte wohl doch alles irgendwie mit jener Emmy Sonnemann zusammenhängen, dachte der Besucher, die er jetzt gleich auf der Bühne sehen würde. Es konnte eigentlich gar nicht anders sein. Warum spielte sie gerade jetzt die Titelrolle? Emmy Sonnemann, das wußte nicht nur der Besucher, sondern die ganze Stadt, war nicht nur Staatsschauspielerin und die Verkörperung der blonden deutschen Frau, sie war auch die Freundin und künftige Braut von Hermann Göring. Und sie hatte bereits mit Gründgens gemeinsam auf der Bühne gestanden. Und jetzt inszenierte er ein Stück, in dem sie die Titelrolle spielte. Da irgendwo mußte des Rätsels Lösung liegen. Es klingelte zweimal und der Besucher geleitete seine Gattin in den lichtgrünen Besucherraum auf die ihnen beiden gewohnten Parkettplätze. Er blickte sich unauffällig um. Da saß bereits Göring – diesmal gezwungenermaßen ohne seine Begleiterin – in der Mittelloge zwischen den kronetragenden Viktorien.

Die meisten anderen Besucher waren ebenfalls schon auf ihren Plätzen. Gleich würde der Vorhang hochgehen. Göring, Lessing, ging es dem Besucher jetzt durch den Kopf. Lessing, Spielwitz, klarer Kopf und höchste Moral. Und dazu Göring? Gotthold Ephraim Lessing, dachte der Besucher, ohne diesen Gedanken wirklich auszuformulieren, ist das beste, was die deutsche Aufklärung hervorgebracht hat. Aber er hat das doch sehr judenfreundliche Drama »Nathan der Weise« geschrieben. Wenn Gründgens sich diesen Lessing und nicht den großen Goethe oder den verehrten Schiller für seine Eröffnungspremiere ausgesucht hat, wenn Emmy Sonnemann seine »Minna von Barnhelm« spielt, was steckte da dahinter?

So interessierte bei der Eröffnung der Theatersaison 1934/35 nicht, was sich Lessing bei der 167 Jahre zuvor in Hamburg stattfindenden Uraufführung gedacht haben mochte. Es interessierte schon mehr, wie Gründgens selbst den Riccaut de la Marliniere geben würde. Diese Rolle war ein berüchtigter Kurzauftritt. Der halbseidene, französische Spieler, der mit einer Mischung von französisch und deutsch parliert, war ein Leckerbissen für jeden Schauspieler. Es interessierte aber noch mehr, ob und wie er sich mit seiner Inszenierung zu jenem Ministerpräsidenten und seinem Staat verhalten würde, der dabei war, ihn so weit emporzuheben, und der jetzt auch noch in der Loge saß. Und genauso interessierte Emmy Sonnemann. Welche Rolle spielte sie? Würde man von der Bühne auf die Wirklichkeit schließen können? So war es ein besonderer Abend, an jenem 26. September 1934, und es war gleichzeitig so wie immer im Theater: Man meint die Weltgeschicke zu verstehen, wenn man sie zu einer Angelegenheit persönlicher Beziehungen gemacht hat – so funktionieren seit jeher nicht nur die Stücke, sondern auch die Kantinen und Foyers.

Aber wer war es nun wirklich, der Gründgens zum Intendanten gemacht hat? Daß er mehr als ein Interimsintendant sein würde, stand damals schon fest, auch wenn die Öffentlichkeit es noch nicht wußte. Und wie verhielt sich der Schauspieler und Regisseur, der er bis dahin war, in dem Machtgeschiebe? Wenn es keinen Mangel an Berichten über den Werdegang von Gustaf Gründgens gibt, so sind die Zeugnisse und Meinungen über diese Lebensphase Legion.

Die Schilderungen des Karrieresprungs aber widersprechen sich nicht nur, sie wirken allesamt seltsam fiktiv. Sie scheinen auf eine Weise aus der Luft gegriffen, die vor allem sagt: Es ist bis heute unklar. Bis heute wissen wir nicht wesentlich mehr als der Besucher im Foyer.

Wichtigstes Selbstzeugnis ist ein Bruchstück, das Gründgens' Adoptivsohn Peter Gorski und Rolf Badenhausen in ihrem 1967 veröffentlichten Buch mit Briefen und Aufsätzen von Gründgens unter der Überschrift »Der Künstler und die Macht« abgedruckt haben. Dieser Text beginnt mit einem Tagebuchfragment von 1955, in dem Gründgens behauptet, er sei seit einem Jahr mit einem Buch über die Staatstheaterzeit beschäftigt. Das Buch solle unpolitisch sein und dem damaligen Theater den geschichtlichen Rang zuweisen, den es verdiene. Das Buch ist nie fertig geworden, wahrscheinlich weil es an einem Widerspruch gelitten hat, den Gründgens nicht auflösen konnte: Politik und Theater waren insbesondere von 1933 bis 1945 in Deutschland nicht zu trennen, Gründgens aber wollte gerade das. Nach der Tagebuchnotiz folgte dann ein weiteres Bruchstück aus dem Vorwort zu dem geplanten Buch: »Aber ich finde vieles von dem, was ich tat, typisch für das, was viele Leute tun mußten.«[8] Und dann folgen zehn Seiten, in denen die Nazizeit dargestellt wird und die deshalb immer als ein Entwurf zu dem Buch »Der Künstler und die Macht« gelesen worden sind. In Wahrheit handelt es sich aber im wesentlichen um die Worte, die der Rechtsanwalt Werner Schütz im Oktober 1947 an den Berufungsausschuß im Düsseldorfer Entnazifizierungsprozeß geschrieben hat. Man muß nur das »ich« durch ein »er« oder »Gründgens« ersetzen, um den an die Entnazifizierungskommission überreichten Text zu erhalten. Gründgens hat also in gewisser Hinsicht sein Buch doch geschrieben – und zwar als Verteidigungsrede. Von deren

Blickwinkel er sich dann nie mehr losmachen konnte. Seine Version der fraglichen Ereignisse lautet hier: »Als ich im April 1933 von einer Auslandsreise nach Berlin zurückkehrte, um in einer einmaligen Faust-Aufführung mitzuwirken, eröffneten mir die damaligen neuen Intendanten der Staatlichen Schauspiele, Johst und Ulbrich, daß mein Vertrag nicht bestehen bleiben könne, da ich nicht erwünscht sei und die mir vertraglich zugesicherte Rolle sich in dem nun nach neuen Gesichtspunkten zusammengestellten Spielplan nicht einordnen ließe. Am Abend dieser Vorstellung lernte ich dann Göring kennen, der damals als Preußischer Ministerpräsident auch Chef des Staatstheaters war. Göring zeigte sich von meiner Darstellung des Mephisto sehr beeindruckt und erklärte kategorisch, daß der zwischen dem Staatstheater und mir geschlossene Vertrag bindende Gültigkeit sowohl für das Staatstheater als *auch für mich* haben müsse. Ich habe Göring dann monatelang nicht gesehen, war auch mit Filmen verreist und kam erst im Oktober nach Berlin, wo ich mit der Schauspielerin Emmy Sonnemann, die mir nur aus dieser einen Faustaufführung bekannt war, zum ersten Mal in dem Lustspiel ›Konzert‹ von Hermann Bahr auftrat. Auf den Proben und auch während der Vorstellung ergab sich ganz von selbst, daß wir uns unterhielten, und so mag es ebenso den Erzählungen von Frau Sonnemann als dem Vorschlag des Generalintendanten Tietjen zuzuschreiben sein, daß mir im Januar 1934 völlig unvorbereitet und ohne daß je vorher Göring, Tietjen oder Frau Sonnemann auch nur andeutungsweise mit mir darüber gesprochen hatten, Göring telefonisch den Auftrag gab, die künstlerische Leitung des Theaters zu übernehmen, da die von ihm eingesetzen neuen Männer versagt hätten. (Ich hatte in der Zwischenzeit Göring nur bei offiziellen Anlässen, und das vielleicht 2- bis 3mal, gesehen.) Ich lehnte dieses Angebot zunächst ab. Die darauffolgenden vierwöchentlichen Verhandlungen, die von Görings Seite immer energischer betrieben wurden und die mir immer größere Freiheiten zusicherten, haben nach schweren Überlegungen und Beratungen mit meinen näheren Kollegen und Freunden dazu geführt, daß ich diesen Posten annahm. Mein langjähriger Dirketor und Freund Erich Ziegel hat in einer eidesstattlichen Erklärung, die ich nach der Rückkehr aus der Haft hier vorfand, diese Zeit mit folgendem Satz charakterisiert: ›Als Gründgens von Göring den Auftrag bekam, die Leitung des Berliner Staatstheaters zu übernehmen, hat er sich über die Schwierigkeiten dieses Problems mit mir und meiner Frau (Mirjam Horwitz) ausführlich beraten. Wie ich aus diesem Gespräch weiß, war für ihn schließlich entscheidend die Zuversicht, in dieser Stellung, für die ihm Göring weitgehendste Freiheiten zugesichert hatte, auf künstlerischem und vor allem menschlichen Gebiet viel Gutes durchsetzen und Schlechtes verhindern zu können. Dieses innere Programm hat er dann auch bei jeder Gelegenheit in zahlreichen Fällen mit Leidenschaft, Energie und Klugheit erreicht.‹«[9]

An diesem weithin bekannten Text sind mehrere Punkte bemerkenswert. Erstens gibt es eine auffallende Lücke zwischen »Faust« und »Konzert«, das am 13. Oktober 1933 Premiere hatte. Über diese Zeit weiß man, daß Ulbrich und Johst Gründgens kündigen wollten, daß Göring Gründgens im April 1933 im »Faust« sah und Gefallen an ihm fand, daß im Juni ein neuer Vertrag gemacht wurde und daß Gründgens in dem Film »Der Tunnel« mitspielte. Verglichen mit seiner sonstigen Betriebsamkeit war Gründgens also eher zurückhaltend – oder er fand noch keine neuen Aufgaben. Zweitens machen zwei Stellen mißtrauisch: Gründgens gibt sich ersichtlich Mühe, den Kontakt zu Emmy Sonnemann als zwangsläufig und nebensächlich erscheinen zu lassen.

Gleichzeitig ist sie in seiner Schilderung aber der letzte Kontakt, bevor er »mit Filmen verreist« war[10], und auch der erste Kontakt, als er zurückkommt. Wenn man sich weiter bewußt macht, daß Gründgens nicht nur »mit Filmen« beschäftigt war, sondern sich in der Zeit seiner Abwesenheit in Paris überlegt hat, ob er die ungewisse Zukunft des Exils einer ebenso ungewissen Zukunft zu Hause vorziehen soll, scheint Emmy Sonnemann für ihn so etwas wie ein positiver, sicherer Bezugspunkt in der Heimat geworden zu sein. Und tatsächlich war Gründgens mit Emmy Sonnemann nicht nur bekannt, sondern so eng befreundet, daß die Verbindung auch nach Görings Tod noch Bestand hatte.

Und wenn drittens stimmte, was Erich Ziegel und mit ihm Gründgens sagt, wäre Gründgens der erste Intendant der Theatergeschichte, der seine Stelle annahm, um vor allem auf menschlichem Gebiet »viel Gutes« durchsetzen zu können. Trotzdem ist dadurch natürlich nicht ausgeschlossen, daß sich Gründgens gar nicht um den Posten bemüht hat, daß er ihm tatsächlich angetragen wurde. Vielleicht taktierte er auch längst nicht so geschickt, wie es später immer wieder hieß, um größtmögliche Freiheiten rauszuschinden, sondern war noch von den Ereignissen in Paris, über die wir fast nichts wissen, die Gründgens aber mit Sicherheit aufgewühlt haben, beeinflußt, und konnte sich einfach nicht entscheiden.[11] Die wahrscheinlichste Version ist aber in diesem Fall wirklich eine, die der von Gründgens selbst erzählten nahe kommt: Er wurde bedrängt und nützte diese Situation aus, um sich eine möglichst gute Ausgangsposition, das heißt, eine möglichst umfassende Machtposition zu sichern. Wozu er sie später auch verwenden würde, konnte Gründgens damals allerdings kaum, wenigstens nicht in dem Maße, in dem er es später behauptete, klar gewesen sein.

Gründgens dünne Beschäftigungslage änderte sich erst

nach dem »Konzert«, wo er bei den Proben täglich mit Emmy Sonnemann zusammen gewesen war. Am 17. Januar 1934 spielte er in Hermann von Boettichers autoritätsverherrlichendem Drama »Der König« die Hauptrolle: Friedrich II. Und am 15. Februar wirkte Gründgens in dem von Benito Mussolini erdachten, von Giovacchino Forzano ausgeführten Napoleon-Drama »Hundert Tage« mit. Das Stück zeigt die letzten hundert Tage, die Napoleon an der Macht war. Gründgens gab neben Werner Krauß in der Hauptrolle seinen großen Gegenspieler Fouché. »Er ist Brennpunkt alles Bösen, aller Tücke, aller Eitelkeit, aller glatten, verräterischen Wühlarbeit, die an der Macht des großen Korsen im eigenen Lande nagt«, schrieb der »Völkische Beobachter« am 17. Februar. Das Stück war eine hochoffizielle Angelegenheit, Werner Krauß besuchte im Vorfeld den Duce, bei der Premiere waren Hitler, Göring und Goebbels zugegen. Und am 26. Februar war Gründgens Intendant.

Für das Jahr 1934 ist durch Gründgens selbst außerdem ein Treffen mit Goebbels im April belegt, bei dem über seine neue Aufgabe gesprochen wurde. Gründgens legte dem Reichsminister seine Gründe für die Annahme der Intendanz dar, die er als erste große Entscheidung in seinem neuen Leben bezeichnet, und eröffnete Goebbels seine Vorstellungen von Theater und dessen Leitung. »Als ich wegging, verließ ich den Raum mit dem Gefühl absoluter Übereinstimmung.«[12] Die spätere Einschätzung, daß Gründgens von Göring gegen den Willen des »Todfeindes« Goebbels auf den Intendantenstuhl gesetzt wurde, ist also vollkommen haltlos. Göring und Goebbels hatten sich außerdem bereits im Dezember 1933 getroffen, wo sie kulturelle Fragen besprachen und mit Sicherheit auch über die Intendantenfrage sprachen.

Bis heute umstritten ist auch, ob Gründgens zu diesem Zeitpunkt bereits Hitler getroffen hatte. Die Biographen und Nachlaßverwalter bestreiten das. Maximilian Scheer schrieb dagegen in der Emigrantenzeitung »Neue Weltbühne« am 28. Juni 1934: »Da kommandierte ihn Göring in seine Wohnung; Gründgens erschien, die Würdenträger des neuen Obskurantismus waren versammelt: Hitler, Goebbels, Göring und Himmler, der Chef der Geheimen Staatspolizei. In diesem Kreis wiederholte der Preußische Ministerpräsident offiziell seinen Vorschlag. Gründgens wich aus: die Staatstheater, erklärte er, stünden im Brennpunkt der Beachtung; er sei nicht Parteimitglied und werde Schwierigkeiten begegnen. Hitler versprach, ihn zu unterstützen, und erklärte zugleich, daß ›jede Kraft sich der nationalen Regierung zur Verfügung zu stellen habe‹. Goebbels salbaderte von Führung, winkte mit Auslandsgastspielen, schwätzte von Kultur. Doch Gründgens sagte noch immer nicht ja, und Hitler brach die Besprechung ab. Am nächsten Tag erschien bei Gründgens ein Beauftragter Görings und ersuchte ihn kurzweg, die Leitung der Staatstheater zu übernehmen. ›Sollten Sie auf Ihrer bisherigen Weigerung beharren‹, sagte der Sendebote, ›so würde Ihr Verhalten als Sabotage des Aufbauwerks des Führers gedeutet werden können. Sie werden verstehen, daß es dann schwer für Sie sein wird, überhaupt noch tätig zu sein.‹ Und Gründgens verstand. Er forderte große Vollmachten und bekam sie.«[13] Scheer scheint tatsächlich gut informiert gewesen zu sein. Denn der erste Vertrag von Gründgens wurde auf sechs Jahre[14] abgeschlossen, wie Scheer in seinem Artikel auch schreibt – was zum damaligen Zeitpunkt aber noch nicht öffentlich bekannt war.

Der entscheidende Kontakt war für Gründgens aber auf jeden Fall der zu Göring. Göring sicherte Gründgens bereits im April 1934 die Alleinverantwortung über das Schauspielhaus noch einmal schriftlich zu und bestätigte sie in einer Neufassung seines Vertrags 1935[15]. Trotzdem mutet die spätere Ausschließlichkeit, mit der der Preußische Ministerpräsident von Gründgens und seinem Kreis als alleiniger Verantwortlicher dargestellt wurde, schon angesichts der frühen Abstimmungskontakte zu Goebbels und möglicherweise auch zu Hitler wie eine Stilisierung an. Diese Ausschließlichkeit paßte zu gut in die Rechtsfertigungsstrategie nach 1945: Wer nur Göring unterstellt war, hatte mit den beiden diabolischen Massenverführern nichts zu tun gehabt, sondern war einem theaterbegeisterten, trotz seiner Selbstherrlichkeit nicht unsympathischen Staatsmann unterstellt[16]. »Hinzu kam, daß Göring vom Theater besessen und der Schauspielgilde bedingungslos zugetan war...«, schrieb Eckart von Naso beispielsweise.[17] In Wirklichkeit war Göring eine unberechenbare Mischung aus Jovialität und Skrupellosigkeit. Die positive Bewertung Görings durch das Staatstheaterensemble wurde vermutlich durch dessen starke Präsenz in »seinem« Theater gefördert. Er tauchte manchmal unvermittelt im Theater auf und gab sich gern großzügig, so daß bei dieser Charakterisierung nicht von einer bewußten Lüge, sondern einer Selbsttäuschung des Ensembles gesprochen werden muß.

Der weitere Kontakt zu Göring, hier sind sich die verschiedenen Darstellungen einig, war von Emmy Sonnemann nach dem Besuch des Mephisto in der Loge des Ministerpräsidenten hergestellt worden. Gründgens' Biograph Curt Riess stimmt weitgehend mit Gründgens' eigener Darstellung überein, wenn er etwa folgende Szene schildert: »Und dann war da noch Emmy Sonnemann, die bei jeder Gelegenheit Göring gegenüber Gründgens lobend erwähnt hatte, auch als es noch gar nicht um den Posten des Intendanten ging. Sie war neununddreißig, als sie das Gretchen in Berlin spielte, und obwohl sie wesentlich jünger aussah, war sie eben doch zu alt. Gründgens: ›Sie wußte, daß sie zu alt war, und versuchte auf jung zu spielen. Ich stand in der Kulisse, schaute zu, und sagte ihr dann, sie solle doch ganz einfach sich selbst spielen.‹ Damals gerade aus Spanien zurückgekehrt, wußte er noch nicht, wer sie war – es handelte sich um die erste Probe zur Übernahme der Rolle. Er wollte sich vorstellen. Sie wehrte ab: ›Das müssen Sie nicht, Herr Gründgens, denn ich weiß natürlich, wer Sie sind. Aber ich möchte mich vorstellen.‹ Als er ihren Namen erfuhr, sagte er: ›Ach du lieber Gott, da haben Sie es aber nicht leicht.‹ Und sie erwiderte: ›Nein, das habe ich auch nicht.‹ Eine Freundschaft entwickelte sich, die seltsame Früchte tragen sollte.«[18] Auch hier wieder die Tendenz, das Verhältnis zu Emmy Sonnemann zu verharmlosen. Und doch wird erneut die Bedeutung dieser Beziehung deutlich.

In einem Interview, das Hermann Beil und Claus Peymann 1980 mit ihm geführt haben, hat sich auch Bernhard Minetti, der zu Beginn der dreißiger Jahre bereits am Staatsschauspiel engagiert war, an den Weg von Gründgens zum Intendanten erinnert. Auch er stellt die Bedeutung von Emmy Sonnemann heraus. »Über die Sonnemann fand er den Weg zu Göring. Und er hat aus Qualitätsgefühl diesen Weg gesucht. Ich will Gründgens nichts unterstellen, aber so sehe ich es. [...] Er fand die Regie und auch die ganze Führung des Theaters unmöglich. Und da hat er wahrscheinlich intrigiert. Was heißt intrigiert? Er hat dem Göring einen Anspruch vorgetragen. Göring hat uns dann versammelt und hat Gründgens als Chef vorgestellt: ›Meine Herrschaften, Gründgens hat den Auftrag, dieses Theater zum ersten Theater Deutschlands zu machen und damit der Welt.‹ Wörtlich!«[19] Heinz Tietjen, der Genenralintendant, taucht in Minettis Schilderung als vermittelnde Person gar nicht mehr auf. Auch in seinen etwas später verfaßten Memoiren spielt er bei der Berufung von Gründgens nur eine untergeordnete Rolle.[20]

Der rechtsgerichtete Alfred Mühr, Kritiker der »Deutschen Zeitung«, der später behauptete, keinen Kontakt zu den Nazis gehabt zu haben, schrieb 1933 zusammen mit Hanns Johst das Buch »Die Kulturwaffen des neuen Reichs«. Es war, ganz wie man will, einer der genialen oder verhängnisvollen Schachzüge von Gründgens, daß er diesen allerdings loyalen Mitarbeiter bereits im August 1934 als künstlerischen Beirat verpflichtete. Mühr bezeichnete sich stolz als die »Axt« im Staatstheater[21], als Mann fürs Grobe also. Marianne Hoppe erinnert sich bei ihm vor allem an den Spruch »Keine Angst vor der Kartoffelernte«. Vor allem war Mühr aber eine wichtige Hilfe für den Kontakt zu den Nazis.

Auch für Alfred Mühr war die Achse Gründgens-Sonnemann für die Anbahnung der Beziehung zu Göring zentral: Die Sonnemann sei es gewesen, die Gründgens nach der »Konzert«-Premiere von sich aus und ganz im Vertrauen angesprochen habe: »Sollte Sie das nicht reizen, dem Gedanken einer Theaterleitung näherzutreten.«[22] Mührs Kommentar dazu: »Heute sprach sie offen aus, was sie in ihren bisherigen Unterhaltungen mehr oder minder umschrieben hatte.«[23] Er schildert Emmy Sonnemann als eine zurückhaltende, diplomatische Kupplerin im Dienst des neuen Theaters. »»Es muß ein besserer Intendant her«, sagte sie leise. Woher nahm diese Frau den Mut, so etwas auszusprechen? Redete sie in Görings Sinne? Waren das Überlegungen aus dem Palais des Preußischen Ministerpräsidenten am Leipziger Platz?«, läßt Mühr in seinem Buch Gründgens überlegen.[24] Emmy Sonnemann erscheint bei Mühr als umsichtige und zurückhaltende, aber auch nachdrückliche, insgesamt fast weise Person. Und die ganze Atmosphäre atmet den Geist des Vertrauens, soweit Emmy Sonnemann beteiligt ist. Emmy Sonnemann erscheint als eine Gründgens nahestehende Figur, sie scheint in ihrer begütigenden Art eine Versuchung für Gründgens gewesen zu sein, der Kontakt zu ihr war es, der ihm das Zutrauen geben konnte, das er für die Rolle an der Spitze brauchte. Die Versuchung der Macht, Gründgens' Ehrgeiz, das Verantwortungsgefühl, vielleicht auch die Lust am Spiel und am Risiko waren nur die eine Seite, Emmy Sonnemann aber war die andere: Sie muß für Gründgens auf dem Weg nach oben bestätigend, beruhigend und vertrauenerweckend gewirkt haben. Vielleicht ist es in diesem Zusammenhang nicht unwichtig, daß sie neben ihrer mütterlichen, begütigenden Ausstrahlung auch den Vornamen seiner Mutter trug.

Emmy Göring selbst schrieb 1967, daß sie ihren späteren Gatten auf die Qualitäten von Gründgens hingewiesen habe, sagte über das Jahr 1934 aber auch: »Man munkelte damals, daß ich Gustaf Gründgens für diesen Posten vorgeschlagen hätte. Daß dies nicht stimmt, weiß niemand besser als Gustaf Gründgens selbst, mit dem mich später, bis zu seinem plötzlichen Tod im Jahr 1963, eine herzliche Freundschaft verband, und dessen Verlust mir bis heute unfaßbar und unüberwindbar ist. ... Ich kann gar nicht sagen, wie dankbar ich für diese seltene Freundschaft und Kameradschaft bin. Seine Berufung auf den Berliner Posten war ohne Zweifel die Tat Görings, eine seiner ersten und weithin sichtbaren kulturpolitischen und kunstpolitischen Taten, die ebensowenig vergessen werden sollte, wie Gründgens selbst.«[25]

Da klingt wieder jene Bescheidenheit durch, die eine gewisse Theatralik trotzdem nicht verbergen kann, die Frau als im Hintergrund bleibende Verbindungsperson, als Beziehungsstifterin, die den Männern uneigennützig die Tat und das Renommee überläßt. Wenn Gründgens es wirklich am besten gewußt hätte, daß sie ihn nicht vorgeschlagen hat, dann ja wohl nur deswegen, weil er selbst der wesentliche Motor war. Und doch stand Emmy Sonnemann, von Gründgens um den Finger gewickelt, tatsächlich im Zentrum jener Bewegungen am Staatsschauspiel, an deren Ende Gründgens ganz oben und trotzdem fest und sicher saß. Es ist ein offenes Geheimis, daß Emmy Göring trotz ihrer Beziehung zu Göring in Gründgens verliebt war.[26] Gründgens hat sie in seinem Verhältnis zu Göring benutzt, sie war eindeutig die für ihn ungefährlichere Person.

Als sich der Vorhang im Berliner Staatsschauspiel am 26. September 1934 dann wirklich hob, sahen die Besucher zuerst eine sich weit in das Bühnentief erstreckende Empfangshalle, daneben eine Diele mit einer großen Treppe. Der Bühnenbildner Rochus Gliese hatte sich für diese Raumeinteilung, die er schon für Jürgen Fehlings Inszenierung von 1923 verwendet hatte, und die ihrerseits auf eine Minna-Bühne von Max Reinhardt zurückging, noch einmal entschieden: zwei Räume statt dem einen von Lessing vorgeschriebenen Wirtsraum. Nichts Neues also im Staatsschauspiel. Aber ein hochpraktikabler Theaterraum, eine ausgeklügelte Spielwiese mit vielen Türen, die überraschende Auftritte und heimliches Beobachten ermöglichten. So lag die wichtige Zimmertür verborgen hinter einem Pfeiler. Alles war im Stil des friederizianischen Rokoko gehalten, was nicht nur dem historischen Ort des Stückes, sondern auch der neutralen Bühnensprache entsprach, die die gesamte Inszenierung des Staatsschauspiels unverfänglich machte.

Gründgens selbst äußerte sich zu dem Stück erst sieben Jahre später, bei einer Ansprache in München. Damals sagte er: »Erst mußte Lessing kommen, der in seiner ›Minna‹ den deutschen, menschlich warmen, vom Herzen diktierten Stoff in einer Prosa fand, die bei aller scheinbaren Natürlichkeit kunstvoll distanziert blieb.«[27] Was aus dieser Einschätzung für die Inszenierung folgte, war ein selbstgenügsamer Klassizismus, der die Tragödie des Einzelnen in den Vordergrund stellte. Eine Sichtweise, die keine historischen oder andere Zusammenhänge kennt, aber große schauspielerische Auftritte ermöglicht, die unverfänglich und trotzdem wirkungsvoll ist.

Emmy Sonnemann war – bei aller Treue und Standhaftigkeit – nicht das tändelnde, schalkhafte, gutgelaunte Mädchen, das Minna von Barnhelm nun mal ist. Sie war mehr Frau als Mädchen, mehr aufrecht und überlegen als ausgelassen, mehr innige und kultivierte Dame als verspielte Kokotte. Sie wirkte nicht übertrieben, wurde in dieser Inszenierung nicht besonders herausgestellt, wie mancher Kritiker wohlwollend anmerkte, sie war nicht auffällig herausgeputzt, sie blieb bescheiden. Diese Frau, so das Gefühl im Besucherraum, hat Format. Nur wem, wird sich doch mancher gefragt haben, verdreht sie eigentlich den Kopf? Anmut war das Wort, mit dem der Auftritt von Emmy Sonnemann am liebsten charakterisiert wurde. Man kann sich gut vorstellen, wie dieser Begriff als Kompromißbildung zustande kam: Da mischt sich zarte Zurückhaltung mit reifer Weiblichkeit, eine Ablehnung alles Exaltierten mit innerer Fassung. Ein neues Frauenideal steht auf der Bühne, nicht durch Jugend, sondern durch innige Bestimmtheit verführerisch. Ganz sicher ist man sich noch nicht, ob das überzeugt, aber man ist besten Willens, sich auf diese neue Frau einzulassen.

Es ist heute kaum mehr zu erklären, daß Herbert Ihering just nach dieser Aufführung jene Worte schrieb, die von Gründgens-Anbetern immer wieder zitiert wurden und dann oft auf Gründgens' Arbeit als Ganzes bezogen wurden: »Die Aufführung fand den begeisterten Premierenbeifall, den sie verdiente. Am Staatstheater wird nicht nur gearbeitet, es herrscht dort auch jener unbürokratische Geist, jene komödiantische Atmosphäre, ohne die Theater nicht gemacht werden kann.«[28]

Aber tatsächlich erlebte der Besucher, der vor der Aufführung noch Emmy Sonnemann auf die Schliche zu kommen suchte, an diesem Abend trotz aller Innigkeit der Darbietung ein Gefühl lockerer Gelöstheit. Möglicherweise war sie gerade darin begründet, daß Gründgens im verhaltenen Edelmut als Grundgefühl eine Haltung gefunden hatte, die alle Widersprüche ausglich und in der sich auch der Besucher wohl fühlen konnte. Menschliche Distanziertheit, wie er 1941 sagte. Letztlich geht es in »Minna von Barnhelm« vor allem anderen darum, daß sich zwei, trotz aller gesellschaftlichen Schwierigkeiten, finden, indem sie auf ihre innere Stimme vertrauen. Und genau das war es, was der Besucher wirklich gefühlt zu haben glaubte.

Direkt nach der Pause hatte Gustaf Gründgens dann seinen Kurzauftritt als Riccaut de la Marliniere. Da ist alles anders: »Gespreizte Haltung, eitle Schwenkungen, ein wippender Rockschoß, dessen Fadenscheinigkeit von einem starren Perückenschwänzchen übertrumpft wird. Angeklatschte, von Öl getränkte Haare. Die Stirn platt und dreist. Kugelrunde Sperberaugen und ein gallisches Schnurrbärtchen über dem skrupellos verlebten Mund. Glanz und Schäbigkeit einer Person, die mit der Moral und den bürgerlichen Gesetzen ein graziöses Vabanque spielt. Während er schwatzt, kombinieren die Gedanken hinter den Augenscherben dieses Kavaliers nach Callotscher Manier«, erinnerte sich Alfred Mühr 1943[29]. Gründgens unterstrich die Tendenz seiner Inszenierung, indem er sie als Schauspieler mit seiner Glanznummer gleichsam konterkarierte.

Und der Theaterkritiker Karl Heinz Ruppel, der 1934 Korrespondent der Kölnischen Zeitung war, schrieb beeindruckt: »Eine ramponierte Figur schoß, von der krächzenden Fanfare des ›Parbleu! Ik bin unriktig!‹ schon in der Tür als eine Rarität angekündigt, auf die Szene, in einem schäbigen Röckchen, die mit Pomade festgeklebten spärlichen Haare hinten zu einem Rattenschwänzchen gedreht, flinke Augen in einem verlebten Gesicht, dem ein winziges Bärtchen unter der Nase noch einen Rest von Flottheit gab. Schon das Entrée zündete wie ein Blitz im Publikum; als dann die Suada losbrach, französisch sprudelnd, deutsch stotternd, von einer Gestik unterstrichen, die rhetorisch und fahrig, pathetisch und nervös zugleich war, als Lessings Glücksritter wie von einem Daumier des 18. Jahrhunderts gezeichnet erschien, war des Vergnügens an einer Glanzleistung präzisester schauspielerischer Charakterisierungskunst kein Ende.«[30]

Gründgens hatte den Riccaut de la Marliniere schon einmal, 1920 in Düsseldorf, gespielt. Jetzt reizte er den theatralischen Effekt, der in der Figur angelegt ist, voll aus: er zeigte sie in der ganzen Affigkeit ihrer falschen Kultiviertheit, er zeigte, indem er die komischen und grotesken Variationsmöglichkeiten der höfischen Etikette ausspielt, wie halbseiden, lächerlich und falsch diese Franzosen doch sind. Indem er den Riccaut de la Marliniere definitiv ins Groteske zog, konnte er sich gleichzeitig über ihn lustig machen und trotzdem aus seinem Gesten- und Verhaltensrepertoire das Material für einen großen, beeindruckenden Auftritt machen.

»Minna von Barnhelm« war der Auftakt zu einer langen Reihe historischer, vor allem preußischer Dramen. Aufgeführt wurden in der gleichen Spielzeit Kleists »Hermannsschlacht«, bereits einen Monat nach der »Minna«. Von Hans Rehberg, dessen Preußendramen Gründgens auch in den Folgejahren pflegte, folgte im November die Uraufführung von »Der große Kurfürst«. Und dann ging im März

1935 »Der Prinz von Preußen« von Hans Schwarz über die Bühne.

Außerdem fand die »Minna von Barnhelm« 1937 ihre Fortsetzung, als Gründgens im seit der Spielzeit 1935/36 existierenden Kleinen Haus des Staatstheaters »Emilia Galotti« inszenierte. Diese Inszenierung gilt als die beste, die Gründgens je gemacht hat. Hervorstechendes Merkmal war eine ideale Besetzung, Marianne Hoppe spielte Emilia, er selbst spielte nicht den Marinelli, den er an Minetti abgegeben hatte, sondern den tändelnden Prinz. Auch alle anderen Rollen waren so gut besetzt, daß auch Gründgens selbst später der Ansicht war, es niemals mehr besser machen zu können. Er inszenierte das Stück auch nie mehr, obwohl Lessing seiner Theaterauffassung – vor Goethe und Schiller – am nächsten kam. Zweite Auffälligkeit war der mit Steinplatten belegte Boden, der den Schritten etwas Hartes und Entschiedenes und der ganzen Aufführung eine eisige, aggressive Atmosphäre gab. Mit dieser Arbeit verwirklichte Gründgens sein Ideal einer Klassikerinszenierung, ohne aktuellen Zeitbezug, mit Schärfe und Klarheit wird nichts als der Text in perfekten, stimmigen Schauspielerleistungen dargeboten. Die Faszination erwuchs aus dem Stück selbst, aus einer disziplinierten, strengen, kühlen und distanzierten Leidenschaft. Mit dieser Aufführung hatte Gründgens Maßstäbe gesetzt. Hier waren »Partiturspiel«, »Stimmigkeit«, »Sinnfälligkeit«, kurz »Werktreue« verwirklicht.

Als Gründgens dann am 3. November 1939 »Minna von Barnhelm« noch einmal herausbrachte, wieder in einer brenzligen Situation, in der alles, was im Theater geschah, mehr Bedeutung hatte, als ihm von sich aus zukam – am 1. September 1939 waren deutsche Truppen in Polen einmarschiert –, als er in dieser Situation das Stück wieder inszenierte, hatte sich an der Bühne kaum etwas geändert: wieder die Zweiteilung des Wirts-Saals, wieder friederizianisches Rokoko. Geändert hatte sich aber etwas in der Besetzung der Titelrolle. Statt Emmy Sonnemann, die inzwischen Göring hieß, stand jetzt Marianne Hoppe als Minna auf der Bühne. Jetzt war er der Gatte dieser Minna, 1936 hatten Gründgens und Marianne Hoppe geheiratet. Und die Hoppe gab die Minna, wie sie sein mußte, als unbeschwertes, junges Mädchen. Das Haar in einzelne Locken gelöst, in langem weißen Kleid, darüber ein schwarzer Mantel, frechschiefem Hut und mit überlangem Regenschirm wirkte sie angriffslustig und siegesgewiß.

Am 10. April 1935, also vor Gründgens und Marianne Hoppe, hatten Göring und Emmy Sonnemann geheiratet, Hitler war Trauzeuge, Gründgens war ebenfalls geladen. Göring hatte seiner Lust am Pomp ausgiebig gefrönt, jene Lust, die auch seinem Staatstheater den strahlenden Glanz des Luxus ermöglichte. Zehn Tage später gab Emmy Sonnemann hier ihre Abschiedsvorstellung, mit eben jener Minna, die sie auch schon Gründgens und ihrem Gatten einenhalb Jahre vorher so liebreizend und vertrauenswürdig in einem dargeboten hatte. Ein letztes Mal frönten Emmy Sonnemann, jetzt Emmy Göring, und Gründgens ihrem Sinn für symbolische Daten, es war der 20. April 1935, wieder »Führergeburtstag«, an dem sie Abschied von der Bühne nahm und in das neue, dem Staat geweihte Leben schritt. Emmy Göring bewahrte sich eine etwas sentimentale Nähe zum Theater und ihre Zuneigung zu Gründgens. Der konnte so weiter auf sie zählen, und damit den Kontakt zu Göring kontrollieren. Sie half Gründgens auf naiv-rührende Weise beim Schutz jüdischer oder mit Jüdinnen verheirateter Schauspieler und wollte auch lange nach dem Tod ihres Mannes deshalb nicht einsehen, was der Schlechtes getan haben sollte. Aus welchem gutgläubig-freundlichen Geist diese Hilfe kam, zeigen die Erinnerungen der 1933 gerade 22jährigen Schauspielerin Franziska Jakob, die Emmy Sonnemann noch kennengelernt hatte, bevor sie das Staatstheater verlassen mußte: »Irgend jemand muß ihr erzählt haben, daß es eine Jüdin im Ensemble gab, eines Abends kam sie sehr menschlich und sehr nett zu mir hinter die Kulissen, faßte mich am Kinn und sagte: Ich habe gehört, daß du Jüdin bist, du mußt keine Angst haben, Hermann bestraft nur die schlechten Juden, die etwas verbrochen haben, dir wird nichts passieren.«[31]

Emmy Sonnemann schrieb über ihre Arbeit mit Gründgens während der ›Minna‹: »Die neue Saison in Berlin wurde mit Minna von Barnhelm eröffnet. In der Rückschau empfinde ich die Proben zu Lessings Lustspiel als die angenehmsten meiner ganzen Theaterzeit. In solchem Maße war es mir noch nie widerfahren, daß ein Regisseur den Schauspieler so ganz erfaßt, daß er ihm jene individuellen Hilfen geben kann, die ihn zu voller Entfaltung bringen. Sich selbst aufzugeben und sich mit der darzustellenden Gestalt zu identifizieren, ist ein Zustand, in dem ein Schauspieler vollendete Kunst zeigen kann.«[32] Auch hier: Sie war sein Werkzeug, das er benutzte. Weiter schrieb sie: »Mit jeder Probe wuchs mein Dankgefühl gegenüber diesem großen Theatermann, der alles, was in mir an Talent steckte, herauszuholen verstand, außerdem war es herrlich, mit so einem großartigen Ensemble zu spielen. Man steigerte sich an diesen echten Komödianten. Nach der Premiere, die sich zu einem Riesenerfolg gestaltete, wollte ich mich bei meinem Intendanten bedanken. Er wehrte jedoch ab: Ach, Unsinn, man kann jemanden aufs Pferd setzen, aber reiten muß er allein können.«[33]

Wieder diese Bescheidenheit und Zurückhaltung, die dem Mann ganz die Initiative überläßt und die sich so immer mehr als Grundzug der vertrauten Beziehung Gründgens-Emmy Göring erweist. 1947 sagte Gründgens in Emmy Görings Entnazifizierungsverfahren aus. Er war ihr noch immer treu verbunden. Sie berichtete auch darüber: »Wie tief bewegt ich war, als Gustaf Gründgens, der ritterliche und im wahrsten Sinne große Freund, auftrat, fast wider alles Erwarten, und seine Aussage machte. Er sprach von all den vielen jüdischen Männern und Frauen des Theaters, denen wir beide, Gründgens und ich, mit meines Mannes Unterstützung geholfen hatten. Außerdem erzählte er so viel Gutes von mir und über mich, daß ich vor dieser einmaligen Verteidigung gern in eine Versenkung verschwunden wäre. Aber das ‚Theater', das es hier gab, hatte keine.«[34]

Curt Riess zitiert Gründgens in seiner Biographie: »Ich habe nach diesem verlorenen Krieg alles für möglich gehalten, aber nicht, daß man diese Frau vor Gericht stellt! Wann immer ich sie angerufen habe, zu jeder Tageszeit und auch des Nachts, immer hat sie geholfen. Und jetzt soll sie als Nutznießerin angeklagt werden, da man ja politisch wirklich nichts gegen sie vorbringen kann. Mag sein, sie hat ein Kotelett mehr gegessen als andere Menschen. Aber draußen, vor der Gerichtstüre stehen jede Menge Juden, die heute leben, weil sie interveniert hat, und ich hoffe, das Gericht wird seinen Schluß daraus ziehen.«[35] Gründgens konnte sich offenbar wirklich nicht vorstellen, daß es neben seiner vertrauten Beziehung zu Emmy Sonnemann noch eine andere Wirklichkeit gab, in der es um anderes als ein Kotelett mehr oder weniger ging.

Neben der engen Beziehung zwischen Gründgens und Emmy Göring darf aber nicht übersehen werden, daß auch zwischen Göring und Gründgens eine gewisse Nähe bestanden hat. Die Entscheidung für Gründgens als Intendant hatte sie zu einer Art Schicksalsgemeinschaft gemacht, was das

Theater betraf. Gründgens brauchte genauso wie Göring den schnellen Erfolg, der sich dann ja bereits mit der »Minna« einstellte. Gründgens hatte unangemeldeten Zutritt und Göring hatte ihn bei gesellschaftlichen Anläßen gern um sich. Gründgens wurde vom Minister mit einer Zyankalikapsel beschenkt, als es auf das Ende zuging. Zum Nürnberger Prozeß hatte Göring Gründgens als Hauptentlastungszeugen genannt. Dieser Auftritt blieb Gründgens erspart, da er als Zeuge nicht zugelassen wurde. In dieser schwer erklärbaren Affinität zwischen Gründgens und Göring, zweier Charaktere, deren Temperament grundverschieden war, war Emmy Sonnemann – neben dem Morphium, das beide konsumierten – so etwas wie das verbindende Element. Unverbrüchliche Treue, sanfter Edelmut, und weibliche Zurückhaltung sind die emotionalen Bezugspunkte dieser Beziehung. Und diese Mischung war es, die Gründgens 1934 in seiner Minna-Inszenierung auf die Bühne gebracht hatte.

Inseltheater:
Spielplan und Planquadrat

HITLER HATTE SCHON IN »MEIN KAMPF« über den Verfall der Kultur und des Theaters schwadroniert, es sei ein Ort der Vergiftung der Seele und Verderbnis der Jugend. Er forderte ein großes Reinemachen, das Theater und alle anderen Kunstsparten seien von den Erscheinungen einer verfaulenden Welt zu säubern. Ein so gereinigtes Theater würde nach Hitler der Volksgesundheit dienen und, wie er später ausführen sollte, ein Kraftquell der Nation sein, der das Volk mit deutschem und klassischem Kulturgut vertraut mache. Bei seiner Rede auf dem ersten Reichsparteitag nach der Machtübernahme im September 1933 erklärte Hitler die Kunst zur Staatsangelegenheit. Endlich, so Hitler bei dieser Rede, würde der Wunsch nach einem Nationaltheater in Erfüllung gehen. Ein entsprechendes Programm hatte der nationalsozialistische Schriftsteller Hanns Johst schon 1931 entworfen: volkseigene Stoffe, Formung des deutschen Menschen, Zusammenführung eines zerrissenen Volkes, Schaffung einer seelisch-charakterlichen Einheit, Erhebung ins Metaphysische.

Goebbels kümmerte sich – als Reichspropagandaminister und Vorsitzender der Reichskulturkammer – um die Durchsetzung eines solchen nationalen Theaters. Seine Ausführungen knüpften an die Hitlers an, waren aber etwas weniger naiv und wirklichkeitsfremd. Bei seiner ersten Rede vor Theaterleitern im März 1933 erklärte er, auf eine Tradition zurückgreifend, die bis zu Platon reicht, die höchste Kunst im Staat sei die Politik, denn sie gebe dem Volk Gestalt. Trotz dieser zutiefst kunstfeindlichen Einstellung träumte er von einer bestimmten kulturellen Entwicklung: »Die deutsche Kultur des nächsten Jahrzehnts wird heroisch, sie wird stählern-romantisch, sie wird sentimentalitätslos sachlich, sie wird national mit großem Pathos, sie wird gemeinsam verpflichtend und bindend sein, oder sie wird nicht sein.«[1] Im November 1936 erklärte Goebbels dann in jener Rede vor der Reichskulturkammer, in der er das Verbot der Kunstkritik bekannt gab, daß auch die Kunst nicht mehr dem Künstler gehöre. Goebbels ordnete die Kunst also eindeutig der Politik unter – wobei die Inszenierung von Politik im Dritten Reich äußerst theatralisch war.

Die neuen Richtung der Nazis kam für viele Theaterleute nicht ganz ungelegen. Ende der 20er Jahre hatte sich im deutschen Theater eine Orientierungslosigkeit angedeutet, die vielfach, auch von Gründgens, als Führer- oder Führungslosigkeit beschrieben wurde. Die Aufbruchstimmung, die sich in den ersten Jahren der NS-Zeit auch am Theater breit machte, muß vor allem vor diesem Hintergrund gesehen werden. Wie das in dieser noch von Euphorie geprägten Atmosphäre erwartete NS-Theater auszusehen habe, war aber auch den Nationalsozialisten nicht klar. Zwar wurden naturalistische, sozialkritische Zeitstücke sowie unliebsame Klassiker verboten, aber die Durchschlagskraft der neuen deutschen Dramatik ließ auf sich warten, auch wenn es einige Beispiele völkischer Zeitdramatik und Geschichtsdramatik gab, wie etwa das Schlageter- Drama von Hanns Johst. Vielleicht lag es nur daran, daß es keinen ausreichend national gesinnten Autor gab, der talentiert genug gewesen wäre, um stilbildend wirken zu können. Vielleicht war es unmöglich, im Rahmen der nationalsozialistischen Vorgaben gute Stücke zu entwickeln. Auf jeden Fall entwickelte sich, bis zur Schließung der Theater 1944, keine nennenswerte nationalsozialistische Dramatik. Auch die Thingspiel-Bewegung, anfangs mit großem Pomp und Elan angegangen, verlief im Sand – der Staat stellte aufgrund mangelnder Ergebnisse bald seine Förderung ein.

So war das Verhältnis des NS-Regimes zum Theater von einer gewissen Hilflosigkeit geprägt: Einerseits war man fest davon überzeugt, daß man für Theaterfragen zuständig sei. Mit dem Reichsministerium für Volksaufklärung und Propaganda, das bereits im März 1933 eingerichtet worden war, wurde schnell ein weitreichendes staatliches Kontrollsystem installiert, das mit der nachgeordneten Reichskulturkammer und der Reichstheaterkammer alle Belange des Theaters von der Personalpolitik bis zur Spielplangestaltung regeln sollte. Andererseits mußten die »Verantwortlichen« bald feststellen, daß sie nicht nur dem Theater, sondern auch ihrem Hang zur Repräsentation einen Gefallen taten, wenn sie eine weniger ideologische, pragmatischere Haltung einnahmen. Sie mußten schließlich mit den vorhandenen Kräften zusammenarbeiten. Denn die Kontrolle war nicht so erfolgreich wie geplant, obwohl die allermeisten Theaterleiter sich konformistisch verhielten. Was deutlich nationalsozialistische Prägung hatte, erreichte wegen mangelnder Qualität nicht die erhoffte Breitenwirkung. Sollten die Bühnen repräsentativ bleiben, und das wollte man allein schon aus Propagandagründen, mußte man dem Theater einen gewissen Freiraum gewähren. Das Theater mußte ein gewisses Eigenleben führen, um lebendig zu bleiben. Das hatten Goebbels wie Göring, die beiden Hauptverantwortlichen, sehr bald verstanden: »Göring läßt sich sehr scharf gegen Rosenberg aus. Er ist ein sturer Theoretiker und vermasselt uns die ganze Tour. Wenn er etwas zu sagen hätte, gäbe es kein deutsches Theater mehr, sondern nur noch Kult, Thing, Mythos und ähnlichen Schwindel«, schrieb Goebbels am 13. April 1937 nach einem einvernehmlichen

Treffen mit Göring in sein Tagebuch[2]. Insgesamt gesehen bedeutete die NS-Diktatur für das deutsche Theater nicht den absoluten Bruch, den man nach 1945 oft in dieser Zeit sehen wollte.

Damit soll nicht bestrittten werden, daß es entscheidende Einschnitte gab. Die Vertreibung der linken und vor allem jüdischen Künstler begann unmittelbar nach der Machtergreifung am 30. Januar 1933. Bertolt Brecht, Johannes R. Becher, Ferdinand Bruckner, Alfred Döblin, Lion Feuchtwanger, Stefan George (den Goebbels allerdings halten wollte), Oskar Maria Graf, Ödön von Horvath, Georg Kaiser, Heinrich Mann, Klaus Mann, Thomas Mann, Anna Seghers, Ernst Toller, Gustav von Wangenheim, Franz Werfel, Fritz von Unruh, Carl Zuckmayer, Arnold Zweig und Stefan Zweig gehören zu den Schriftstellern, die emigrierten. Albert Bassermann, Elisabeth Bergner, Curt Bois, Ernst Deutsch, Tilla Durieux, Felix Holländer, Gustav Hartung, Leopold Jessner, Fritz Kortner, Wolfgang Langhoff, Leopold Lindtberg, Lucie Mannheim, Grete Moosheim, Erwin Piscator, Max Reinhardt, Helene Thimig und Bertolt Viertel sind nur einige der bekannteren Theaterleute, die Deutschland verließen. Nun hatten in den zwanziger und dreißiger Jahren jüdische Theaterleiter, Regisseure und Schauspieler zwar nicht die Alleinherrschaft über das deutsche Theater, wie die NS-Propaganda wissen wollte, aber sie hatten doch das Theater vor 1933 – zumindest in Berlin – stark geprägt. Es fehlte also bald ein wesentlicher Teil der künstlerischen Kompetenz. Der Massenexodus führte trotzdem nicht zu einem absoluten Bruch im Theaterleben, weil sich die Daheimgebliebenen bemühten, zwar innerhalb des neuen Rahmens, aber mit den erlernten Formen weiterzuarbeiten.

Ästhetisch gesehen dominierten im Dritten Reich neben

der eingeschränkten Klassikerpflege vor allem ein pathetischer, untheatralischer Stil nationaler Erhebung und die Unverfänglichkeit von Boulevard- und Volkstheater. Was die Publikumsresonanz und die Aufführungszahlen angeht, trug das Lustspiel beim Wettstreit dieser beiden Gattungen eindeutig den Sieg davon. In der Spielzeit 1936/37 etwa hießen die drei erfolgreichsten Stücke: »Die vier Gesellen« von Jochen Huth, »Petermann fährt nach Madeira« (Kraft durch Freude) und »Auf großer Fahrt«, eine Operette von Heinz Hentschke, Günther Schwenn und Fred Raymond, allesamt Beispiele der leichten Muse. Insgesamt wuchs die Zahl der Theaterbesucher – daher rührt die Ansicht, das Theater habe im Dritten Reich eine gewisse Blüte erlebt. Theater im Dritten Reich kann nicht ausschließlich im Hinblick auf die NS-Ideologie untersucht werden, wie lange Zeit üblich. Man muß die Vielgestaltigkeit berücksichtigen, die auch in der Diktatur existierte.

Im Zusammenhang mit Gründgens machen solche theatergeschichtlichen Überlegungen zweierlei deutlich. Erstens konnte man im Dritten Reich sehr wohl Theater machen. Das bloße Aufrechterhalten des Spielbetriebs war kein heroischer Akt, wie sich Gründgens mehrfach selbst vormachte. Zweitens hatte man in gewissem Rahmen die Wahl zwischen Anpassung und Dissidenz. Das Staatstheater, das vor allem durch die Klassikerinszenierungen von der systemkonformen Linie abwich, nutzte einen Spielraum, innerhalb dessen sich die Theater im Dritten Reich bewegen konnten.

Gründgens wollte das entschieden anders gesehen wissen. Über die Rolle seines Theaters im Dritten Reich hat er unter anderem behauptet, »daß das von mir geleitete Staatstheater im schärfsten Gegensatz und im schärfsten Kampf gegen die faschistischen Theaterbestrebungen stand, hat jeder Mensch in Deutschland und, ich glaube, viele Fachleute im Ausland gewußt.«[3] Zum Spielplan sagte er: »Ein Blick auf meinen Spielplan – der zwar beschämend war, wenn man bedenkt, was ich alles nicht spielen durfte, der sich aber im wesentlichen von Nazistücken freizuhalten wußte – die 4 oder 5 mal, wo ich im Laufe von zehn Jahren und nur aus triftigsten Gründen (nämlich immer zum Schutz und zur Erhaltung des Hauses oder seiner Schauspieler) faschistisch infizierte Stücke spielte, geschah es so ostentativ, terminlich und besetzungsmäßig zweitrangig, daß jeder Eingeweihte wußte, was gemeint war.«[4] Außerdem habe er weder im Frieden noch im Krieg Auslandsgastspiele machen lassen. Und bei seinem Auftritt auf Schloß Kronborg in Dänemark als Hamlet sei er peinlich darauf bedacht gewesen, dies als sein Gastspiel und nicht eines des Staatstheaters erscheinen zu lassen. Göring sei dort überraschend aufgetaucht.

Gründgens bestritt also durchgängig, am »Kulturvorhang« des Dritten Reichs mitgewebt, einen kulturellen Deckmantel über das Regime gebreitet, das Dritte Reich bei seinem Bedürfnis nach Repräsentation unterstützt, oder, wie Gottfried Reinhardt ihm und anderen vorwarf, es dem Dritten Reich durch sein schnelles und widerstandsloses Kooperieren leichter gemacht zu haben, als zwingend notwendig gewesen wäre[5]. Gründgens war der Überzeugung, daß er ein den Nazis entgegengesetztes Theater gemacht habe.

Zusammengefaßt laufen seine Behauptungen auf die bekannte Idee der »Insel« hinaus, ein Begriff, der nicht nur von Gründgens Umfeld, sondern auch von ihm selbst häufig gebraucht wurde – auch wenn er das später bestritt[6]. Das Staatstheater wurde von ihm und seinen Mitarbeitern, während des Dritten Reichs und auch später, als ein Rückzugsraum betrachtet, in dem die darstellerischen Qualitäten, die vor allem unter Max Reinhardt in Berlin erarbeitet worden waren, und ästhetische Maßstäbe, die sonst verlorengegangen wären, durch große Disziplin und große Geschicklichkeit aufrecht erhalten werden konnten. Gründgens sah sich selbst als Fortführer einer großen Vergangenheit, die in dem von ihm beschützten Raum weiterbestehen konnte. Und dieser Raum, die Bühne, wiederum war für ihn ein »Planquadrat«, auf dem im Gegensatz zur Umgebung nichts Unvorhergesehenes geschah, ein Ort der Sicherheit im Meer der Ungewißheit. »Ich wollte damit sagen, daß die Unsicherheit, in der wir alle lebten, uns die Bühne als den einzig sicheren Faktor erscheinen ließ. Auf der Bühne, dem Planquadrat – wie ich es nenne – wußte ich genau, wenn ich den Satz sage, geht hinten eine Türe auf, und eine Dame in einem grünen Kleid kommt herein – und nicht ein SS- Mann. Dies meine ich lediglich. Was dann bestimmend geworden ist, für meine Art, Theater anzusehen: die Ordnung, die Exaktheit, das Ausschalten des Zufälligen.«[7]

Gründgens' Sichtweise ist eine erstaunlich wirklichkeitsresistente, bis lange nach seinem Tod aufrechterhaltene Stilisierung. Dabei soll gar nicht bestritten werden, daß Gründgens mit »seinem« Theater vielen Schauspielern einen schützenden Rahmen bot, daß er es verstand, eine eingeschworene Truppe um sich zu versammeln, daß seine Aufführungen oft hohe Qualität hatten, und daß der Spielplan Ideologisches so weit es ging zu vermeiden suchte. Aber das Staatsschauspiel am Gendarmenmarkt war natürlich von seiner Umwelt nicht abgeschottet, es war keine einsame Insel. Die Idee der Insel suggeriert, das Theater sei nicht von seiner Umgebung geformt worden. In Wirklichkeit handelt es sich – wie sollte es anders sein – um eine Wechselwirkung. Die nachfolgende Erläuterung einiger markanter Punkte der Ära Gründgens am Staatstheater soll das deutlich machen.

Der erste wirklich repräsentative Akt, für den Gründgens

verantwortlich gemacht werden muß, ist die Inszenierung des »Egmont«. An sich eine unverfängliche Sache – möchte man meinen. Anlaß war die Wiedereröffnung des renovierten Schauspielhauses am 7. November 1935. Das Schauspielhaus war durch einen noch vor der Intendanz von Gründgens verfügten Umbau seiner von Schinkel stammenden Urfassung wieder angenähert worden. Die Gestaltung des Vorhangs und der Ränge wurde weitgehend wiederhergestellt. In der Mitte des ersten Ranges war jetzt allerdings eine Führerloge, an deren Brüstung ein Banner mit Preußenaar prangte. Außerdem war die Charlottenstraße überbrückt worden, um das Theater mit dem Magazinhaus zu verbinden. Dadurch hatte die Bühne jetzt eine Tiefe von 90 Metern, und es eröffneten sich ganz neue bühnentechnische Möglichkeiten. Zur Eröffnungsvorstellung des neugestalteten Hauses waren Hitler und einige Minister gekommen, außerdem hatte Göring das diplomatische Corps geladen.

So stand die Aufführung unter einem besonderen Repräsentationsdruck und Gründgens kam dem mit einer äußerst pompösen Inszenierung entgegen. Einzig beim Text gab es Beschränkungen: Da die vollständige Bühnenmusik Beethovens gespielt wurde, Furtwängler dirigierte, mußte bei Goethe gestrichen werden. Da die Schauspieler außerdem gegen die Musik anspielen mußten, neigten sie zu übertriebenem Ausdruck. Die Aufführung bekam dadurch eine forcierte Feierlichkeit, die überraschenderweise gerade Herbert Ihering, der später vom falschen Pathos des Dritten Reichs sprechen sollte, Gründgens zugute hielt.

Das Bühnenbild von Rochus Gliese war sowohl in den Innen- als auch den Außenräumen enorm aufwendig, er schöpfte die Möglichkeiten der neuen Bühne voll aus, und strebte illusionistische Milieutreue an. Gliese und Gründgens setzten also bei dieser Inszenierung ganz auf pathetischen Historismus. Egmont und seine Begleiter kamen im 2. Akt zu Pferde auf die mit Statisten überfüllte Bühne. Das Wort und mit ihm die politisch brisanten Fragen des Stücks hatte Gründgens durch Musik, Prunk und die gigantische Szenerie vollkommen entschärft.

Gründgens ist natürlich nicht dafür verantwortlich, daß sich die Eröffnungsinszenierung vor den Augen der Mitglieder des diplomtischen Corps abspielte. Trotzdem mußten die Vertreter des Auslands durch den festlichen Rahmen und die Anwesenheit der NS-Führungsspitze den Eindruck gewinnen, daß sich das Dritte Reich hier kulturell selbst darstellte, auch wenn die Inszenierung keine Elemente nationalsozialistischer Kunstideologie widerspiegelte. Naturalismus wurde von den Nazis sogar dezidiert abgelehnt. Aber das störte im Fall des Historismus nicht. Denn Kultur, das hatten die Führer des Dritten Reichs schnell verstanden, hat ihren Sinn nicht nur als Instrument der Ideologie, sondern trägt, wenn sie repräsentativ ist, zur Selbstdarstellung und Glorifizierung des Regimes bei. Und genau dabei spielte Gründgens in diesem und anderen Fällen eine wichtige Rolle.

Das nächste kritische Ereignis war die Aufführung von Hanns Johsts »Thomas Paine« am 16. November 1935, nur eine gute Woche später. Johst dankte Gründgens brieflich für die beispielhafte Aufführung[8]. Bei einer Festaufführung der Reichskulturkammer saß Goebbels, mit dem Johst, der jetzt bei der SS war, nach wie vor enge Beziehungen unterhielt, im Zuschauerraum. Gründgens spielte neben Lothar Müthel in der Titelrolle den König Ludwig XVI unter der Regie von Jürgen Fehling, der sich bei dieser Inszenierung ganz aufs Wort konzentrierte. Das 1927 uraufgeführte Stück wurde dabei retrospektiv als rebellischer Appell verstanden, sich gegen Geschäftemacher und die Besatzungsmächte im

Rheinland, die von Deutschland zur Zeit der Uraufführung Besitz ergriffen hätten, aufzulehnen.

Mit »Friedrich Wilhelm I.« von Hans Rehberg wurde im April 1936 die Reihe der Rehbergschen Preußendramen am Staatstheater fortgesetzt. 1934 war bereits »Der große Kurfürst« herausgekommen. Rehberg wurde vorübergehend der meistgespielte zeitgenössische deutsche Dramatiker; sein Faible für Preußenthemen und seine über dem üblichen Niveau liegende, an Shakespeare orientierte Figurenzeichnung scheinen für Gründgens einen akzeptablen Kompromiß zwischen der Anforderung, Tendenzstücke zu spielen, und seinen eigenen Qualitätsmaßstäben dargestellt zu haben.

Die ideologische Rolle Rehbergs läßt sich nicht eindeutig festlegen. Er war seit 1930 NSDAP-Mitglied, bekam aber 1942 Aufführungsverbot. »Die Bühne« schrieb am 1. März 1936 über ihn: »Hans Rehberg gehört zu den jungen nationalsozialistischen Dichtern, die wirklich aus der Bewegung heraus gekommen sind, die sich für diese Bewegung mit Leib und Seele eingesetzt haben und daher allein aus dem Geiste solcher Kampferlebnisse heraus zu schreiben vermögen.«[9] Bernhard Minetti beschrieb ihn dagegen als bei den Nazis ungeliebten Ironiker und Schandmaul[10].

Wieder inszenierte Jürgen Fehling die Uraufführung, Gründgens spielte nicht mit. Die Premiere fand erneut in Anwesenheit Görings und seiner Gattin statt. Friedrich Wilhelm I. (Eugen Klöpfer), angetrieben von fanatischer Preußenliebe, versucht in diesem Stück, aus seinem noch weichlichen Sohn Friedrich (Bernhard Minetti), jenem, der später ›der Große‹ werden sollte, einen harten, pflichtbewußten Preußenkönig zu machen. Der »Völkische Beobachter« sah darin eine große Idee und ein Drama, das zeige, wie Friedrich Wilhelm unter Gewissensqualen und vom Volk unverstanden die Grundsteine des neuen Deutschland legte. Inhaltlich waren NS-Ideologie und Staatstheaterinszenierung also durchaus konform. Allerdings wurde die Machart bemängelt. Der »Völkische Beobachter« stieß sich an Rehbergs Psychologismus. Es war durchaus möglich, gleichzeitig linientreu und abweichlerisch zu sein.

Das Jahr 1936 endete mit einer Feier zum 150jährigen Bestehen des Schauspielhauses. Am 5. Dezember hatte eine Fehling-Inszenierung von Grabbes »Don Juan und Faust« Premiere, anwesend wieder Göring nebst Gattin. Gründgens spielte den Don Juan. Am 6. Dezember sprachen dann bei einer Morgenfeier Hermann Göring und Rainer Schlösser, der Präsident der Reichsschrifttumskammer. Beide waren voll des Lobes und Dankes für die Leistungen der vergangenen zwei Jahre. Göring: »Euer Einsatz ist notwendig, denn wie wollen wir von einem Volke letzte Hingabe verlangen, wenn wir nicht die Möglichkeit haben, diesem Volke für seine schwere Arbeit auch die Erholung geben zu können, es einmal hinwegzuführen von den täglichen Sorgen und sich hinzugeben den wunderbaren Klängen der deutschen Musik, der herrlichen Darstellung deutscher Werke.«[11] Es folgten die Egmont-Ouvertüre, das »Sieg-Heil« auf den Führer und das Horst-Wessel-Lied. Goebbels sandte ein Telegramm: »Sehr verehrter Herr Intendant! Nehmen Sie zur 150-Jahrfeier des Staatlichen Schauspielhauses meine herzlichsten Glückwünsche entgegen. Möge das Staatstheater unter Ihrer umsichtigen künstlerischen Leitung auch in Zukunft eine Pflegestätte echtester deutscher Bühnenkunst bleiben und damit allen deutschen Theatern ein Vorbild sein. Mit Heil Hitler! Reichsminister Dr. Goebbels.«[12]

Am 7. April 1938 hatte dann, wieder in Anwesenheit des Ehepaars Göring, Gründgens' Inszenierung von Rehbergs »Der siebenjährige Krieg« Premiere, Folge fünf der Rehbergschen Preußendramen. Gründgens spielte die Hauptrolle in den um den Preußenkönig Friedrich gruppierten pathetischen Kriegsvisionen: mit gebücktem Rücken, mit abgehackten, knappen Sätzen und harten Bewegungen. Er versuchte, wie Rehberg auch, eine Charakterstudie des großen historischen Vorbilds: die Größe der Pflicht, die sich über das private Erleben hinwegsetzt und zuchtvoll das brennende Gefühl überwindet. Der König, eine einsame und heldenhafte Figur im Schlachten- und Weltgetümmel: »Gehaßt nicht nur von jenem rothaarigen, plattgesichtigen Laudon, mit dem er den Degen kreuzen muß. Verflucht von dem Mannweib auf dem Zarenthron, das ihm die ›Hure‹ nicht vergessen kann. Gehöhnt und gemartert vom eigenen Bruder, den er sich nur unter der Fahne zur Pflicht zurückzuzwingen vermag. Verlassen von Englands Bündnishand. Ausgesogen von den Juden, in deren Taschen die Münzen schwellen. Von erregender Aktualität sind plötzlich im Licht der Rampe jene Schlachten, über die der Umweg zum großen Deutschland dieser Tage führt.«[13] So sah Herbert A. Frenzel, Referent von Reichsdramaturg Schlösser und später in der Bundesrepublik ein angesehener Professor für Germanistik, die Aufführung.

Mit Gastspielen war Gründgens insgesamt äußerst zurückhaltend. Er spielte trotzdem öfter im Ausland, als er später erinnern wollte. Das Jahr 1938 etwa begann mit einem Gastspiel des Staatstheaters im polnischen Kattowitz. Man begab sich auf »Ostlandfahrt«. Es ging, wie es offiziell hieß, um Kulturaustausch, gleichzeitig gastierte das polnische Nationalballett in Deutschand. Gegeben wurde Gründgens' Inszenierung von »Emilia Galotti«. Anwesend waren von deutscher Seite der Botschafter von Moltke, Generalkonsul Noedecke und Staatssekretär Freisler, der Landesgruppenleiter der NSDAP Bürgam-Warscha und der Leiter der reichsdeutschen Kolonie, Parteigenosse Güttler. Dieses Gastspiel diente »der Stärkung des deutschen Volkstums im Ausland«, auch wenn das in Polen damals natürlich nicht ausdrücklich gesagt wurde.

Im Juli 1938 brach Gründgens, noch etwas lädiert durch eine Beinverletzung, die er sich bei den Dreharbeiten zu dem Film »Tanz auf dem Vulkan« zugezogen hatte, zu dem Hamlet-Gastspiel in Dänemark auf. Später wollte er es als rein private Angelegenheit verstanden wissen. Deutsche Zeitungen berichteten schon über das Eintreffen des Staatsrats in Kopenhagen. Im September des gleichen Jahres schrieb auch Gründgens selbst eine Stellungnahme für die Monatsschrift der »Nordischen Gesellschaft«. Sie tat sich bei der Stimmungsmache, die am 9. April 1940 im Überfall auf Dänemark und Norwegen gipfelte, besonders hervor. Gründgens schrieb scheinbar unverfänglich, daß die »Hamlet«-Aufführung zu seinen schönsten künstlerischen Erinnerungen gehöre, unterstützte so aber doch die Annektion.

Die Premiere der Freilichtaufführung in Schloß Kronborg in Helsingör war am 18. Juli bei Regen und Donner, was als eindrucksvolle Kulisse wahrgenommen wurde. Interessant das Urteil der dänischen Zeitungen über Gründgens. Sydvenska Snällposten: »Dieser Schauspieler besitzt eine schöne und klare Stimme. Seine Gebärden führt er mit großer Eleganz und kalter Berechnung aus. Sein Dänenprinz ist vom Intellekt beherrscht, weniger von Gefühl, und wurde in den Details ziemlich naturalistisch ausgeführt.« Berlingske Tidende: »Klar, glitzernd, vielleicht weniger gefühlsbetont, als wir den dänischen Prinzen zu sehen gewohnt sind, aber dafür witziger, eleganter, dämonischer. ... Gründgens' Hamlet war wie aus Glas.« Politiken: »Er ist nicht Hamlet, weil weder Schmerz noch Ohnmacht innerhalb der Oktave von Temperamenten liegen, die sein Künstlersinn umschließt. Vor allen Dingen, weil der banale Begriff in der Kunst, der Sympathie heißt, ihm verwehrt ist. Gründgens fasziniert, fesselt, irritiert, imponiert – aber man liebt ihn nicht, er rührt und ergreift nicht.«[14] Diese Übersetzungen wurden gleich nach dem Gastspiel angefertigt; man wollte wissen, wie dieser Botschafter der deutschen Kultur im Ausland angekommen war.

Göring überraschte das Ensemble mit seinem plötzlichen Erscheinen, auch Zeitungsberichte geben das so wieder. Er beherrschte die Szenerie dann allerdings vollständig, gab »das Signal zum Applaus« nach dem Hamlet-Monolog, ging zu den Schauspielern auf die Bühne und lud zum Abendessen, Gründgens und Marianne Hoppe saßen bei ihm am Tisch. Ob Gründgens nun gute Miene zum bösen Spiel machen mußte oder sich, mit seinem Chef vereint, ganz wie zu Hause fühlte, dürfte für die Dänen, vor allem wenn sie sich ab 1940 an das Gastspiel erinnerten, sicher nicht von Belang gewesen sein.

Gründgens gab mit »Das Konzert« von Hermann Bahr weitere Gastspiele »im Rahmen der Truppenbetreuung«: im April 1941 für die in Holland stationierten Soldaten und als »Sondereinsatz des Luftwaffenführungsstabes Berlin« beim Luftgaukommando Norwegen im August 1942. Für Gründgens war dieses pointenreiche, dramaturgisch geschickte, aber etwas platte, auf den Effekt hin kalkulierte Stück offenbar am besten geeignet, um ein ihm unbekanntes, möglicherweise schwieriges Publikum zu erreichen. Noch 1963, nach seiner Weltreise, wollte er mit dem »Konzert« auf Deutschlandtournee gehen. Weitere Wehrmachtsgastspiele führten das Staatstheater nach Italien und Frankreich, wobei Gründgens an diesen Fahrten allerdings nicht persönlich teilnahm.

1941, in einer Rede bei der Tagung des Auslandamtes der Dozentenschaft der deutschen Universitäten und Hochschulen in München, schilderte Gründgens die Tournee nach Holland als ihn prägendes Ereignis: »Und gerade der Krieg nimmt das künstlerische Erleben des Schauspielers in seine harte Schule. Es wird Sie nicht überraschen, wenn ich Ihnen von mir persönlich sage: mein stärkstes künstlerisches Erlebnis der letzten Jahre war eine Wehrmachtstournee, die ich unternahm. In einem Kriege, der um Sein und Nichtsein der Existenz von fast hundert Millionen Deutschen geht, vor den Krieger hinzutreten und ihm den Schein des Lebens vorzuspielen – ihm, der das Leben selbst in blutigsten Gefechten eingesetzt hat, das ist eine unerbittliche Probe auf die Wahrhaftigkeit unserer Kunst. Hier muß unsere Wirklichkeit – die Wirklichkeit des holden und großartigen Scheins – gegen die Wirklichkeit des kriegerischen Erlebnisses und seine Kämpfer bestehen. Da gibt es keine billige Anbiederung, kein Augenzwinkern, kein Beiseiteflüstern, da muß gedient und bekannt werden, wie dieses Publikum auf den Schlachtfeldern gedient und bekannt hat. Augen, die den Tod gesehen haben, blicken scharf.«[15] Gründgens stilisiert ein relativ banales Gastspiel bei einer Besatzungstruppe zu einem großen Ereignis. Er berauscht sich an dem existentiellen Erlebnis, das er den Soldaten, die er zu archaischen »Kriegern« stilisiert, unterstellt. Er entpolitisiert und enthistorisiert, um seine künstlerische Arbeit aufzubauschen. Meßlatte ist jetzt das imaginierte Fronterlebnis.

Neben Gründgens war Jürgen Fehling mit seinen visionären, kraftvollen, ekstatischen Inszenierungen die prägende künstlerische Kraft des Staatstheaters am Gedarmenmarkt. Das Verhältnis zwischen Gründgens und Fehling war nie spannungsfrei, trotzdem bemühte sich Gründgens sehr, Fehling an seinem Haus zu halten. Marianne Hoppe sah darin einen der wesentlichen Gründe für die dauernde Anspannung, unter der Gründgens lebte.

Fehlings eruptive Klassiker-Inszenierungen, die immer zu Wucht neigten, kamen den Nazis einerseits entgegen – nie wurde er mit Aufführungsverbot belegt. Andererseits war er zu eigensinnig, um ein Parteigänger zu sein. Sein »Richard III.« mit Werner Krauß in der Titelrolle war die wahrscheinlich gefährlichste Inszenierung am Staatstheater überhaupt. Krauß hinkte, wie von Shakespeare vorgeschrieben, was aber trotzdem als Anspielung auf Goebbels verstanden wurde. Krauß spielte außerdem mit einem mehr als mannsgroßen Schwert einen abstoßenden Machtmenschen. Es gab keinerlei Aktualisierungen in der Inszenierung, aber die Vehemenz, mit der Fehling Shakespeares Stück über den Machtmißbrauch auf die Bühne gebracht hatte, wirkte anstößig. Reichsdramaturg Rainer Schlösser verließ das Theater erbost in der Pause. Fehling hatte in »Richard III.« offenbar eine Möglichkeit gefunden, vom Nationalsozialismus zu sprechen, ohne ihn auch nur an einer Stelle zu erwähnen.

Am 5. Mai 1939 inszenierte Fehling »Richard II.« Diesmal spielte Gründgens die Titelrolle. Wie er den vorangegangenen »Richard III.« beurteilte, ist unbekannt. Ob er mit dem nächsten Königsdrama an die politische Aussage von »Richard III.« anknüpfen wollte, ob er unter Fehlings Regie spielen wollte, um eine ähnliche Statur wie Werner Krauß zu gewinnen, ob er eine Art Gegenprogramm zu Krauß entwickeln wollte, muß Spekulation bleiben. Die Kritiken widersprechen sich in diesem Fall fundamental, ein verläßliches Bild der Aufführung ist kaum zu gewinnen.

In jedem Fall knüpfte »Richard II.« durch das Bühnenbild an »Richard III.« an, aber Gründgens drehte die Gestaltung der Königsfigur gegenüber Krauß offenbar um. Er begann lauernd-verschlagen und wurde dann zum leidenden Menschen. Merkwürdigerweise geben die Kritiken und Memoiren keinerlei Auskunft über die Tendenz dieser Aufführung. Deutlich wird aber, daß Gründgens nicht, wie bei diesem Stück üblich, den Narzißmus der Figur betont hat, sondern Verständnis für ihre Problematik wecken wollte. Man sah in dieser Rolle sogar eine Selbstdarstellung von Gründgens, der einsame Homosexuelle auf dem Thron.[16]

Am 19. Oktober 1939 – der Krieg gegen Polen, das Gründgens noch ein Jahr zuvor besucht hatte, um den Kulturaustausch zu fördern, hatte gerade begonnen – erschien im »Völkischen Beobachter« ein Artikel unter dem Titel »Krieg und Theaterführung«. Dr. Hans Ermann hatte mit Gründgens darüber ein Gespräch geführt. Gründgens redete davon, nach einer schweren Zeit des Übergangs jetzt neue Werte geschaffen zu haben, sah sich also mit dem NS-Regime im Gleichklang. Und zum Krieg sagte er: »Deutschland führt Krieg, und ob wir eingezogen sind oder nicht, wir alle sind doch einbezogen! Wir alle stehen in der großen Front der Landesverteidigung. Der Abschnitt, den wir zu halten haben, ist die deutsche Kunst. Und lediglich diese politisch-sittliche Verpflichtung wird die Theaterführung während des Krieges bestimmen.«[17]

Indem er seine Arbeit als Frontabschnitt definiert, nimmt Gründgens das »gedient und bekannt« seiner Rede bei der Tagung des Auslandsamtes der Dozentenschaft der deutschen Universitäten und Hochschulen von 1941 vorweg. Man kann diese Worte also nicht als Ausrutscher werten. Auch wenn Gründgens kein patriotisches Propagandatheater verlangt, begreift er das Theater offenbar doch als Teil der Kriegsmaschinerie. Und selbst wenn man annähme, er habe dies nur zum »Schutz des Freiraums« gesagt, macht er sich doch mit einem Angriffskrieg gemein. Mit einem Eroberungskrieg, den er, darin konform mit der offiziellen Version, »Landesverteidigung« nennt. Was Gründgens hier dem »Völkischen Beobachter« sagt, trägt den Gegebenheiten Rechnung: Es wäre nicht möglich gewesen, Theater jenseits des Krieges zu machen. Gründgens paßte sich an und ein. Gründgens muß das bewußt gewesen sein, doch nach 1945 wollte er davon nichts mehr wissen.

»Wir wollen unsere Aufgabe in Einklang bringen mit den Aufgaben aller deutschen Volksgenossen. Und das wird in Zukunft der einzige Maßstab sein, nach dem wir werten wollen: Wie nützen oder helfen wir dem deutschen Menschen? Wie ergreifen, wie erheben wir ihn? Oder auch: Wie lenken wir ihn, für einige Stunden wenigstens, ab von den Pflichten und der Unrast, die der Krieg ihm auferlegt?« Gründgens formuliert hier gegenüber dem »Völkischen Beobachter« genau das, was ihm später vorgeworfen wurde. Er sagt das, was er dann bestritt, jemals getan zu haben. »Das Vorrecht des Künstlers ist heute, daß er Kraft seines Geistes und seiner seelischen Aufgeschlossenheit einer der ersten ist, der zu begreifen hat, worum es geht.« Gründgens begreift sich also, übrigens in auffälliger Nähe zu einer Formulierung von Goebbels, auch noch als Vorhut der gesellschaftlichen Entwicklung – und außerdem als seelische Rückendeckung und Nachschubeinheit für Frontkämpfer: »Ich würde mich zu Tode schämen vor dem aus dem Feld auf Urlaub kommenden Soldaten, der dieses Haus besucht und es, den Kopf schüttelnd, unberührt wieder verließe.«[18]

Weniger systemkonform verhielt Gründgens sich aber zur gleichen Zeit auf der Bühne. Eine der gewagtesten Stückentscheidungen seiner Laufbahn war die Inszenierung von Georg Büchners Revolutionsdrama »Dantons Tod«.

Premiere war am 9. Dezember 1939, drei Monate nach dem deutschen Überfall auf Polen. 1928 hatte Gründgens das Stück bereits in Hamburg inszeniert und es damals in Zusammenhang mit dem von ihm geplanten, aber nicht ausgeführten revolutionären Theater gesehen. 1939 lehnte »Der Angriff« den Text offen ab, indem er gleich in der Überschrift seiner Besprechung die Frage stellte: »Lohnte es die viele Mühe?« Der »Völkische Beobachter« dagegen stand dem Stück weitgehend positiv gegenüber.

Gründgens wußte das Stück auch zu entschärfen. Nichts von den Fehlingschen offenen Räumen war zu sehen, die auch der Interpretation Raum ließen. Traugott Müller baute einen abgeschlossenen Hintergrund für ein historisierendes Zeitgemälde. Wie in »Richard II.« suchte Gründgens in »Dantons Tod« das Menschliche, nicht die großen Revolutionsszenen, die eigentlich sein Metier waren und die ihn 1928 in Hamburg noch interessiert hatten. »So schien es bei dieser Aufführung, als wenn die virtuose Sicherheit dieses Ensembles öfters gezügelt, ja gehemmt würde, als lägen auf den Reden die schweren Schleier der Zurückhaltung, so daß diese Worte, wie ins Unbekannte tastend, vorstoßen. Die Verschleierung, die bei der sonstigen klaren Präzision Gründgens'scher Aufführungen hier sichtlich absichtsvoll von der Spielleitung durchgeführt wurde, führte zu einer gewissen Abschleifung des Sprachlichen und der vulkanischen Ausbrüche dieses Dramas.«[19] Nicht die flammenden Reden, sondern die Momente der Selbstbesinnung bestimmten die Aufführung.

In Hamburg hatte Gründgens den zerrissenen Danton gespielt, jetzt übernahm Gustav Knuth diese Rolle. Bernhard Minetti spielte Robespierre, den Gründgens in dem Danton-Film von 1930 als Gegenspieler Fritz Kortners gegeben hatte – ein Film, der damals unter anderem durch

Gründgens' eisige Spielweise Aufsehen erregt hatte. Gründgens übernahm die Rolle des St. Just, in der er folgende Worte zu sagen hatte: »Moses führte sein Volk durch das Rote Meer und in die Wüste, bis die alten verdorbenen Generationen sich aufgerieben hatten, eh er den neuen Staat gründete. Gesetzgeber! Wir haben weder das Rote Meer noch die Wüste, aber wir haben den Krieg und die Guillotine…« Daß Gründgens, der Regisseur, diesen beziehungsreichen Worten von Gründgens, dem Schauspieler, keinen spontanen Beifall des Nationalkonvents, sondern eine Pause folgen ließ, wertet Edda Kühlken in ihrer Untersuchung der Klassikerinszenierungen von Gründgens als kühne Systemkritik.[20] Ob Gründgens tatsächlich deutlich machen wollte, daß der Beifall befohlen war, ist nicht mehr zu entscheiden.

Am 8. Mai 1940 besuchte das italienische Kabinett Berlin. Am Tag darauf hatte »Cavour« von Benito Mussolini und dem Librettisten Giovachino Forzano in der Inszenierung von Gründgens am Staatstheater Premiere. Es handelte sich um eine Sache von äußerster Dringlichkeit. Gründgens mußte das Stück innerhalb von drei Wochen in Szene setzen, Werner Krauß wurde für die Titelrolle sogar aus den Dreharbeiten zu dem Propagandafilm »Jud Süß« abgezogen. Der deutschen Erstaufführung wohnten zwar nicht Führer und Duce, aber Göring und Goebbels, der italienische Botschafter Attolico und der Minister für Volkskultur Pavolini sowie viele weitere offizielle Parteivertreter beider Staaten bei.

»In dieser geschichtlichen Stunde wird die Aufführung des ›Cavour‹ im Staatstheater zum politischen Dokument. Das Zusammentreffen des Zeitgeschehens mit dem Start dieses historischen Schauspiels wird zum künstlerischen Manifest der großen Politik«, schrieb Richard Biedrzynski denn auch im »Völkischen Beobachter«.[21] Das Stück, so Biedrzynski weiter, sei zugleich Geschichtsdrama (die Bedeutung Cavours für Sizilien entspreche der Bismarcks für Preußen) und Bekenntnis des Duce, gipfelnd in dem Satz: »Die Sache Italiens geht aus meinen Händen in keine anderen Hände über als nur noch in die Hände der Revolution.« Am Tag danach bedankte sich Reichsdramaturg Rainer Schlösser bei Gründgens für die »vollendete und einmalige Leistung«. Und auch der von Gründgens immer als unerbittlicher Feind dargestellte Goebbels dürfte einverstanden gewesen sein. Er profitierte vom Glanz des Staatstheaters. Wieder einmal hatte Gründgens seine Repräsentationsaufgaben zur Zufriedenheit der Mächtigen erfüllt.

Am 14. Juni 1941, die Bombardierung Englands war in vollem Gang, hatte dann die Gründgens-Inszenierung von Hans Baumanns lyrisch-oratorienhaftem Heldendrama »Alexander« Premiere. Baumann war HJ-Führer und Leutnant. In seinem weihevollen Stück wird der Griechenführer vor dem Hintergrund des Indienfeldzugs gezeigt. Baumann stellte den Eroberer als Zusammenführer und Versöhner dar. Gründgens begeisterte sich für das Stück und hatte es gegen Bedenken der Dramaturgie sofort angenommen.[22] »Ich habe mich mit Freude zu der schönen reinen Dichtung Hans Baumanns, ›Alexander‹, bekannt, aber ich habe das Werk mit Beginn des Russenfeldzugs abgesetzt, weil da Parallelen auftauchten, die mir stärker als das Stück zu sein schienen«, sagte er später.[23] Ob diese Absetzung als Sensibilität gegenüber Russland oder als Scheu vor den Konsequenzen eigener Entscheidungen zu bewerten ist, bleibt allerdings offen. Gründgens spielte die Titelrolle als strahlenden Helden wie eine griechische Statue: »geschlossene Energie, Zucht, Bescheidenheit« schrieb der Dichter Hans Hömberg[24]. Den Chor gaben Spieleinheiten der Hitlerjugend.

Die Bekenntnisse von Gründgens zum Krieg nahmen im

weiteren Verlauf an Eindeutigkeit noch zu. Am 31. Dezember 1942 wurde in der »BZ am Mittag« unter der Überschrift »Leistungssteigerung ist die Kriegsparole der Staatsschauspiele« die Bilanz eines Jahres »Kriegsarbeit« gezogen. Der Artikel stammte von Werner Höfer, der später nicht nur den »Internationalen Frühschoppen« leitete, sondern Gründgens als Zeitungsjournalist auch mit größtmöglicher Devotion begegnete, wie etwa in einem Gespräch zum 50. Geburtstag von Gründgens.[25]

Als der letzte repräsentative Akt von Gründgens als Intendant des Staatstheaters dürfte eine Sondervorstellung zu Görings fünfzigstem Geburtstag am 12. Januar 1943 verstanden worden sein. Die Schauspieler des Staatstheaters sowie einige Sänger der Staatsoper hatten für Göring kleine Auftritte vorbereitet. Sowohl Antje Weisgerber als auch Marianne Hoppe erinnern sich vor allem daran, daß eine Opernsängerin – zum Geburtstag – die Arie »Oh, wär ich nie geboren« aus »Orpheus und Eurydike« von Gluck sang. Folgen soll das keine gehabt haben.

Eineinhalb Monate später faßte Gründgens den Entschluß, Soldat zu werden.

Insgesamt ist zum Spielplan des Staatstheaters unter Gründgens zu sagen: Seine Gestaltung unterlag, wie bei allen anderen Theatern im Dritten Reich auch, den Bestimmungen der Reichsdramaturgie. Was von dem Goebbels unterstellten Rainer Schlösser verboten wurde, durfte auch am Staatstheater nicht gespielt werden. Nicht Göring, sondern Goebbels kontrollierte den Spielplan. Die Reichsdramaturgie war auch für die Koordination der Spielpläne der Berliner Bühnen zuständig, auch hier war Gründgens also gezwungen, mit Goebbels zusammenzuarbeiten. Gründgens genoß auch dabei eine privilegierte Stellung, er mußte seinen Spielplan erst bekanntgeben, nachdem er die Pläne der anderen Bühnen hatte einsehen können. Auch hier also keine Anzeichen dafür, daß Goebbels gegen ihn gearbeitet habe, wie immer wieder kolportiert wurde.

Das Klima der Zusammenarbeit zwischen Schlösser und Gründgens schilderte der Reichsdramaturg im April 1942 dem Beauftragten für jüdische Kulturangelegenheiten Hinkel: »Seit acht Jahren habe ich in verhältnismäßig kurzen Abständen mit Gründgens zu verhandeln, was immer damit beginnt, daß er mich wissen läßt, Gott und die Welt, alle Instanzen der Reichshauptstadt und sämtliche Vertreter gaulicher Kulturbelange hätten ihn über die Maßen gekränkt. Ich nehme dieses Theater stets mit der größten Sanftmut entgegen, weil es im letzten auf einer vibrierenden Unsicherheit des Herrn Staatsrats beruht, die zur Erschwerung aller Verhandlungen in Wut umschagen würde, wenn man nicht jeweils das Opfer an Zeit brächte.«[26] Gründgens erscheint hier als ein hofierter Hofnarr, nicht als mephistophelischer Dämon oder verkappter Widerstandskämpfer.

Eine eindeutige, über die Tendenz zur Werktreue hinausgehende ästhetische Linie läßt sich in Spielplan und Inszenierungen nicht ausmachen. Falsch ist aber, daß Gründgens vor allem Klassiker gespielt habe, die man ideologiefrei, sozusagen rein dargeboten habe. Gründgens' Spielplan war bunt gemischt, er vereinigte Klassiker mit modernen Stükken, die großen Dramen mit der leichten Unterhaltung.[27]

Wie der Spielplan unterlag auch die Zusammensetzung des Ensembles grundsätzlich Goebbels' Kontrolle, da alle Mitglieder der ihm unterstellten Reichstheaterkammer angehören mußten. Auch hier war die Abgrenzung von Goebbels nicht so deutlich, wie Gründgens das sehen wollte. Das entscheidende Entlastungsargument von Gründgens war später immer, daß er jüdische Schauspieler und Schauspieler, die mit Juden verheiratet waren, geschützt hätte. Dazu habe er seine Kontakte zu dem in diesem Zusammenhang merkwürdigerweise immer glorifizierten Göring genutzt. Diese durch viele Zeugenaussagen belegte Leistung Gründgens' relativiert sich allerdings etwas, wenn man bedenkt, daß Gründgens nicht der einzige war, der solchen Schutz bot. Auch Hermine Körner, Victor de Kowa oder Käthe Dorsch, früher Görings Geliebte, nutzten ihre Position am Staatstheater in dieser Richtung. Außerdem gab es Ausnahmen auch an den anderen Theatern des Reichs, wenn auch in geringer Zahl. Man brauchte also nicht Göring dafür. Drittens wurden auch von Gründgens jüdische Bühnenangehörige entlassen. Und viertens beschäftigte Goebbels die von Gründgens geretteten Schauspieler wie Paul Bildt oder Paul Henckels beim Film[28], die Weiterbeschäftigung war also bei weitem nicht so kritisch und gefährlich, wie Gründgens es später gerne sehen wollte. Auch das unbestreitbare Verdienst von Gründgens, vielen bedrohten Mitarbeitern geholfen zu haben, erscheint also wie alles, was er im Dritten Reich tat, durch seine späteren Rechtfertigungen, die sich um Eindeutigkeit bemühten und dadurch zu Halbwahrheiten wurden, in einem Zwielicht.

Die Rede vom Staatstheater als einer »Insel« ist also falsch. Es war in das kulturelle Leben des nationalsozialistischen Deutschland nicht nur integriert, es war sogar ein bedeutender Teil dieses Lebens. Während der Intendanz von Gründgens, von 1934 bis 1944, stand das Staatstheater nicht für eine eindeutige ästhetische Position und keinesfalls stand es für den Kampf mit den nationalsozialistischen Theaterbestrebungen, auch wenn immer wieder anderes behauptet wurde. Gründgens' Theater paßte sich in den NS-Staat ein. Es gab Repräsentationsabende, die das Staatstheater in unmittelbare Nähe zum Regime brachten. In seinen öffentlichen Äußerungen zum Krieg ging Gründgens weiter, als es unbedingt nötig gewesen wäre. Auf der anderen Seite gab es auch Abende, die sein Theater tatsächlich als Ort des Widerstands erscheinen lassen konnten. Und es gab tiefgreifende Austauschprozesse zwischen der Gesellschaft, die zunehmend von den Nazis bestimmt wurde, und dem Theater, das in dieser Gesellschaft stand.

Die Inselidee war trotzdem keine bewußte Lüge, sondern entspricht wohl dem Empfinden an diesem Haus. Es konnte sich vor allem aus einem ausgeprägten Elitebewußtsein nähren, man verstand sich ja als Bewahrer der Reinhardt-Tradition, und das hieß: der großen deutschen Theatertradition. Gründgens selbstausgerufener Stil der Klarheit, der geistigen Durchdringung und Zucht, ein Stil, der vor allem darin bestand, keine Anspielungen zu dulden, und das heißt, die Beziehungen zu Zeit und Umwelt zu vermeiden, dürfte sowohl Konsequenz als auch Verstärker des Inselbewußtseins gewesen sein.

Nach dem Dritten Reich wandelte sich das Elite- und Inselempfinden in ein pures Bekenntnis zum Handwerk. Man habe alles ja nur gemacht, um die Schauspielerei nicht vor die Hunde gehen zu lassen, so der Tenor. Auch dafür lieferte Gründgens das Modell. Er schrieb am 30. April 1946, kurz vor seinem ersten Auftritt nach dem Dritten Reich: »Wir haben, abgeschnitten von der Außenwelt und von ihrer künstlerischen Entwicklung, nichts weiter tun können, als unser Handwerkszeug für die großen Aufgaben, die uns jetzt gestellt werden, frisch zu erhalten. Ich jedenfalls habe meine Aufgabe in den letzten Jahren in der Hauptsache darin gesehen, die mir anvertrauten Kollegen, und namentlich die jüngeren von ihnen, auf die kommenden Aufgaben vorzubereiten.«[29] Man sollte Gründgens nicht absprechen, daß auch das eine Rolle gespielt hat, das wichtigste seiner Motive aber war es sicher nicht. Ärgerlich ist der Gestus der Demut und Bescheidenheit, mit dem er solche bestenfalls als Halbwahrheiten zu qualifizierenden Sentenzen vortrug.

»Das Theater war unsere Rettung, wie eine Insel. Wir hatten Scheuklappen an den Ohren, denn wenn wir gewußt hätten, was da alles vorging, wären wir wahrscheinlich in die Klapsmühle gekommen.«[30] Das ist kein von späterer Einsicht geprägtes Bekenntnis eines Mitglieds der Staatstheater, sondern eine Aussage über das Theater des Jüdischen Kulturbunds, der – mit Goebbels Gnaden – bis 1941 tätig sein durfte. Die Parallelität der Sichtweise ist verblüffend. Auch hier die Rede von der Insel. Auch hier das Theater als Zufluchtsort. »Es war doch mehr oder weniger ein Ghetto-Theater. Doch solange die Lampen brannten, die Rampe leuchtete, waren wir Schauspieler glücklich. Schauspieler sind ja wirklich ganz besondere Menschen. Wir waren im wahrsten Sinne des Wortes vom Licht geblendet.«[31] Auch hier die Anrufung des Glücks im Scheinwerferlicht, das Gründgens noch in seinem letzten Interview mit Gaus beschworen hat, auch hier die Realitätsverleugnung. Doch während die Nazis der Meinung waren, die Juden zu isolieren, und sich selbst, unter anderem mit dem »besten Theater der Welt«, im Zentrum sahen, war der Effekt gerade ein umgekehrter. Die Mitglieder des Staatstheaters hielten die Illusion einer Insel noch nach dem Verschwinden des braunen Meers zwanghaft aufrecht, die Mitglieder des Kulturbunds gaben sich von Anfang an weitaus weniger Selbsttäuschungen hin, wie die von Eike Geisel und Henryk M. Broder gesammelten Stimmen ehemaliger Mitglieder zeigen. Es ist recht einfach: Die Staatstheater-Leute mußten als Rechtfertigung an der Illusion festhalten, die Mitglieder des Kulturbunds hatten nichts zu beschönigen.

Aufschlußreich sind die Reaktionen auf die Reichskristallnacht. Alfred Mühr beschreibt einen vorausschauenden, souveränen Gründgens, der seinen Schauspielern am Telefon sagt, sie sollten ihre jüdischen Frauen mit ins Theater bringen. »Auch diejengen, die in der Vorstellung nichts zu tun hatten. Gründgens ordnete an, daß keiner dieser Schauspieler einer Aufforderung des Reichspropagandaministeriums Folge leisten sollte. Statt dessen empfahl er, verbindliche Ausflüchte zu machen, um Zeit zu gewinnen. Bei Razzien würde er Vorwarnung geben. Unauffällig geschah das, auf den Proben, während der Vorstellung im Vorbeigehen, ohne Mitwisser, ohne Nebengeräusche.«[32] Da erscheint Gründgens als souveräner Feldherr im Untergrund, da liegen Heroismus, stiller Widerstand und Gefahr in der Luft, fast meint man, im Zentrum des Widerstands zu sein.

Eine der jüdischen Mitarbeiterinnen, die Gründgens 1934 entlassen hatte, war Franziska Jakob. Sie hegte trotzdem nie Zweifel an seiner Integrität: »Wo er konnte, hat er geholfen.« Franziska Jakob war an der Staatlichen Schauspielschule gewesen und hatte im »Faust« den Kater in der Hexenküche gespielt. Ihre Einschätzung des damaligen Theaters ist im Zusammenhang mit Gründgens hochinteressant, da sie nicht nur biographisch an der Verbindungsstelle des Jüdischen Kulturbunds und des Staatstheaters liegt. Da mischen sich Vorstellungen, die man Gründgens zuschreiben könnte, der feste Glaube an die überragende eigene Qualität etwa, mit Erfahrungen, die am Staatstheater offenbar nicht möglich waren: »Wir haben das Theater im Kulturbund nicht als Ghetto empfunden, obwohl nur Juden für Juden spielten. Es war ein gutes Theater. Und trotzdem passierte mir da etwas, auf das ich nicht vorbereitet war, womit ich nicht gerechnet hatte. Ich geriet in eine große Krise, ich dachte, ich gehe drauf. Ich hatte plötzlich das Gefühl, ich bin aus großer Höhe abgestürzt, ich bekam keine Luft, konnte kaum atmen. Ich fragte mich natürlich, woher das kam. Mit dem Theater selbst konnte es nicht zu tun haben, da waren doch die besten jüdischen Schauspieler von allen Bühnen Deutschlands versammelt. Mein Zusammenbruch konnte eigentlich nur, so nahm ich an, etwas mit dem Publikum zu tun haben. Das Publikum ist eine Sache, die man unerhört spürt. Nicht, daß unser Publikum besser oder schlechter gewesen wäre – es war einfach völlig anders.«[33]

Von solchen Erfahrungen hat Gründgens nie berichtet. Heißt das, daß er sie nie gemacht hat? Franziska Jakob erzählt weiter: »In dieser Zeit traf ich mal Gründgens, und er fragte mich, wie es mir so im Kulturbund ginge. Ich erzählte ihm von meiner Krise. Und er sagte: Merkwürdig, ich mache dieselbe Erfahrung mit einem völlig veränderten Publikum. Wenn ich zum Beispiel früher etwas Komisches sagte, einen Witz erzählte, dann hab ich das einfach so dahingesagt. Heute muß ich es wiederholen und übertreiben, bis die Leute begreifen, daß es ein Witz sein soll. Ich muß dem Affen Zukker geben! Nicht euer Publikum ist ideal, nicht unser Publikum ist ideal – ideal war offenbar das Berliner gemischte Publikum.«[34]

Auch hier unterliegt Gründgens einer kaum zu übersehenden Selbsttäuschung: Gründgens meint die gleiche Erfahrung gemacht zu haben wie Franziska Jakob, von einer Krise aber ist bei ihm nicht die Rede und nichts zu spüren. Und so täuscht er sich auch über die Gründe seiner Erfahrung. Es dürfte wohl doch eher an den geänderten Zeitumständen und den fehlenden Emigranten als an der Publikumsmischung gelegen haben, daß seine Witze nicht mehr so gut ankamen. Theater fand in einer grundsätzlich geänderten Gesellschaft statt, in der die einstige geistige Elite zu großen Teilen nicht mehr im Parkett saß. Darüber hinaus wirkt die Gleichsetzung des jüdischen Kulturbunds und des

Staatstheaters nicht nur dreist, sondern wirft auch ein deutliches Licht darauf, daß Gründgens seine Zeit nur im Hinblick auf ihre Theatertauglichkeit betrachtete.

Gründgens Selbsttäuschungen sind nicht ausschließlich ihm persönlich anzulasten. Sie entsprechen vielmehr einem Verhalten, das bis in die siebziger Jahre das deutsche Bewußtsein prägte. Der Regisseur und Schauspieler Fritz Kortner, in vieler Hinsicht eine Art Gegenspieler von Gründgens, hat dazu eine interessante Beobachtung gemacht. Er fragte sich in seinen Memoiren, warum er einem jiddischen Theater, mit dem er sich doch identifizieren müßte, seine Sympathie versagte. Die Antwort auf diese Frage, schreibt Kortner, habe er erst nach seiner Rückkehr nach Deutschland bekommen. »Von der Welt abgeschnitten sein wie die jiddischen Zeloten, an ihr nicht teilnehmend und, wie jene, vom Gedanken- und Kulturaustausch sich hermetisch verschließend, das heißt im Getto leben. So isolierte Hitler Deutschland. Er wähnte, die Welt sei von ihm abgeschnitten und die Welt lebe im Getto. Diese Vorstellung war eine der Quellen, aus denen der Faschismus seinen Größenwahn bezog. Das pompöse, aufgeblähte und aufgedonnerte Theater wähnt seine Figuranten groß. Der Gegenpol dieser Selbstvergottung ist das Selbstmitleid. Das weinerliche, schluchzende Mitleid mit sich selbst. Gerade dieses letzte Gefühlslaster wuchert wie ein Karzinom in der Abgeriegeltheit von der übrigen Welt, also vom großen Kreislauf, von der Weltzirkulation. Ob diese Abgeschiedenheit eine, wie im Hitlerland, selbstgewählte oder wie den Juden aufgezwungene ist, beide Spielarten erzeugen ähnliche Auswüchse.«[35]

Auch hier erweist sich also, was für die Erinnerungen von Tätern und Opfern schon mehrfach belegt wurde: Wie nah das jüdische und deutsche Erleben trotz der entgegengesetzten Positionen oft beieinander lagen. Es zeigt sich aber auch, wie unterschiedlich die Schlüsse sind, die auf beiden Seiten daraus gezogen wurden. Auf der jüdischen Seite Selbstkritik, auf der deutschen Seite Verteidigung. Im direkten Anschluß an seine Beobachtung folgt bei Kortner das gerade von Gründgens-Anhängern oft verwendete Zitat, in dem Gründgens als Widerstandskämpfer und das Staatstheater und das Deutsche Theater als Zufluchtsstätte bezeichnet werden. Aber Kortner selbst relativierte diese Qualifizierung, was dann allerdings nicht mehr zitiert wurde: »Aber wie verbissen sich diese beiden Bühnen auch gewehrt haben mögen, sie konnten nicht verhindern, daß der Zeitgeist das Theater penetrierte, daß es ihn spiegelte und abbildete. Das Theater, gefallsüchtig, wie es seiner Natur nach nun mal ist, will unter allen Umständen gefallen, und so stellte es sich, wahrscheinlich unbewußt, peu a peu, auf die Zeit ein.«[36] Das ist eigentlich die ganze Geschichte. Kortners am Theater als Medium orientierte Betrachtungsweise verzichtet auf eine moralische Bewertung der Beteiligten. Aber dadurch, daß Gründgens die zweite Hälfte des Zitats unterschlägt, disqualifiziert er sich nachträglich. Von Gefallsucht wollte er nichts wissen.

Selbstbewußt sein:
Hamlet, 1936

1936 WAR EIN VERHEISSUNGSVOLLES JAHR. Für Deutschland sollte es das Jahr der Olympischen Spiele werden, für Gründgens das Jahr des Hamlet. Es war noch nicht alles entschieden, noch lag Gründgens Rolle im Dritten Reich nicht fest, noch waren Kursveränderungen möglich. Was aber ließ die Dinge in die Richtung laufen, die sie dann nahmen?

Erst einmal begann der Reigen des gesellschaftlichen Lebens, wie er das Jahr zuvor auch begonnen hatte. Am 11. Januar feierte Göring in der Staatsoper wieder in seinen Geburtstag hinein. Wie so oft zog er die Oper dem Staatstheater bei gesellschaftlichen Anlässen vor. Und wie schon im vergangenen Jahr bediente er sich großzügig aller Abteilungen des Hauses, um dem Fest jenen Pomp zu verleihen, den er so sehr liebte. Ungefähr zweitausend Gäste waren an diesem Abend in der Oper, darunter viel blaues Blut, etwa der ehemalige deutsche Kronprinz und die Prinzessin von Hessen, die jetzt die Schwiegertochter des Königs von Italien war. Wie immer war die Admiralität sämtlich in Paradeuniform erschienen, die Damen glänzten in großer Abendtoilette. Auch Hitler und Goebbels waren anwesend. In diesem Jahr, es war der 43. Geburtstag des preußischen Ministerpräsidenten, war das Fest noch etwas großartiger als in den beiden Jahren zuvor. Der für damalige Verhältnisse horrende Eintritt von 40 Reichsmark erschien allein aufgrund der Dekoration, deren Kosten sich auf 53 000 Reichsmark beliefen, allerdings gerechtfertigt. Der Ball fand ein so breites Echo in der Presse, daß auch Klaus Mann, dessen »Mephisto«

noch Ende des Jahres erscheinen sollte, davon hörte und das Eingangskapitel seines Romans auf eben diesem Ball spielen ließ. Gründgens, schon länger routinierter Gast bei solchen Veranstaltungen, war ein Teil des offiziellen Berliner Lebens geworden. Gleichzeitig aber spannte sich die Situation für ihn mit dem Beginn des Jahres mehr und mehr an, denn die – teilweise verdeckten – Angriffe gegen den Staatstheaterintendanten nahmen zu.

Zuerst einmal ging es jetzt aber um die Kunst. Der Hamlet, der zehn Tage nach Görings Fest, am 21. Januar, im Schauspielhaus Premiere hatte, sollte die Krönung von Gründgens' bisheriger Schauspielerkarriere werden. Noch in seinem letzten Interview, 1963, sagte er, daß ihm diese Rolle die wichtigste seiner Laufbahn gewesen sei. Wie kein anderes Drama stellt Shakespeares dramatische Selbstreflektion die Frage nach dem Menschen schlechthin, zumindest ist es über zwei Jahrhunderte so gesehen worden. Hamlet steht für den skeptischen Menschen der Moderne, Krönung aller männlichen Schauspielerkarrieren.

Als Gründgens 1936 den Hamlet – bereits zum zweiten Mal – spielte, war die große Frage nach dem Menschen von vornherein in ein Entweder-Oder gepreßt. Entweder, so dachte man damals, so mußte man damals denken, war Hamlet ein Zauderer, angekränkelt von der Macht der Gedanken, ein schwächlicher Melancholiker, der von der Romantik, die doch eine längst überwundene Epoche war, nicht loskam. Oder aber er war doch ein Tatmensch, Verkörperung des nordischen Typs, den die NS-Ideologen auch in Shakespeare entdeckten und den Elisabethaner so zu einem der ihren machten. »Hamlet« in dieser Version wäre ein heroischer Tatmensch, dem die Tat durch die Umstände so schwer als möglich wird, »Hamlet« wäre also die Tragödie eines Tatmenschen. Allerdings traute sich kaum ein Theater eine solche Interpretation zu, das Stück wurde 1934 und 1935 vergleichsweise selten inszeniert.

Gründgens beschäftigte an dem Stück, zumindest sah er das selbst so, aber etwas anderes. Mit »Hamlet« wollte er nämlich endgültig das Klischee überwinden, das man sich von ihm gemacht hatte. Die verbrecherischen, unterkühlten, überspannten und zweideutigen Charaktere, mit denen er seine Karriere begonnen hatte, hafteten ihm noch immer wie eine zweite Haut an, in der er sich nicht wohl fühlte. Mit dem Hamlet wollte er schaffen, was mit dem Mephisto nicht möglich war, er wollte vollends zum Charakterdarsteller werden, mit Hamlet wollte Gründgens endgültig weg vom Blendwerk und hin zur Tiefe. Mit dem Hamlet würde er den Mephisto hinter sich lassen, mit dem Hamlet würde er endgültig der seriöse Künstler werden, der er tatsächlich immer zu sein wünschte, befreit von allem Ruch des Zweifelhaften – so sein damaliger Traum.

Schon 1927, als er in Hamburg die Rolle das erste Mal gespielt hatte, deutete sich die Richtung an, die für seine Deutung von 1936 entscheidend wurde. Carl Müller-Rastatt schrieb, daß Gründgens nicht »weich und schwächlich« sei, sondern dem Hamlet »straffe Männlichkeit«[1] verleihe. Und Carl Anton Piper berichtete: »Den Hamlet spielte Gustaf Gründgens. Wunder über Wunder: er spielte ihn einfach, schlicht, ohne jede Überreizung, ja, wenn ich nicht fürchtete, in seinem Busen wiederum stechende Dornen zu erwekken, würde ich sagen: er spielte ihn beinahe konventionell. Möge er nur bei dieser Konvention bleiben! Seine Leistung ist im höchsten Maße erfreulich; er hat vielleicht nicht die Leidensseeligkeit, die Weichheit der Nuancen wie Moissi, dafür ist aber auch das Ganze weniger feminin.«[2] Andere sahen Gründgens so temperamentvoll und flirrend wie sonst auch.[3]

Die Rolle beschäftigte ihn weiter. 1934, als beginnender Intendant, besprach Gründgens sein Hamlet-Bild mit seinem künftigen Chefdramaturgen, Eckart von Naso, als gewissermaßen erste Amtshandlung: »Auf einmal begann er von Hamlet zu sprechen«, berichtet von Naso. »Wie ich über Stück und Rolle dächte? Nun war der Hamlet von jeher mein Steckenpferd. Ich sagte es ihm. Der Shakespearesche Text, so glaubte ich, widerspräche dem landläufigen Darstellungsstil. ›Ja‹, sagte er, ›ich sehe die Figur des Hamlet ganz anders als noch Moissi sie gesehen hat. Denn er hätte / Wär er hinaufgelangt, unfehlbar sich / Höchst königlich bewährt. Das war kein neurasthenischer Schwächling.‹« [4]

Darüber hinaus hatte »Hamlet« für Gründgens 1935 und 1936 auch eine persönliche, private Komponente durch die Eltern-Kind-Konstellation des Stücks. In Hamlets Verhältnis zu den Eltern spiegelte sich seine eigene: die intime Liebe zur Mutter, die gerade gestorben war, und seine Abneigung gegen den Vater. Außerdem spielt Hamlet, wie er selbst, am Hof der Lügen Theater und versucht sich, allein mit der Schauspielkunst in einem Meer von Plagen, zu behaupten. Ein Stück also wie für den Gründgens dieser Tage geschrieben.

Eine Gründgens-Notiz aus der Zeit der Proben kreist denn auch um das Verhältnis von Kunst und Leben und ist wie infiziert vom typischen Hamlet-Ton, fragend, zweifelnd, suchend: »Was ist die private Sphäre? Ausdruck gelebten Lebens, also etwas, was aus uns lebt, mit uns wächst, da ist, oder Familie, Heim, Bücherschrank, Grammophon, bis zu meinen Anzügen, also etwas, das man sich anschafft? Wie auch immer: Die private Sphäre, aus der wir Kraft schöpfen für unsere Arbeit, gibt es, soll es geben und muß es geben. Die private Sphäre als ästhetisches Bedürfnis ist von gestern. Ruhe ich mich aus, um mich auszuruhen, oder um neue

Kraft zu schöpfen? Sehe ich Menschen, um Menschen zu sehen, oder um nach der Anregung, die sie mir geben, weiterarbeiten zu können? Gehe ich heute früh schlafen, weil ich müde bin, oder weil ich morgen ausgeruht meinem Beruf nachgehen will? Esse ich, weil ich Hunger habe, oder weil ich weiß, daß ich bis drei Uhr mittags gegessen haben muß, damit ich keine Kopfschmerzen bekomme, die mich abends beim Spielen stören? Lese ich Bücher aus Bildungsdrang, oder greife ich zunächst danach, um mich abzulenken? (Das, ob und wie sie mich beeindrucken, ist eine zweite Frage.) Private Sphäre: Ich habe einige sehr schöne Anzüge, aber ich habe mir noch keinen Anzug für mich machen lassen: das ist der Anzug aus Pygmalion, das der aus Himmel auf Erden. Habe ich eine private Sphäre?«[5] Für Gründgens war die Rolle nicht nur das Ziel seiner Wünsche, sie war ihm zu diesem Zeitpunkt auch persönlich nah.

Premiere der Inszenierung von Lothar Müthel, mit Gustaf Gründgens in der Titelrolle, war am 21. Januar 1936. Paul Fechter, damals Theaterkritiker der »Deutschen Zukunft«, gibt in einer Analyse von 1941 ein genaues Bild der Szene, als sich der Vorhang öffnete: »Zu Beginn sitzt er in der niedrigen nordischen Königshalle mit dem König und den Hofleuten an einem langen Tisch, der parallel zur Rampe stehend die hintere Hälfte der Bühne einnimmt. An der Schmalseite links (vom Zuschauer aus gesehen) sitzt im Profil der König, an der rechten die Königin, Hamlet sitzt hinter dem Tisch, neben der Königin, frontal gegen das Publikum. Der Platz ihm gegenüber ist frei, so daß man ihn ungehindert durch die Lücke sieht. Er trägt die traditionelle schwarze, eng anliegende Hamlettracht, an silberner Kette ein Medaillon um den Hals: das blonde Haar, leicht verwirrt, leuchtet hell in dem von oben fallenden Licht. Der Tisch, an dem er sitzt, ist mit einer etwas vertieften, spiegelnden Metallplatte belegt, die das Licht von oben reflektiert und so auch Hamlets Antlitz mit flimmerndem Schein von unten her anstrahlt. Er sitzt während der Rede des Königs reglos da, die Hände dicht nebeneinander, Handrücken nach oben, Finger aneinandergepreßt, weit vor sich auf die Tischplatte gelegt. Die Augen sind geschlossen, das Gesicht gesenkt: so sitzt er unbewegt, bis der König ihn anspricht. Da hebt er langsam den Kopf, aber ohne die Augen zu öffnen; erst als die Königin ihn anredet, hebt er die Lieder und sieht auf: ›Ja gnädige Frau – es ist gemein.‹ Er spricht tief, halblaut, ohne sich zu bewegen, nur als der König sich gegen seine Rückkehr nach Wittenberg wendet, regt sich in ihm ein stummer Vorgang des Protests, in einer Bewegung, die ohne Worte zu finden, wieder verebbt.«[6] Ein stiller, gesammelter, wenn auch gespannter Anfang also, erst im Folgenden, als er allein ist, bricht Hamlets Weltekel nach außen.

Bereits diese Eingangsszene war heftig umstritten. Die Aufführung begann nicht mit dem Geist des Vaters, sondern Hamlet stand von Anfang an im Mittelpunkt. Man sah in diesem Auftritt nicht ein Bild der Selbstbeherrschung, sondern eines der Eitelkeit, eine beeindruckende, aber äußerliche Erfindung, in der nichts von der gequälten, edlen Seele zu finden war, die man in Hamlet schon immer sehen wollte. »Ein ausgezeichneter Schauspieler, sprach oft hinreißend die Worte des Hamlet, ohne das zweite Gesicht, ohne den Hintergrund«, schrieb Herbert Ihering[7] über die Aufführung, dürfte in seinem Urteil aber wesentlich von der Eingangsszene bestimmt gewesen sein. Iherings Worte waren nicht harsch oder unfreundlich, mußten in Gründgens Ohren aber dennoch wie die absolute Vernichtung klingen. Denn da wurde ihm, wenn auch zurückhaltend, abgesprochen, wonach er sich am meisten sehnte: Tiefe. »Tief durchdacht, genau errechnet, erklügelt jeder Ton, jede Bewegung.

Nur mit so viel Geist, so reichen Mitteln und so erstaunlicher Sicherheit gebracht, daß er trotz manchem Widerspruch, den das Herz erhebt, immer fesselnd bleibt, ja oft geradezu überwältigt«, meinte Ludwig Sternaux[8] und schlug damit in die gleiche Kerbe. Auch da klang bei allem Lob Distanz durch. Später sollte es noch schlimmer kommen: Intellekt statt Herz, das warf auch der »Völkische Beobachter« Gründgens und seinem Hamlet in einem großen Artikel im April 1936 vor, um ihn ihn damit einer jüdischen Auffassung zu überführen.

Paul Fechter beschreibt Gründgens' Hamlet, aus etwas größerer Distanz, aber sehr genau, nachdem die Inszenierung trotz des Angriffs durch den »Völkischen Beobachter« zu einem Riesenerfolg geworden war. Im Kriegsjahr 1941 schrieb Fechter: »Hamlet ist ihm nicht nur der Mensch, dem das ständige Bewußtsein die naive Gewissenlosigkeit des Handelns genommen hat, er ist für ihn der schauspielerische Mensch, der zur Auswirkung nur kommt, wenn ihn Szene und Wort weitertragen, dessen Reich eigentlich die Bühne, das Theater ist, […] Es ist ein sehr moderner Hamlet, den Gründgens hinstellt, nervös, von sich ebenso wie von seiner Aufgabe besessen, ein sehr ästhetischer Hamlet, der den Schädel Yoricks nicht mit den Händen anzurühren wagt, sondern sie unter seinem Mantel läßt und so mit ihnen den Totenkopf umfaßt. Er weiß sehr genau um sich und seine Wirkung, hat in seiner Entscheidung etwas von einem jungen, schlanken, blonden englischen Prinzen, unterstützt sein Wort mit Geste und Haltung zuweilen fast fechterisch federnd. Hände und Gesicht werden bewußt von Anbeginn zu dem immer schwarzen Anzug, der schwarzen Kappe, die er gelegentlich trägt, bildhaft in Gegensatz gebracht. Gründgens' Hamlet lebt völlig isoliert in seiner Umwelt; eine wirkliche Beziehung hat er weder zu Ophelia noch zu seiner

Mutter, nicht einmal zu Horatio. Er lebt nur aus sich, aus der Welt seiner Worte, aus dem Gefühl der Bildwirkung seines Handelns, und eben aus der Verpflichtung zur großen Inszenierung seiner Aufgabe. Das Recht zum unmittelbaren, ungeformten Leben gestattet er sich nicht ....«[9]

Pflicht, nichts Ungeformtes, das mußte Gründgens gefallen, aber »schauspielerischer Mensch«? Das konnte es nicht sein. Gründgens antwortete Fechter auf sein Porträt und sagt, daß sich bei eben diesem »schauspielerischen Menschen« leicht der Verdacht einschleichen könne, »daß Sie etwas theatralisch Äußerliches meinen, und ich glaube nicht, daß dieses Ihre Absicht ist.« Gründgens, höchst geschickter Diplomat, fährt fort: »Ich lese gern, wenn Sie schreiben, daß mein Hamlet isoliert von der Umwelt lebt. [...] Ich lese gern, wenn Sie schreiben, daß ich mir das Recht zum unmittelbaren ungeformten Leben nicht gestatte. Das ist es, glaube ich, was meinen Hamlet manchmal karg und zu meiner Überraschung bewußter erscheinen läßt, als er von mir gemeint ist. Ich glaube, sagen zu sollen: wenn der Vorhang aufgeht, will ich den Hamlet nicht spielen, sondern ich will nach Wittenberg zurück. Wider meinen Willen wird mir eine Aufgabe aufgehalst, der ich mich nicht entziehen kann, und die durchzuführen mir ebensoviel Qual wie äußerste Verantwortung auferlegt. Es ist wirklich ein Fluch zu denken, daß ich geboren bin, um die aus den Fugen geratene Zeit wieder einzurenken.«[10]

Wenn Gründgens sagt, daß sein Hamlet bewußter erscheine, als von ihm gewollt, ist damit der entscheidende Punkt der gesamten Aufführung angesprochen. Was weiß Hamlet, was will er? Denn sein Hamlet ist, er bestätigt das selbst in seiner weiteren Antwort an Fechter, hochbewußt: »Ich will handeln, aber ich muß wissen, weil ich sonst nicht handeln könnte...« Bewußtheit als Bewußtsein der Widersprüche, Disziplin als Voraussetzung der Bewältigung dieser Widersprüche, und Formbewußtsein als künstlerisches Äquivalent dieser mentalen Verfassung, das ist das schauspielerische Credo, das Gründgens hier ausformulierte und dem er immer treu bleiben sollte.

Ein Credo, das nicht zeitenthoben bzw. überzeitlich war, wie Gründgens glaubte, sondern sich in einer ganz bestimmten zeitgeschichtlichen, in sich höchst widersprüchlichen Konstellation gebildet hatte. Gründgens konnte und wollte keinen Hamlet spielen, der aus dem Gefühl heraus handelte, auch wenn er sich nach der Eindeutigkeit des Gefühls sehnte. Knackpunkt der Aufführung wurde ein Satz aus dem berühmten Monolog: »So macht Gewissen Feige aus uns allen«, hatte August Wilhelm Schlegel übersetzt. Das aber, die Begründung des Menschen aus dem Gewissen, machte Hamlet zum Zauderer in der romantischen Tradition, das lief Gründgens' Auffassung eines von außen am Handeln gehinderten Hamlet grundsätzlich zuwider. Was war mit diesem Satz zu tun? »So macht Gewissen Feige aus uns allen«: »Gründgens stößt es hervor mit einer verächtlichen Heftigkeit und setzt es dadurch für seinen Hamlet außer Kurs«, schrieb Richard Biedrzynski.[11] Man muß Gründgens nicht unterstellen, daß er einen NS-konformen Hamlet spielen wollte, aber sein Hamlet ließ sich so auffassen: er konnte dem Völkischen Beobachter »jüdisch« erscheinen, er konnte Biedrzynski »nationalsozialistisch« erscheinen.

Will Quadflieg, später Gründgens' Gegenspieler als Faust, sah »nichts Ursprüngliches, Einfaches, Direktes, sondern nur Künstlichkeit«[12] in diesem Hamlet. Das war der allgemeine Eindruck, Gründgens spielte eine raffinierte Interpretation, eine virtuose Hülle, bei der selbst die Herzensbewegungen Operationen des Verstandes waren. Ihm fehlte, simpel gesagt, das Gefühl. »Seine ausgekühlte Formalität, das Ausgedachte auch in der Gestaltung sehr emotional gestimmter Figuren wie Orest überzeugten mich nicht und waren mir nicht glaubhaft. Dieser Stil enthüllte – wie ich meinte – einen Mangel an spontaner Gefühlskraft« schrieb Quadflieg viel später und führte das auf den äußeren Druck zurück, der Gründgens bereits damals in Überkontrolle getrieben habe[13]. Etwas anders sah es ein anderer Schauspielerkollege. Bernhard Minetti hatte der Hamlet ebenfalls nicht gefallen: »Gründgens ist im Grunde immer Expressionist geblieben, hat höchst intelligent seine Texte bearbeitet und gespielt. Aber er drang nie vor in eine gefährdete Existenz, in das Lebensrisiko seiner Figuren. Er riß die Rollen an sich und wurde damit auf eine elegante und letztlich auch sich durchsetzende Art fertig.«[14] Das Lebensrisiko hatte Gründgens in der Wirklichkeit, auf der Bühne wollte er Sicherheit.

Nach der Premiere des »Hamlet« verstärkten sich die Angriffe auf Gründgens. Er selbst führte das später nicht auf diese Aufführung zurück, sondern auf den Machtkampf zwischen Göring und Goebbels. Goebbels wollte Göring nicht die führende Schauspielbühne gönnen, so Gründgens' Erklärung.[15] Die Waffe in diesem Kampf zwischen dem preußischen Ministerpräsidenten und dem Propagandaminister, so Gründgens, war die Homosexualität. Und sie konnte Gründgens tatsächlich gefährlich werden.

Schon am 30. Juni 1934, am Tag des sogenannten Röhmputsches – Röhm war homosexuell, was dann publizistisch weidlich ausgeschlachtet wurde – war Gründgens voller Angst in Görings an diesem Tag noch schwerer als sonst bewachtes Palais am Leipziger Platz geeilt, hatte ihm seine nicht systemkonforme Veranlagung gestanden und um die Erlaubnis zur Emigration gebeten. Göring wollte davon nichts wissen, anders als Röhm brauchte er Gründgens. »Als

Gründgens mir das erste Mal davon erzählte, kam es mir wie ein Theatercoup vor«[16], schrieb Alfred Mühr über diesen Auftritt bei Göring.

Seitdem jedenfalls war endgültig klar, daß Gründgens unter Görings persönlichem Schutz stand, die Verbindung war vertrauensvoller geworden, weil Gründgens seine Schwäche offenbart hatte. Gründgens hatte Göring ins Vertrauen gezogen, gleichzeitig war ihm durch den Röhmputsch bewußt geworden, in welcher Gefahr er schwebte. Intimität wie Angst im Verhältnis zu Göring nahmen für Gründgens noch vor der offiziellen Ernennung zum Intendanten im September 1934 also bereits sehr konkrete Formen an. Gleichzeitig wurden die Verfolgungen gegenüber Homosexuellen weiter verstärkt. Ende des Jahres wollte Gründgens erneut zurücktreten. Er schrieb deshalb am 28. Dezember 1934 an den Generalintendanten Heinz Tietjen: »Ich kann der Einladung des Herrn Ministerpräsidenten heute nicht Folge leisten; ich kann nicht sein Gast sein, wenn ich weiß, daß Sie ihm nur Stunden später eine Nachricht bringen müssen, die ihn in seiner Gradheit und Großherzigkeit verwundern, erschrecken oder gar kränken muß. Mir ist seit gestern alles noch viel klarer, nachdem ich in Worte faßte, was ich seit langem mit mir herumtrug; und es formulierte sich zwangsläufig zu einem ausgesprochenen Rücktrittsgesuch. Sie wissen, daß es sich dabei nicht um die berühmte Kabinettsfrage handelt. Ich habe keinen Grund, der im Haus, im Betrieb, oder gar in der Einstellung des Chefs zu mir läge. Nie habe ich seine Zuneigung so stark empfunden als in diesen Tagen, wo ich sein Gast sein durfte. Ich habe auch keine künstlerischen Gründe; im Gegenteil: Ich bewundere seine Einsicht und seinen Takt, seine Hilfe, da wo es not tut, und seine betonte Zurückhaltung in allen rein künstlerischen Fragen. Der einzige zwingende Grund sind die wiederholten Aktionen gegen eine bestimmte Gruppe von Menschen, mit denen ich mich keineswegs identifiziere, mit denen man mich aber identifiziert.«[17] Offensichtlich war Gründgens zusammen mit Tietjen über Weihnachten bei Göring eingeladen gewesen, das Verhältnis war noch enger geworden, und Gründgens wurde dadurch um so klarer, in welch bedrohlichen Lage er sich befand. Gründgens glaubte offenbar, daß seine Situation nicht mehr haltbar war. Dieser Brief zeigt zwar nicht eindeutig, welches Ziel Gründgens verfolgte – wollte er mehr Schutz erreichen, wollte er wirklich entlassen werden? – aber er zeigt, daß Gründgens zu diesem Zeitpunkt gleichzeitig eine herzliche Beziehung zu Göring unterhielt und von Angst gepeinigt war.

1935 begann dann eine offizielle Kampagne gegen Homosexuelle und der Paragraph 175 wurde verschärft. Homosexuelle saßen bereits in den ersten KZs. Gründgens, erinnert sich Antje Weisgerber, lebte seine Homosexualität und litt selbst unter ihr. Ein internes Schreiben der Reichskulturkammer vom 4. Oktober 1935, gerichtet an den Reichskulturamtsleiter Moraller, belegt sehr deutlich, daß den offiziellen Stellen bewußt war, mit wem sie es in diesem Zusammenhang bei Gründgens zu tun hatten: »Herr Oberregierungsrat Scheffels rief mich heute an und ließ mich wissen, offensichtlich im Auftrag seines Intendanten, daß Herr Gustaf Gründgens Wert darauf legen würde, in den Präsidialrat der Reichstheaterkammer berufen zu werden. Ich gebe zunächst Ihnen von diesem Fall Kenntnis und stelle anheim, gelegentlich beim Präsidenten der Reichskulturkammer diese Frage aufzuwerfen. Grundsätzlich erlaube ich mir hierzu zu bemerken, daß für die Ernennung Gründgens zum Präsidialrat lediglich eine Berücksichtigung auf Preußen spräche. Ein so tüchtiger Schauspieler, Filmkünstler und Theaterfachmann sonst Gründgens auch sein mag, für den Präsidialrat hielte ich ihn doch nicht für geeignet, weil das Odium des 175 in der nationalsozialistischen Öffentlichkeit von ihm nicht wegzudenken ist, und seine positive Einstellung zum Nationalsozialismus letztlich doch erst von gestern ist.«[18] Am 7. Oktober schreibt jemand handschriftlich zu diesen Worten: »Zu warm!« Und ein anderer: »Und ob! Hi anrufen!« Die Sache wurde also möglicherweise auf höchster Ebene besprochen. Und Gründgens hatte, das macht diese Notiz im Gegensatz zu seinen Behauptungen mehr als deutlich, sehr wohl ein persönliches, aber auch ein verständliches Interesse an den Ämtern und Würden, die das Dritte Reich zu vergeben hatte. Da die Nazis diese Ämter wichtig nahmen, bedeuteten sie für ihn Schutz. Noch 1935 wurde Gründgens als Präsidialrat in die Reichstheaterkammer aufgenommen, er saß dort unter anderen neben dem Reichsdramaturg Rainer Schlösser und dem Reichsbühnenbildner Benno von Arent.[19]

In jedem Fall war Gründgens durch seine Homosexualität verletzbar. Die Fortsetzung des Briefs an Tietjen zeigt, wie sehr er deshalb mit sich gerungen hat und welche weitreichenden Auswirkungen das auf seine Verfassung wie auf die künstlerische Arbeit hatte. »Und ich würde mich eher in Stücke hauen lassen, ehe ich in dieser Sache ein Wort zu meiner Verteidigung über die Lippen brächte. Zehn Jahre meines Lebens – in denen die Kunst nur die Hilfe und der Ausgleich war – galten der Meisterung und Beherrschung meines privaten Menschen; und daß ein Mensch wie ich durch alles durch muß, um es zu erkennen, ist klar. Und nur die Tatsache, daß heute alles in meinem Leben strengsten persönlichen Gesetzen unterworfen ist, befähigt mich, auch auf meinen Beruf diese Gesetzmäßigkeit und Zucht alles Künstlerischen auszudehnen.«[20] Nur durch äußerste Anspannung aller mentalen Kräfte und eiserne Selbstdisziplin ist es möglich, sehenden Auges in einer bedrohlichen Welt zu leben, gute Miene zum bösen Spiel zu machen, sich von den Abgründen nicht um den Verstand bringen zu lassen. Das nimmt Gründgens für sein Leben in Anspruch. Dieses souveräne Bewußtsein liegt auch seiner »Hamlet«-Interpretation zugrunde.

Zwei geschickte Schachzüge Görings von 1936 in der verdeckten Auseinandersetzung mit Goebbels dürften Gründgens' Lage dann etwas entspannt haben. Zum einen legte er Gründgens nahe, sich zu verheiraten und die homosexuellen Kontakte einzustellen[21], zum anderen brachte er Gründgens mit Hitler zusammen und machte das in der Presse publik: »Der Führer empfing am Freitag, den 28. Februar, wie bereits kurz gemeldet, den Intendanten und Schauspieler Gründgens zu einem Vortrag über Fragen der Theaterkunst. Der Führer nahm diesen Anlaß wahr, um Herrn Gründgens seine aufrichtige Bewunderung und Anerkennung auszusprechen für die hervorragende Führung und Leitung der beiden Staatsschauspielhäuser.«[22]

Über die Frage nach der Gefährdung von Gründgens hinaus wirft das Zusammentreffen mit Hitler am 28. Februar erneut die grundsätzliche Frage auf: Hatte Gründgens ein irgendwie persönliches Verhältnis zu Hitler? »Göring erreichte es«, schrieb Gründgens selbst zu dem Treffen, »daß Hitler mich im Februar 1936 kurz empfing. Diesen seinen Erfolg über Goebbels brachte Göring in die Presse.«[23] Mehr hat er selbst über sein Verhältnis zu Hitler nicht gesagt.

Dem Gerücht nach soll die Begegnung in freundschaftlicher Atmosphäre stattgefunden haben[24]. Weitere Begegnungen mit Hitler sind von Gründgens Biographen bisher bestritten worden. Dagegen spricht allerdings das von Gründgens selbst verfaßte Protokoll der Unterredung mit Goebbels am 4. April 1934: »Ich begann mit der Schilderung der

Gründe, die mich bewogen hatten, die Leitung des Staatstheaters zu übernehmen. Ich stellte kurz fest, daß ich – im künstlerischen Aufstieg begriffen und daher vollkommen mit meinem Beruf beschäftigt – von den Ereignissen des Januar 1933 überrascht wurde. Drei Dinge hätten mich im wesentlichen zur Annahme der neuen Aufgabe bewogen: 1. Die Tatsache, daß man überhaupt auf mich gekommen ist. 2. Die Bekanntschaft mit dem Führer. 3. Der Satz des Ministers von dem ersten Atemzug, den die neue Zeit gerade gemacht hätte. Gerade diese Unzufriedenheit mit den augenblicklichen Zuständen hatte ich als beruhigend empfunden, da sie ja wirklich Anlaß zur Unzufriedenheit geben. ...«[25] Peter Gorski und Rolf Badenhausen veröffentlichten dieses Protokoll und kommentierten: »Diese Behauptung ist als diplomatische Taktik zu werten. Die einzige persönliche Begegnung mit Adolf Hitler fand im Februar 1936 statt.«[26] Doch diese Interpretation ist mehr als zweifelhaft: Der sonst ausgesprochen geschickte Taktiker Gründgens müßte schon sehr dumm gewesen sein, eine Begegnung mit Hitler gegenüber Goebbels zu erfinden. Der hätte einer Lüge bei einem der Gespräche mit dem Führer ja ohne Weiteres auf die Schliche kommen können.

Daß Gründgens Hitler mehrfach zumindest gesehen hat, zuletzt bei den Empfängen von Göring in der Oper am 11. Januar 1936, steht ohnehin außer Zweifel. Ob bei diesen Gelegenheiten persönliche Worte zwischen Gründgens und Hitler gewechselt wurden, ist dagegen nicht überliefert. Am 22. März 1937 gab es einen persönlichen Empfang aller Berliner Theaterleute bei Hitler, zu dem mit Sicherheit auch Gründgens geladen war[27], belegt ist sein Erscheinen aber nicht. Ein weiteres Treffen zwischen Hitler und Gründgens könnte auch noch 1938 stattgefunden haben. Alfred Mühr jedenfalls schreibt, daß Göring 1938 ein weiteres Zusammentreffen von Hitler und Gründgens arrangierte. Dieses Gespräch, so Mühr, habe die zweite Immunität, nämlich die Ernennung zum Generalintendanten erbracht[28].

Nach dem Treffen mit Hitler fuhr Gründgens in Urlaub nach Sizilien. Diese Reise gab ihm im März 1936 Gelegenheit, eine Einladung von Goebbels auszuschlagen: »Sehr geehrter Herr Reichsminister! Im Auftrage des Herrn Intendanten Gründgens bestätige ich hierdurch den Empfang der Einladung zur Tagung der Reichskulturkammer und zu dem anläßlich des Treffens stattfindenden Abendessen am 4. April. Der Intendant befindet sich zur Zeit auf einer Erholungsreise und kann daher an der Tagung zu seinem lebhaften Bedauern nicht teilnehmen.«[29]

Aber auch Goebbels nützte die Abwesenheit des Intendanten geschickt aus. Er streute das Gerücht, Gründgens habe Deutschland endgültig verlassen. Die Auswirkungen dieser Aktivitäten schilderte wiederum Gründgens selbst: »Als ich im April zurückkehrte und als Hamlet auftrat, brachte mir das Berliner Publikum eine demonstrative große Ovation beim Aufgehen des Vorhangs. Am nächsten Tag hat der ›Völkische Beobachter‹ einen ganzseitigen ungeheuerlichen Angriff auf mich vom Stapel gelassen. Daraufhin bin ich am selben Abend in die Schweiz gefahren mit dem festen Entschluß, nicht mehr zurückzukehren. Ich hatte meinem Vater ein Schreiben gegeben, mit der Bitte, es Göring zu übermitteln, wenn ich Schweizer Boden betreten hätte. In diesem Schreiben habe ich Göring von meinem Entschluß, zu emigrieren, in Kenntnis gesetzt. Am nächsten Tag erreichte mich in Basel, also im Ausland, ein Telefonat Görings, das meine Schweizer Freunde mitangehört haben, in dem er mir das ganze als Einzelaktion darzustellen suchte und mir mitteilte, er habe bereits die verantwortlichen Redakteure des ›V.B.‹ in Haft genommen. Er bat mich, nicht ohne mich auf die Folgen für meine Familie aufmerksam zu machen, und sei es nur für 48 Stunden, gegen die Zusicherung ehrenwörtlichen freien Geleites, zu einem Gespräch noch einmal nach Berlin zu kommen. Ich leistete schließlich dieser Aufforderung, nicht zuletzt des angedeuteten Drucks auf meine Familie wegen, Folge; wieder in Berlin, ging ich sofort zu Göring. Dort wurden mir aus der gegenüberliegenden Prinz-Albrecht-Straße die zwei Redakteuere des ›V.B.‹ vorgeführt, die sich sofort in langen Entschuldigungen ergingen und beschworen, sie hätten mich in dem fraglichen Artikel nicht gemeint, sondern einen früheren Hamlet-Darsteller, Alexander Moissi. Das Ganze war so dumm und widerlich, daß ich nur dringend bat, die Burschen in Freiheit zu setzen, weil mir diese Festsetzung eine weit über das Maß hinausgehende Demonstration erschien, die ich mißbilligte. Göring beschwor mich, zu bleiben, ihm alle Forderungen zu sagen, die ich hätte und die zu erfüllen er bereit wäre. Wieder betonte er, er würde meine Familie und meine näheren Freunde nicht schützen können, wenn ich wegführe. Er würde schon ein Mittel finden, zu verhindern, daß sich solche Angriffe wiederholen. Ich bat mir Bedenkzeit aus und versprach, am nächsten Tag noch einmal mit ihm zu sprechen. Ich fuhr daraufhin zu meinem Arzt Dr. Hanns Mauss, Kaiserdamm 45. Das kann um 5 Uhr gewesen sein. Als ich kurze Zeit bei Dr. Mauss war, fuhr unten ein Wagen der SS vor. Ihm entstiegen zwei SS-Leute, die an der Wohnung von Dr. Mauss klingelten und nach mir fragten. Ich war überzeugt, daß ich verhaftet werden sollte, und sagte zu Dr. Mauss: ›Also das ist Görings Ehrenwort!‹ Tatsächlich überbrachten mir die Männer einen Brief Görings. Was nun folgt wird Frau Dr. Mauss, die, wie ich höre, noch in Berlin lebt, bestätigen können. Während ich den Brief öffnete, kam Frau Dr. Mauss in das Ordinationszimmer ihres Mannes und sagte mir: ›Herr Gründgens, ich gratuliere Ihnen. Ich habe eben im Rundfunk gehört, daß Sie Staatsrat geworden sind.‹ Der Brief, den wir dann gemeinsam lasen, enthielt diese Mitteilung, die Göring gleichzeitig durch Rundfunk hatte verbreiten lassen, um mich vor vollendete Tatsachen zu stellen. Nie vorher war von einer solchen Ernennung je die Rede gewesen. Tatsächlich war im Jahr 1936 der Titel eines Staatsrats noch bedeutungsloser als bei seiner Gründung 1933, denn damals gab es noch das Land Preußen, und es hätte wenigstens theoretisch der Staatsrat zusammentreten können (praktisch, glaube ich, ist er nur einmal, bei dem Gründungs-Banquet, zusammengekommen). In der Zeit in der ich den Titel bekam, ist diese Körperschaft nie und in keiner Weise in Erscheinung getreten. Was Göring veranlaßte, mir diesen Titel zuzuschanzen, war lediglich der Umstand, daß die Staatsräte insofern immun waren, als ihre Verhaftung oder Absetzung nur durch den preußischen Ministerpräsidenten, zumindest nicht ohne sein Wissen, erfolgen konnte. Das war der Grund, weshalb Göring zu diesem Mittel griff, das mich vor den immer schärfer werdenden Angriffen und Bedrohungen, zu denen sich im Laufe des letzten Jahres vor allem die SS und in ihr wieder Heydrich und der Kulturkreis der SS gesellten, schützen sollte. Es ist damals über den Rahmen meiner inneren Möglichkeiten hinausgegangen, nach dieser Publikation und mit diesem Titel ins Ausland zu gehen. Das schien mir alles so unernst und eine solche Köpenickiade, daß ich mich dazu nicht entschließen konnte. Ich habe selbstverständlich Göring diese Überrumpelung vorgeworfen, aber ich muß auch heute noch den Eindruck haben, daß er geglaubt hat, mir mit diesem Handeln über meinen Kopf weg einen Dienst geleistet zu haben.«[30]

Gründgens hat in dem Artikel des »Völkischen Beobachter« seine schlimmsten Befürchtungen bestätigt gefunden.

Es gibt außer dem behaupteten Desinteresse an dem Titel des Staatsrats keinen Grund an dieser Darstellung Gründgens' zu zweifeln. Trotz dieses Eindrucks wirft der Text aber weitere Fragen auf. Gründgens erzählt die ganze Geschichte offensichtlich, weil er deutlich machen will, daß er mit der Ernennung zum Staatsrat nichts zu tun gehabt habe. Diese Behauptung wird aber durch sein weiteres Verhalten diskreditiert. Er hat sich dieses Titels in der folgenden Zeit durchweg und häufig bedient, auch nachdem er 1937 Generalintendant wurde. Göring, ob Gründgens es nun wahrhaben wollte oder nicht, hatte ihm also tatsächlich einen Dienst erwiesen. Für Gründgens war der Titel ein Schutz und Werkzeug beim Umgang mit offiziellen Stellen. Und für die Öffentlichkeit sowie seine Umgebung mußte der Titel Staatsrat wie eine Einverständniserklärung mit dem Regime wirken. Wie so oft bei Gründgens, fließen auch hier begründete Angst und späterer Selbstbetrug untrennbar zusammen.

Am 7. Mai 1936 wurde in der Berliner Presse der Brief von Göring abgedruckt: »Mein lieber Intendant Gründgens! Nachdem vor einigen Wochen der Führer und Reichskanzler Ihnen für Ihre Leistungen als Intendant, Regisseur und Schauspieler Worte höchster Anerkennung ausgesprochen hat, ist es auch mir ein Bedürfnis, Ihnen meinen Dank und meine Anerkennung zu beweisen. Ich berufe Sie mit dem heutigen Tag in den Preußischen Staatsrat. Ich vollziehe diese Berufung in dankbarer Würdigung Ihrer Arbeit, mit welcher Sie das Preußische Staatliche Schauspiel zur führenden Bühne Deutschlands gemacht haben. Ich weiß, daß neben der hervorragenden Mitwirkung des ausgezeichneten Ensembles es in erster Linie Ihrer unermüdlichen Einsatzbereitschaft zu danken ist, wenn heute das Schauspielhaus wieder die Stellung erreicht, die diese Bühne zum Vorbild aller deutschen Theater macht. Mit dieser Ernennung zum preußischen Staatsrat bringe ich gleichzeitig zum Ausdruck, wie wichtig im nationalsozialistischen Staat die Pflege der darstellenden Kunst ist. Sie sollen weiter an der Förderung dieser Kunst mitarbeitend und mitratend in diesem Amte mir zur Seite stehen. Heil Hitler! Hermann Göring, Ministerpräsident.«[31]

Eine erstaunlich treffende Zusammenfassung der Ereignisse der ersten Hälfte des Jahres 1936 gibt ein Zeitungsartikel, der sich im Nachlaß von Klaus Mann gefunden hat: »In Theaterkreisen hält sich nach wie vor das Gerücht, daß Gründgens vom Führer wegen einer Neigung, die der Intendant wenigstens im Urteil der öffentlichen Meinung, an sich hat, und die ihn mit dem bekannten Paragraphen 175 in Konflikt bringt, sehr ernsthaft verwarnt worden sei. Es ist natürlich schwer, Wahrheit und Dichtung in dieser Sache zu unterscheiden. Daß Gründgens von einer Seite, die ebenso hoch steht wie Göring, nicht besonders gern gesehen wird, ist ein weiteres Glied in der Kette der Gerüchte, die von dem tiefen Sturz des mächtigen Intendanten zu berichten wußten. Die Ernennung zum Staatsrat dürfte also auch eine gewisse Demonstration gegen jene Kreise sein, die für das Auftauchen der Gerüchte um die erwähnte Neigung des Intendanten verantwortlich sind.«[32] Dieser nicht zuzuordnende Artikel macht deutlich, wie gut man damals im Ausland noch Bescheid wissen konnte. Das ist besonders interessant, da Klaus Mann zu dieser Zeit gerade am »Mephisto« schrieb.

Gründgens inszenierte 1936 nach der großen Anstrengung zum Jahresauftakt nur mehr Komödien. Am 3. Juni hatte »Der Tolle Tag« von Beaumarchais Premiere, die damals weitgehend unbekannte Textgrundlage für da Pontes Libretto zu »Figaros Hochzeit«. Käthe Gold spielte die Suzanne, Victor de Kowa den Figaro. Als de Kowa während der

Proben erkrankte, sprang Gründgens für ihn ein. Wieder Anspannung also, die Gründgens aber wie eine Befreiung von der Lage im realen Leben erschienen sein muß.

Am 28. November 1936 erschien Goebbels' Anordnung über Kunstkritik – sie wurde als Ausdruck »jüdischer Kunstüberfremdung« gesetzlich verboten. Bereits im Juni wurde Gründgens in der Öffentlichkeit verdächtigt, gegen den Kritiker Herbert Ihering eine Intrige eingeleitet zu haben. Ihering, der den Hamlet so feinsinnig und wohl doch verletzend kritisiert hatte, war am 8. Juni 1936 bei Gründgens gewesen, um ihn um Hilfe zu bitten. Er war nämlich schon damals mit Kritikverbot belegt und aus der Reichspressekammer ausgeschlossen worden, da er, so die offizielle Begründung, 1922 dem als Juden diffamierten Bertolt Brecht den Kleist-Preis verliehen habe. Gründgens schrieb deswegen, allerdings letztlich erfolglos, an Hanns Johst, den Präsidenten der Reichsschrifttumskammer. Ihering war 1933 Alfred Kerrs Nachfolger beim Berliner Tagblatt geworden, nachdem Kerr als einer der ersten emigriert war. Später wurde Ihering Besetzungschef der Tobis Filmgesellschaft und 1942 Dramaturg am Burgtheater. Gründgens und Ihering waren sich nie ganz grün, aber es gibt keine Belege für oder gegen eine Intrige durch Gründgens. Allerdings erscheint sie eher unwahrscheinlich, auch wenn Bernhard Minetti in seinen Memoiren behauptet, Gründgens habe nichts gegen das Verbot der Kritik durch Göring gehabt.[33]

Im Juni 1936 fand auch die zweite Heirat von Gründgens statt, Marianne Hoppe wurde seine Partnerin. Das Theaterpublikum delektierte sich in diesem und den folgenden Jahren an der Beobachtung, daß der Ehemann vor allem in Rollen auftrat, die ihm erlaubt haben sollen, seine Beine in Seidenstrümpfen unter einem kurzen Röckchen zur Schau zu stellen, wie etwa als Hamlet, Don Juan, Fiesco oder Mephisto. So nimmt es nicht wunder, daß gemunkelt wurde, Gründgens habe Marianne Hoppe nur geheiratet, um den Schein zu wahren. Außerdem kursierten anzügliche Lieder: »Hoppe hoppe Gründgens / die kriegen keine Kindgens / Und wenn die Hoppe Kindgens kriegt / dann sind sie nicht vom Gründgens.« Gründgens trat am Hochzeitsabend als Hamlet auf. Möglicherweise wollte er dadurch deutlich machen, welchen Stellenwert die Arbeit für ihn hatte. Sein Hochzeitsgeschenk an Marianne Hoppe war jedenfalls auch auf die Schauspielerei bezogen, das Skript zu »Ein Schritt vom Wege«, der Vorlage zur »Effi Briest«-Verfilmung, in der Marianne Hoppe die Titelrolle übernehmen sollte.

Marianne Hoppe, 1909 geboren, war nach der Ausbildung am Deutschen Theater in Berlin zu Beginn ihrer Karriere in Frankfurt am Main engagiert gewesen, später an den Münchner Kammerspielen und ab 1935 am Staatstheater. Wo und wie waren sich Hoppe und Gründgens begegnet? Curt Riess meint, sie seien sich bei den Dreharbeiten zu dem Film »Schwarzer Jäger Johanna« von 1934 nähergekommen. Imo Moszkowicz bestätigt diese Auffassung, zu diesem Zeitpunkt habe es eine leidenschaftliche Liebesbeziehung zwischen beiden gegeben. Marianne Hoppe spielte die patriotische Jägerin, Gründgens eine seiner damals üblichen Rollen, einen dämonischen Agenten. Eine etwas andere Variante stammt von Marianne Hoppe selbst. In Frankfurt spielte sie, wohl 1931, in der Operette »Es liegt in der Luft«. Von einer dieser Aufführungen gibt sie eine Schilderung, die als das erste bedeutsame Zusammentreffen zwischen Gustaf Gründgens und ihr ebenfalls einige Wahrscheinlichkeit beanspruchen kann. Marianne Hoppe schreibt: »Und der stand dann eines Abends plötzlich in meiner Garderobe. ›Es gefällt mir, was Sie da machen‹, sagte er. Ich hatte mir an dem Abend sehr rasch und möglichst elegant lange Handschuhe auszuziehen, man trug sie zum Abendkleid, die Garderobe mußte gestellt werden. Mit dem Ausziehen der Handschuhe begann mein großes Chanson. Es gelang mir an diesem Abend besonders gut. Ein Glück, daß Gustaf Gründgens gerade in dieser Vorstellung war, denn wie oft ist es umgekehrt, und man sagt zu Freunden: Ausgerechnet heute warst du drin, da klappte doch gar nichts!«[34]

Entgegen den damaligen Gerüchten spricht vieles dafür, daß die Ehe zwischen Gründgens und Marianne Hoppe lange stabil war und sie ein vertrauensvolles Verhältnis hatten, vielleicht vom Druck der äußeren Verhältnisse zusammengeschweißt. Antje Weisgerber, die mit Marianne Hoppe später befreundet war, ist der Meinung, daß der Vorschlag zur Heirat von Marianne Hoppe ausgegangen sei, daß die beiden aber nicht geheiratet hätten, wenn kein äußerer Druck exitiert hätte. Gründgens soll gedacht haben, daß es eine Schande sei, als stadtbekannter Homosexueller Kinder zu bekommen. Eines der Gerüchte, die damals umgingen, war, daß Marianne Hoppe ein Verhältnis zu Gustl Mayer habe, einer resoluten Person, Mitarbeiterin von Gründgens und ab Ende der dreißiger Jahre unangefochtene Nummer Zwei am Staatsschauspiel am Gendarmenmarkt. Auf die sehr direkte und indiskrete Frage nach außerehelichen Verhältnissen antwortet Marianne Hoppe heute: »Nein. Es könnte leicht mißverstanden werden, aber ich hatte zu Gustl Mayer, der Mitarbeiterin von Gründgens, eine sehr intensive Freundschaft. Das war eine sehr feste Freundschaft. Weil sie halt auch Gründgens ganz ergeben war.«[35]

Lebensmittelpunkt des jungvermählten Paares war neben dem Theater das Gut Zeesen, das Gründgens 1934 erworben hatte. Zeesen liegt südlich von Königswusterhausen. Der erste Eindruck, den das Gut auf Besucher machte, ist mit dem Wort »Fontane« wohl treffend gekennzeichnet. In dieser Hinsicht machte Gründgens seiner Frau mit dem Drehbuch zur Filmfassung von »Effi Briest« also ein passendes Hochzeitsgeschenk. Der Film wurde 1939 – teilweise in Zeesen – gedreht und dürfte der beste Gründgens-Film überhaupt sein. Einige Szenen, wie die berühmte Schaukelszene oder das Ende, wo der noch berühmtere Satz mit dem »weiten Feld« gesagt wird, wurden in Zeesen gedreht.

Dieses Gut trug wesentlich zu Gründgens' bis ins Ausland reichendem Ruf bei, im neuen Staat prächtig etabliert zu sein. Und das nicht nur bei Klaus Mann. Sein Vater Thomas zum Beispiel schrieb am 6. März 1936 in sein Tagebuch: »In Blüte steht Gründgens mit 120000 Mark Einkommen, Lebensführung eines Landedelmannes, Landgut mit Pferden etc. Gegen Rosenberg, der ihn verfolgt, deckt ihn Göring, erwirkt ihm Empfang beim Führer mit großer Presseaufmachung bevor Rosenberg in einer Vollversammlung gegen ihn spricht.«[36]

In der Höhe des Einkommens verschätzte sich Thomas Mann allerdings um einiges. 1935 bekam Gründgens als Intendant und Schauspieler bereits 95000 Mark. Er drehte 1935 außerdem noch drei Filme. Allein für »Frau ohne Bedeutung« bekam er 2000 Reichsmark Gage pro Tag, die Dreharbeiten dauerten einen Monat. Auch das Einkommen von 150000 Reichsmark, das Gründgens 1947 in einem Fragebogen der britischen Besatzungsbehörden für das Jahr 1935 angab, lag noch unter dem tatsächlichen Betrag. Bereits 1936 bekam Gründgens am Staatstheater dann 200000 Reichsmark. Diese Summe gab er 1947 auch als Verdienst im Jahr 1939 an. Ab 1939 aber hatte Gründgens nach Paula Wessely, die 200000 Mark pro Rolle bekam, zusammen mit Heinz Rühmann und Jenny Jugo, die höchste feste Filmgage: 80000 Reichsmark[37]. In diesem Jahr spielte er nur im Fontane-Film, verdiente also tatsächlich 280000 Reichsmark. Am Staatsschauspiel wurden 1936 einem Schauspieler im Schnitt 14000 Mark pro Jahr gezahlt, was im Vergleich zu anderen Theatern außerordentlich viel war[38].

Über Gründgens' Verhältnis zum Geld ist viel spekuliert worden. Es war, wie vieles in seinem Leben, widersprüchlich: So gut Gründgens verdiente und so freigiebig er sein konnte, so gut verstand er es als Intendant auch, zu sparen. Gründgens konnte privat nicht mit Geld umgehen, hatte auch selten welches bei sich.[39] Als Intendant soll er aber in der Lage gewesen sein, den Jahresetat seines Theaters auf einem Bierdeckel korrekt zu berechnen.[40] Bekannt wurde der Ausspruch des Schauspieldirektors am Staatstheater, Alfred Patry, der sofort feststellte, daß der neue Intendant die wichtigste Voraussetzung für sein Amt erfülle, denn er könne mit Geld umgehen[41]. Ob Gründgens-Auftritte schon im Dritten Reich erhöhte Eintrittspreise nach sich zogen, wie später in Düsseldorf und Hamburg üblich, läßt sich nicht mehr ermitteln. Ausverkauft waren die Vorstellungen mit Gründgens jedenfalls schon damals immer. Das Staatsschauspiel hatte unter Gründgens hohe Einnahmen, allerdings stand dem auch ein enormer Finanzbedarf gegenüber. Gründgens sorgte dafür, daß nicht nur die Einnahmen, sondern auch die Zuschüsse stiegen. Wenn es um das Theater ging, war er enorm geschäfts- und verhandlungstüchtig. Göring stellte ihm die verlangten Mittel zur Verfügung.

Gründgens' Zeesener Gut in der Dorfaue 2 sieht heute schäbig und heruntergekommen aus, damals war das Haus von einer für märkische Anwesen typischen zurückhaltenden Herrschaftlichkeit. Eine gerade Auffahrtsallee führte nach einem großen eisernen Tor zum Haus, der Park war mit Hecken bepflanzt und mit einer Mauer umgeben. Zum Haus, das einschließlich der Nebengebäude an die 30 Zimmer hatte, führte eine große geschwungene Freitreppe.

Links und rechts befanden sich zwei Kavaliershäuser, in denen einst die Hofleute gewohnt hatten. Der Park war mehr als drei Hektar groß, es gab einen Tennisplatz, eine Scheune, Stallungen mit Vieh und ein Pferd, auf dem die Hausherrin ritt, einen Garten mit Gewächshaus, Blumenrabatten und Obstplantagen, ein Waldstück, ein Bootshaus und Zugang zum Zeesener See, in dem der Hausherr gern schwamm und auf dem er gern segelte. Im Wald muß es romantische Winkel gegeben haben, der See blitzte durch die Bäume bis zum Gutshaus hinauf. Gründgens hatte das Haus mit vollständigem Inventar übernommen, wovon er selbst eine Liste anfertigte. Im Flur war eine Ahnengalerie der Vorbesitzer. Die Einrichtung war fürstlich und harmonisch. »Trotzdem schienen mir die Räume seltsam unbewohnt. Vielleicht logierte dort ein Vorübergehender, aber an den Dingen blieb seine Spur nicht haften.«[42] Auch auf der Rückseite des Hauses befand sich eine Freitreppe und eine Veranda mit Säulen. Neben Vieh und Pferden gab es weitere Tiere, einen Schäferhund, drei oder vier Terrier, und ein Zimmer voller Papageien. In dem Esel »Cosimo« beliebte man den Philosophen des Gutes zu sehen.

Gründgens' Mutter und Vater zogen, kaum war das Gut erworben, ebenfalls in Zeesen ein. Mit seinem Vater verstand Gründgens sich nicht, in Zeesen lebte er bis zu seinem Verschwinden auf Gründgens' Kosten. Um so intimer war dagegen die Beziehung zur Mutter, die Gründgens gesellschaftliche Stellung genoß und ihre eigene Rolle als Künstlermutter mit einiger Würde spielte. Ihr Tod 1935, etwa ein Jahr nach dem Erwerb des Gutes, muß Gründgens sehr erschüttert haben, wenn er sich auch äußerlich sehr gefaßt gegeben hat. Emmy Gründgens liegt in Zeesen begraben. Ein weiterer Bewohner war bis 1938 Gründgens' Sekretär Erich Zacharias Langhans, der Halbjude war und den Gründgens bereits 1927 kennengelernt hatte. Außerdem der Diener und Verwalter Max Gebhardt, mit dem Gründgens ebenfalls eine Freundschaft verband, und immer wieder neue Gäste, die Gründgens auch für längere Zeit sich ins Haus zu holen liebte. So nahm er 1941 den Schauspieler Wolf Trutz und seine Gattin zur Erholung auf. Nachdem ihre Wohnung durch Bomben zerstört worden war, fanden sie in Zeesen Zuflucht.

Aus den verschiedenen Berichten[43] läßt sich ein klares Bild des Zeesener Lebens gewinnen. Das Gut war für Gründgens und später auch für Marianne Hoppe ein Refugium, ein Ort des Rückzugs, der Sicherheit und Geborgenheit, sowie der Selbstbesinnung. Neben dem Theater das einzige Zuhause. Hierher wurden immer wieder Freunde oder Kollegen geladen, wobei sich dann Berufliches und Privates vermischte. Das war von Anfang an so. Der Dramatiker und Rechtsanwalt Erich Ebermayer, den Gründgens zu dieser Zeit unterstützte, der mit Klaus Mann befreundet war und der 1947 Emmy Göring beim Entnazifizierungsprozeß verteidigen sollte, notierte bereits am 3. Juni 1934, ein paar Tage nachdem Gründgens Zeesen erworben hatte, nach einem Besuch: »Daß man nur fünfzig Autominuten von Berlin entfernt ist, erscheint fast unglaubhaft. Eine Welt für sich ist dieser verwunschene Winkel, Ruhe ausatmend und große Unveränderlichkeit durch die Jahrhunderte hin. Nur daß heute auf diesem Herrensitz preußischer Kanzler Deutschlands erfolgreichster Theatermann, der fünfunddreißigjährige Herr der Preußischen Staatstheater, sitzt. Leichte Schritte. Gründgens im Dressinggown, unter dem der Schlafanzug hervorschaut, nackte Füße in schwarzen Pumps, tritt federnd elastisch ein.«[44] Gründgens inszenierte seine Welt für Besucher. Nach Führung durch das Haus ergingen sich die Herren an der frischen Luft. »Wir gehen in den Park. Schlendern am Ufer des Sees entang. Hier baden wohlgewachsene Jünglinge, Gäste des Intendanten, die uns, da wir in einer Unterredung begriffen sind, nicht zu stören wagen. Dann lassen wir uns in tiefem Schatten auf einer alten Steinbank nieder.« Damit begann die Unterredung.

Alfred Mühr bemühte sich 1941 ebenfalls, die spezielle Zeesener Atmosphäre einzufangen. Er versucht, eine verwunschene, in der Hitze liegende Sonntagsidylle mit Tieren, strahender Landschft, grüßender Mamsell und einem in seine Arbeit vertieften Schloßherr zu zeichnen. »Auf der Veranda wurde im engen Kreis Mittag gegessen. Erträgnisse der eigenen Landwirtschaft waren Mittelpunkt der Mahlzeit. Gemüse und Obst verherrlichten die Qualität des Bodens und die sorgsame Pflege. Die Nachspeise wurde zum Leckerbissen. Dazu gab es Bier oder Brunnen je nach persönlicher Wahl. Langsam zogen des Mittags höchste Kreise vorüber. Die Stunden nach dem Essen gehörten jedem allein. Ideen und Anregungen wurden noch einmal durchdacht. Der Gutsherr ruhte wie seine Gäste. Verwunschen lag der Landsitz am märkischen See. Übers Wasser klang der Schrei eines Vogels oder der Ruf eines badenden Ausflüglers. Die Zeit gerann am Mittag. Auf einem Badelaken nahe dem Landungssteg am See lag eine junge Frau im Luftanzug und sonnte sich. Sachte wurde ein Liegestuhl von mir in den Halbschatten gerückt. Kommen Sie nur näher, forderte Frau Marianne Hoppe auf. Bitte nicht, ich würde mich auflösen. Möchte ich sehen, ertönte wie von weit her die Stimme aus der Tiefe der ausgestreckten Lage. Sie schienen sich aus Träumen zu lösen, so fern klangen die Worte. Leise bewegte sich der Kahn an der Kette. Holz klirrte an Eisen, Takt um Takt, ganz ruhig klang es in den abziehenden Mittag hinein. Die Ruhende wechselte die Armstellung und legte den Kopf auf die andere Seite. Dabei schlug die Ecke des Badelakens um, die Sonnenbrille und ein Buch wurden sichtbar. Ein neues Buch? Nein, Fontane, der gute, alte, arme, einsame, tapfere Fontane mit seinem Stechlin.«[45] Von Festen oder Feiern in Zeesen gibt es keine Berichte, sie fanden aber statt. Noch Sylvester 1943/44 muß der Champagner reichlich geflossen sein[46], auch wenn später immer wieder erzählt wurde, Gründgens habe ganz zurückgezogen gelebt. Gründgens hing sehr an Zeesen, der Verlust des Gutes 1946 hat ihn schwer getroffen und zu seinem Entschluß beigetragen, Berlin zu verlassen.

Am 4. Dezember 1998 wurde dem vormaligen Besitzer Rudolf Goldschmidt das Zeesener Gut vom Berliner Bundesverwaltungsgericht endgültig rückübertragen. Zuvor war Peter Gründgens-Gorski, Gründgens' Adoptivsohn und Erbe, nach einer abgewiesenen Klage noch einmal in Revision gegangen. Goldschmidt starb zwei Tage nach der Urteilsverkündung 88jährig in Frankfurt am Main. In welchem Licht läßt der Erwerb des Zeesener Hauses Gründgens heute erscheinen?

Der Kauf des Gutes 1934 wurde bereits 1946 vor einer Spruchkammer genau untersucht und verhandelt. Die – deutsche – Entnazifizierungskommission stellte danach am 18. April 1946 lapidar fest: »Die gegen Herrn Gründgens aus Anlaß des Erwerbs des Gutes Zeesen lautgewordenen Anschuldigungen haben sich als nicht stichhaltig erwiesen, wenn auch feststeht, daß Herr Gründgens in der Wahl seines Beauftragten die erforderliche Sorgfalt vermissen ließ.«[47] Dieser Beauftragte war der SA-Rechtsbeauftragte für Brandenburg Gert Voss. Nach dem Krieg schrieb Gründgens das seiner geschäftlichen Einfalt zu. Erich Ebermayers Bericht vom 3. Juni 1934 spricht in diesem Punkt eine andere Sprache: »Ich beglückwünsche ihn zu seinem Entschluß, sich hier anzusiedeln. Er lächelt. Er erzählt vom Erwerb von Zeesen. Tagelang war er mit Häusermaklern im Auto überall in der Umgebung Berlins herumgefahren, aber es standen ihm dafür immer nur ein paar flüchtige Stunden zwischen Proben, Besprechungen und Aufführungen zur Verfügung. Schließlich fuhr ihn ein Agent hierher. Als er in den Schloßhof einbog, genügte ein einziger Blick, um zu wissen: das ist es! Er ließ kaum halten und gab nur Anweisung, den Besitz sofort für ihn zu erwerben.«[48] Gründgens suchte also gezielt nach einer Bleibe, er wußte genau, daß er Deutschland nicht verlassen wollte, und er wußte ebenso genau, daß er Zeesen haben wollte.

Gründgens gab der Prüfungskommission am 12. April 1946, sechs Tage vor der Entscheidung, einen Bericht des Erwerbs aus seiner Sicht: »Das Gutshaus Zeesen ist von mir im Mai 1934 käuflich erworben worden. Es wurde mir mit anderen Objekten von einem Makler angeboten. Es ist mir nicht erinnerlich, daß ein anderer Kaufpreis gezahlt wurde, als der mir zuerst genannte. Ich war lediglich über die Regelung der Ratenzahlung angenehm überrascht. Der damalige Assessor Gert Voss war kein besonders naher Freund von mir, ist nie vorher für mich tätig gewesen und übernahm die Kaufverhandlungen auch nur zufällig, und zwar im Auftrag seines Vaters. Von seinen engen Beziehungen zur SA war mir so wenig bekannt, daß ich noch sechs Wochen nach seinem Tode[49] eine einseitige Korrespondenz mit ihm hatte, weil ich durch ein Versäumnis von ihm und eine, sagen wir, Flüchtigkeit des Verkäufers in eine schwierige Lage kam, aus der mich erst der alte Herr Voss, der sich sehr dafür entschuldigte, daß er den Fall abgegeben hatte, befreite. Der Kauf war um den 15. Mai herum zustande gekommen (die ganzen Verhandlungen hatten nur vier Tage gedauert). Es war mir vom Verkäufer nicht gesagt worden und auch der Anwalt hatte es übersehen, daß die mir bekannte Hypothek von 35 000 RM in ihrer vollen Höhe bereits 14 Tage später, das heißt am

1. Juni, fällig war. Ich war daher peinlich berührt, als um den 10. Juni herum ein Beauftragter der Bayerischen Vereinsbank erschien, über das Gut, wie im Grundbuch nachzulesen ist, die Zwangsvollstreckung verhängte und mich zum sofortigen Verlassen des Besitzes aufforderte. Es bedurfte einer großen Arbeitsleistung durch Filmen und der Anspannung meines Kredits bei Freunden, um diese 35 000 RM in der geforderten Zeit doch noch aufzubringen und mir den Besitz dadurch zu erhalten. Ich konnte keineswegs annehmen, daß der Verkauf von Zeesen aus einer Zwangslage heraus kam, denn der Verkäufer hatte mir erzählt, daß er durch den Tod seines Vaters sowohl ein großes Haus in der Alsenstraße als auch Zeesen geerbt habe und daß ihm diese beiden Objekte zuviel seien. Sollte wirklich Herr Voss die Taktlosigkeit besessen haben, mit dem Verkäufer in einer SA-Uniform zu verhandeln (ich habe ihn in Uniform nie gesehen), so müßte ich es dem Verkäufer noch jetzt verübeln, daß er mich oder gemeinsame Freunde nicht sofort davon in Kenntnis gesetzt hatte. Die Frage nach dem Einheitswert des Besitzes kann ich nicht schlüssig beantworten, da ich in Zeesen nur Akten bis 1937 vorfand. 1937 betrug, wie aus einer Notiz hervorgeht, der erhöhte Einheitswert 77 000 RM.«[50]

Am 18. April 1946 legte Rudolf Goldschmidt dem Prüfungsausschuß seinen Standpunkt dar, wovon ebenfalls ein Protokoll verfaßt wurde: »Ein gewisser Druck in Bezug auf den Verkauf sei auch durch den damaligen Gemeindevorsteher von Zeesen auf ihn ausgeübt worden. Man habe ihm bedeutet, daß man ihn andernfalls gewaltsam vertreiben würde. Als erster Interessent für das Gut Zeesen sei Gründgens aufgetreten. Er habe damals angenommen, daß dieser durch Käthe Dorsch von seinen Verkaufsabsichten Kenntnis erhalten habe, wisse es aber nicht genau. Seiner Erinnerung nach sei Gründgens zuerst draußen gewesen und habe das

Gut besichtigt. Die Verkaufsverhandlungen hatten mit seinem Freund, Gerd Voss, dem Rechtsberater der SA Brandenburg stattgefunden, und zwar habe sie dieser in SA-Uniform in seinem Büro geführt. Dr. Goldschmidt erklärte, daß er Gerd Voss reinen Wein eingeschenkt habe sowohl in Bezug auf die für ihn bestehenden gegenwärtigen Schwierigkeiten als auch den Zwang zum Verkauf aufgrund der zerstörten Berufsaussichten. Das Grundstück habe einen Einheitswert von 103 000 RM gehabt. Er selbst habe keinen bestimmten Preis genannt. Voss habe daraufhin die Summe von 80 000 RM mit allem Inventar vorgeschlagen. Hr. Dr. Goldschmidt ist der Ansicht, daß 150 000 RM ein angemessener Preis gewesen wäre. Auf den Einwand Goldschmidts, daß dieser Preis wohl etwas zu niedrig sei, habe Voss erklärt, daß es ja wohl auch noch andere Möglichkeiten gäbe, daß er froh sein könne, überhaupt etwas zu bekommen, da man es ihm auch so wegnehmen könnte und ähnliches. Ebenso sei der Vorschlag der Ratenzahlung von Voss ausgegangen. Herr Dr. Goldschmidt hielt es für absolut möglich, daß Herrn Gründgens nicht bekannt gewesen sei, daß Voss diese Verhandlungen in Uniform geführt hat, er hielt fürderhin für möglich, daß Gründgens als Künstler vielleicht nicht wissen konnte, daß dieser Preis zu niedrig war. Voss sei übrigens am 30. Juni 1934 im Zusammenhang mit der Röhmaffäre erschossen worden. Dessen Vater, der bis dahin ein großer Nazi gewesen sei, habe dann umgeschwenkt. Herr Dr. Goldschmidt wies aber darauf hin, daß jeder normal empfindende Mensch dies sofort hätte sehen müssen und daß außerdem Gründgens späterhin von Gästen öfters darauf hingewiesen [worden] sei, daß er sehr wenig für das Gut bezahlt habe. […] Er habe niemals mit Gründgens direkt verhandelt. Wenn er irgendetwas mit ihm besprechen wollte, sei er nie weiter vorgedrungen als bis zu dessen Sekretär Langhans.

Späterhin habe er dann mit Gründgens' Vater verhandelt. Bezeichnend für diesen sei im übrigen folgender Vorfall. Das Tafelsilber, das mit dem Buchstaben G gekennzeichnet gewesen sei, habe er mitgenommen. Daraufhin habe ein längerer Schriftwechsel mit Gründgen' Vater stattgefunden, der sogar die Absicht geäußert hatte, auf Herausgabe der Bestekke zu klagen, weil die Gravierung so gut paßte. [...] Herr Goldschmidt gab noch an, daß er damals den Eindruck gehabt habe, daß Göring an diesem Gutskauf auch sehr interessiert gewesen sei. Man habe damals erzählt, daß er es auch besichtigt und Gründgens gegenüber die Ansicht geäußert habe, daß dieser so etwas haben müsse.«[51]

Gründgens sprach nie in deutlichen Worten davon, wie er von 1933 bis 1945 gelebt hat. Den Verdächtigungen Klaus Manns von der begeisterten Teilnahme am rauschenden Leben der Nazis stehen das Schweigen Gründgens' und die Behauptung gegenüber, sich vor allem auf die Arbeit konzentriert zu haben. Sicher ist, daß Emmy Göring es liebte, Schauspieler nach Carinhall einzuladen, und daß Gründgens sich diesen Terminen schwer entziehen konnte und wohl auch gar nicht wollte. Sein Verhältnis zu Emmy Göring war eng. Zählt man die verschiedenen Hinweise auf Besuche in Carinhall zusammen, waren Gründgens und Hoppe weitaus öfter dort, als die ein oder zweimal pro Jahr, die sie zugeben wollten. Sicher ist, daß diese Besuche in Carinhall bis in die Kriegsjahre reichten.

Sicher ist auch, daß Gründgens von Göring Anfang der vierziger Jahre ein hübsches und aufwendig renoviertes Gartenhaus im Park von Schloß Bellevue zur Verfügung gestellt worden war. Bellevue ist seit 1959 Amts- und Wohnsitz des Bundespräsidenten. Im Bundespräsidialamt ist über die früheren Bewohner nur ein Satz zu erfahren. »Nach wechselvoller Geschichte im 19. Jahrhundert wurde das

Schloß 1938 als Reichsgästehaus umgebaut.« Das zweigeschossige Gartenhaus hatte einen eigenen kleinen Park und war das frühere Domizil von Max Reinhardt. Gründgens und Hoppe bewohnten je einen Flügel im ersten Stock, unten konnten Gäste untergebracht werden. Laut den Unterlagen der Reichsfilmkammer hatte er noch im Dezember 1944 seinen Wohnsitz in Bellevue, irgendwann kurz nach diesem Zeitpunkt muß Gründgens dann in das Hotel Esplanade am Potsdamer Platz gezogen sein.⁵² In den letzten Kriegstagen hat Gründgens in der Wohnung von Gustav Knuth im Westend gewohnt.

Bellevue war nicht der einzige materielle Vorteil, den Gründgens durch seine Beziehung zu Göring genoß. Er hatte vom preußischen Ministerpräsident auch einen Mercedes bekommen, mit dem er aber kaum fuhr. Er zog seinen schwarzen Horch vor, auf dessen Türen »GG« in goldenen Buchstaben zu lesen war. Außerdem besaß Gründgens ein BMW-Cabriolet. Sowohl er wie auch Marianne Hoppe waren leidenschaftliche Autofahrer mit Spaß an hohen Geschwindigkeiten.

Vom 15. Juni bis 15. Juli 1936 war Gründgens bei Dreharbeiten zu dem Film »Frau ohne Bedeutung«. Er spielte damals noch für eine Gage von 2000 Mark pro Tag. Göring und Goebbels gaben im Sommer je ein Fest. Göring bediente sich dazu wieder des Fundus der Staatsoper, diesmal um den Garten seines Stadtpalais in ein Biedermeierambiente zu verwandeln. Dann begannen die Olympischen Spiele und die ganze Stadt leuchtete. Mag es auch ein Scheinglanz gewesen sein, den die olympische Reichshauptstadt ausstrahlte, so war es doch eine nie gesehene Lichtflut, die die Nacht zum Tage machte. Sie blendete die Fremden aus aller Welt und die Berliner selbst. Vielleicht gefielen niemandem die Fahnenalleen des gerade in jenem Jahr zum Reichsbühnenbildner aufgestiegenen Benno von Arent, aber man mußte doch zugeben, daß das Ganze beeindruckend war.

Auch das Staatstheater trug zum Gelingen der Olympischen Wochen bei. Am 3. August gab es eine Freiluftinszenierung der »Orestie« von Aischylos, zu der die gesamte olympische Prominenz geladen war. Man hatte damit ein Stück gewählt, das quasi der olympischen Welt entstammte und in dem Aischylos sich deutlich demokratiekritisch äußerte – das Stück erschien nazikonform. Zugleich nahm man damit auch an einem künstlerischen Wettkampf teil, den Goebbels den Aischylos-Übersetzer Wilhelm Leyhausen schon 1933 in Athen hatte ausrufen lassen: »Das junge Deutschland ist der Ansicht, daß es im Sinne des Fortschreitens des menschlichen Geistes handelt, wenn es den Gedanken der Olympiade in vollendeter Weise, d.h. nach dem Wort Friedrich Schillers als Kampf der Wagen und Gesänge, wiederaufleben zu lassen versucht. Die deutsche Reichsregierung erklärt, daß sie die Olympiade 1936, die das Los ihr als Gastgeberin zuerteilt hat, in diesem Sinne zu erweitern gedenkt. Sie ist entschlossen, alle beteiligten Nationen auch zum Wettkampf des Geistes einzuladen. Die Freundschaft unter den Nationen wird letzthin immer nur auf dem Bekenntnis jeder einzelnen Nation zu sich selbst beruhen. Darum schlägt die deutsche Reichsregierung als Kampfgebiet den Bezirk des unveräußerlichen Besitztums einer jeden Nation der Erde vor: die Sprache. Die letzte Kunst der Sprache aber ist das Drama. Jede mitkämpfende Nation soll Zeugnis ablegen von ihrem eigensten Geist und dessen Stellung zu den ewigen Problemen der Menschheit, zu Freiheit, Liebe, Schönheit und Gott.«[53] Eine Medaille allerdings gab es für die Aufführung nicht, Goebbels' Dramatiker-Wettstreit fand doch nicht statt. Im Gegenteil, wie Eckart von Naso berichtet, schlief die Prominenz nach der Pause durchweg, sei es wegen der bereits überstandenen Zuschauerstrapazen vom Tage, des in der Pause genossenen Sektes oder der Langweiligkeit und -atmigkeit des Gebotenen.

Die Korrespondentin des New Yorker, Janet Flanner, besuchte anläßlich der Olympiade nicht die »Orestie«, sondern das Schauspielhaus. In ihrem Bericht fand sie für die Deutschen und ihre Berliner Olympiade nicht nur ablehnende Worte. Am Schluß ihrer Reportage erwähnte sie Gründgens' Hamlet, den sie allerdings mit ganz anderen Augen sah als die deutschen Kritiker: »Die Galaaufführung von Hamlet im Schauspielhaus mit Gustaf Gründgens als Regisseur (A.d.V.: Regie führte in Wirklichkeit Lothar Müthel) und Hauptdarsteller bescherte den Besuchern der Olympischen Spiele zu drei Vierteln einen bemerkenswerten Theaterabend. Es handelte sich um eine neue, streng nordische Version des melancholischen Dänen: sein Schloß bestand aus rohen Balken, die Wachen trugen Pelzmäntel mit hoch über die Ohren gezogenen Wollschals, und nicht nur ein, sondern mehrere Geister waren dazu verdammt, inmitten von Schatten und makabren Lichteffekten über die Erde zu wandeln. Nie machte Shakespeares tiefsinniges Stück einen so gewalttätigen Eindruck. Gründgens' Hamlet zeigt einen Prinzen, den eher Rache und Wahnsinn als Poesie und Grüblertum auszeichnen. Er schreit, er flüstert; seine Mutter und sein Stiefvater brüllen vor qualvollem Schmerz. Ophelia in ihrem florealen Wahn klettert über Tische und Stühle, um ihren Jammer zu verbreiten. Zur Steigerung der Spannung kommt eine Drehbühne zum Einsatz, um deren Achse man die Protagonisten auf dem Weg zu ihrem letzten, traurigen Tableau kreisen sieht. Gründgens' beste Auftritte sind durch seinen Narzißmus verdorben: Das Scheinwerferlicht auf seinen hübschen Händen, noch verstärkt durch die Reflexe des seltsamen Blechtisches, der in der familiären

Nachtmahlszene benutzt wird, war eine platte, wenn auch schöne Ablenkung. Mit der Totengräberszene rutscht die ganze durchkalkulierte Inszenierung in ein Durcheinander ab, und Gründgens' Sterbeszene, um endlos durchmarschierende Soldaten, Trompeten und eine Waffenschau verlängert, schien schon fast eine Lokalposse. Zumindest eine Besucherin verließ das Schauspielhaus mit dem Eindruck, daß man Hamlet hier ein Parteibegräbnis erster Klasse verpaßt hatte.«[54]

Gründgens selbst befand sich im Sommer und Herbst 1936, trotz aller persönlicher und ideologischer Spannungen, auch dank des Hamlet auf dem Gipfel: künstlerisch, politisch, gesellschaftlich. Die letzte Gründgens-Inszenierung von 1936, Premiere war am 27. Oktober, entsprang dem befreiten Übermut: »Hanns Sonnenstößers Höllenfahrt«, ein Traumspiel vom Beginn des Jahrhunderts von Paul Apel über den Kampf des Künstlers mit dem Spießer. Hatte Gründgens beim Hamlet versucht, die Mittel zu reduzieren, alles zu konzentrieren, spielte er jetzt auf der gesamten Klaviatur des Theaters. Gründgens bearbeitete das Stück grundlegend, er veränderte Figuren, verwandelte den Text. Mark Lothar lieferte die Musik. Das Staatsschauspiel feierte sich mit dieser Aufführung selbst, seine technischen Möglichkeiten, seine Darsteller, seinen Glamour. Die Inszenierung war eine aufwendige Mischung aus Kabarett und Varieté, eine frühe Form des Musicals, Gründgens stand im Mittelpunkt und schien der omnipräsente Herr des blendenden Zauberwerks, singend, tanzend, parlierend. »Mein wahres Ich versank! Mein wahres Ich gefiel mir nicht, ich sah ihm lange ins Gesicht, dann habe ich es umgebracht, hier von der Bühne weggebracht, nun bin ich ohne Ich!« Gründgens traute sich jetzt, zu seiner Vergangenheit zu stehen, in der er solche Rollen öfter und mit Vorliebe gespielt hatte, auch in Paul Apels Schwank war er bereits 1924 aufgetreten. Gründgens war befreit und er war sich seiner selbst sicher. Jetzt konnte er sogar Freiheiten für das Theater reklamieren: Unter der Überschrift »Regie – keine Regieexperimente – aber Experimente!« schrieb er kurz vor der »Sonnenstößer«-Premiere im »Berliner Lokal Anzeiger«: »Das Experiment als Selbstzweck ist zu töricht, um nur eine Zeile dagegen zu schreiben. Der immer wieder erneute leidenschaftliche Versuch, dem Theater Neuland zu erobern, hingegen ist das, was das Theater lebendig erhält.«[55] Damit ist die Frage formuliert, die Gründgens sein weiteres Leben beschäftigen sollte.

Gründgens' Hamlet war ein ungeheurer Erfolg. Insgesamt 160 Mal spielte Gründgens den Hamlet in der Inszenierung von Lothar Müthel, die Aufführung sorgte für eine Hamlet-Renaissance im Deutschen Reich. Was auch bedeutete: Man konnte das Stück, das zuvor als nicht regimekonform erschien, weil es nicht nordisch, sondern angekränkelt von der Nacht der Gedanken und Zweifel verstanden worden war, nach dieser nordischen Version wieder spielen. Die Aufführung war formgebend geworden.

Es gab auch Gastspiele dieser Inszenierung. Im Juni 1938, der »Anschluß« Österreichs war im März erfolgt, gastierte das Staatstheater mit dem »Hamlet« am Wiener Burgtheater; unter den Zuschauern Joseph Goebbels. Die Aufführung wurde ein Triumphzug. Einen Monat später repräsentierte Gründgens das Deutsche Reich bei einem Gastspiel in Dänemark auf Schloß Kronborg.

Gründgens' Position war jetzt gesichert. Das Staatstheater konnte durch die vielen Zugeständnisse Görings als geschützter Zufluchtsort erscheinen. Das Verhältnis zu Göring, wenn auch weiterhin durch gleichzeitige Nähe und

Distanz gekennzeichnet, war jetzt stabiler. Gründgens erkannte, daß er ein Virtuose im Austarieren höchst brenzliger Situationen war, daß er in schwieriger Lage auf seine Geistesgegenwart rechnen konnte. Er konnte sein Verhältnis zu Göring jetzt nutzen, um seinem Gefolge – und alle, die am Staatstheater engagiert waren, gehörten für ihn zu seinem Gefolge – wo es ging zu helfen. Gründgens verstand das Staatstheater jetzt als eine Schicksalsgemeinschaft, für die er verantwortlich war.

Gründgens' Hamlet von 1936 wurde nicht aufgezeichnet. Nur der Monolog »Sein oder Nichtsein« ist in einer Radioaufnahme von 1938 erhalten. In dieser beeindruckenden Aufnahme ist die Rolle in nuce nachvollziehbar. Gründgens beginnt ganz nah bei sich, um sich zur Entschlossenheit, zur Tat durchzuringen. Der Monolog spiegelt die pathetische Geste des Aufsichnehmens, des sich Schickens ins Unvermeidliche und in die Verantwortung, allerdings spricht Gründgens nicht pathetisch, sondern ganz beherrscht und doch gespannt. Paul Fechters Beschreibung des dazugehörigen Auftritts bestätigt den Eindruck: »Hier kommt ein sich selbst sehender und beherrschender Hamlet: er legt im Monolog die seelischen Grundlagen des eigenen Schicksals mit überlegener Klarheit dar, zugleich das verpflichtende Schauspiel der Selbsterkenntnis sich und der Welt bedeutsam vorführend. Er kommt aus der Tiefe der Bühne, lesend gesenkten Hauptes, beginnt flüsternd, mit fast geschlossenen Augen: ›Sein oder Nichtsein.‹ Erst bei ›sich waffnend gegen eine See von Plagen‹ blickt er auf, fängt dann wieder an zu lesen, geht weiter, setzt sich, hebt den Blick nach oben und fährt fort: ›Zu wissen, daß ein Schlaf das Herzweh und die tausend Stöße endet –.‹ Er begleitet den Einsichtswandel des Denkenden mit sehr gewählten Gesten der Hände, setzt das innere Geschehen in äußere, ebenso wirksame wie überzeugende Bildwirkung um – und scheint zu warten. Bei ›schlafen‹ horcht er innerlich auf, läßt das Aufdämmern des entscheidenden Einfalls, des Träumens, sichtbar werden; zugleich aber horcht er auch äußerlich leicht vorbereitend nach dem Vorhang zur Rechten, hinter dem er offenbar den dort wartenden König und Polonius vermutet. Den Vers ›So macht Bewußtsein Feige aus uns allen‹ hebt er als Hauptakzent heraus; er schreit das ›Feige!‹ wie einen geheimen, wilden Selbstvorwurf und zugleich wie eine Entschuldigung, wie ein ›so ist es eben‹ in den Raum.«[56]

Offenbar schwankte Gründgens im entscheidenden Satz schon damals. In der Radioaufnahme heißt es »So macht Gewissen Feige aus uns allen!« Fechter berichtet, Gründgens habe »Gewissen«, die Übersetzung des englischen »conscience«, durch »Bewußtsein« ersetzt. Eine Übersetzung, die seine Rollenauffassung auf den Punkt bringt. Ohne daß es ihm wohl bewußt gewesen wäre, hat Fechter mit seinen Worten auch die persönliche Ebene von Gründgens' Situation, seine Form des Widerstands gegen »die See von Plagen« beschrieben. Denn Fechter hat Hamlet so beschrieben, wie Gründgens seine Rolle im Dritten Reich selbst sehen wollte. Gründgens wollte ganz hinter Hamlet zurücktreten, nicht sich selbst, sondern nur den Prinz spielen, er sagte das sowohl in seinem Antwortbrief an Fechter als auch vor der Düsseldorfer Premiere[57] des »Hamlet«, die 1949 stattfand. Er wollte mit dieser Rolle wie mit keiner anderen eins werden. Nur daß er nicht den reinen überzeitlichen Hamlet spielte, den er anstrebte und erreicht zu haben glaubte, sondern daß sein Hamlet, geboren aus der Zeit von 1936, eine Interpretation war, die die Konstellation jener Zeit in sich trug.

Gründgens spielte seinen Hamlet mehrere Spielzeiten lang. Der Journalist Ernst Wurm schrieb 1942 ein erstaun-

Mit Mutter und Schwester
Marita

»Mit dem griech'schen Profil
beschenkte mich Natur...
Zum Aufbewahren bis ich berühmt bin.« Porträtfoto mit
persönlicher Widmung (1919)

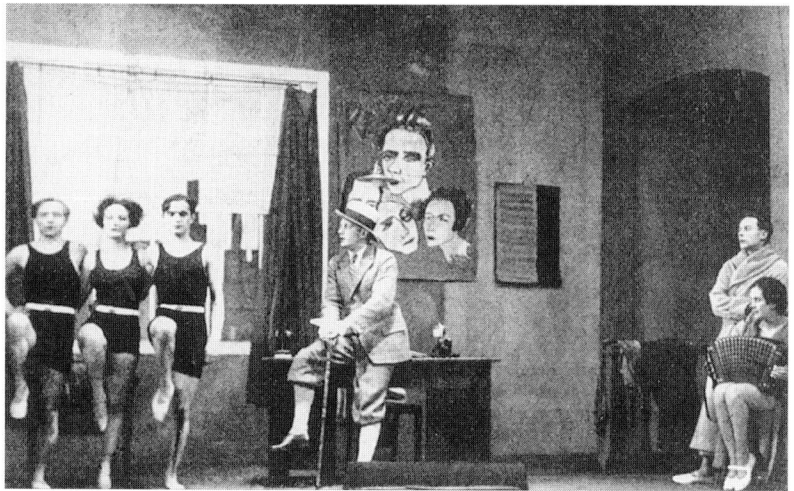

Gustaf Gründgens, Pamela Wedekind, Erika Mann und Klaus Mann in »Anja und Esther« (Hamburger Kammerspiele 1925). Von diesem Bild wurde Gründgens für die »Berliner Illustrierte« abgeschnitten.

Klaus Manns »Revue zu Vieren« (Hamburger Kammerspiele 1927): Ballhaus, Wedekind, Rodig, Gründgens, Klaus Mann, Erika Mann (v. l. n. r.)

Gustaf Gründgens Anfang der
30er Jahre

Gustaf Gründgens mit
Fritz Kortner im Film
»Danton« (1931)

Gustaf Gründgens als Mephisto in »Faust I«. Regie: Lothar Müthel
(Preußisches Staatstheater Berlin 1932)

Gustaf Gründgens mit Joseph Goebbels während eines von Hitler ausgerichteten Festbanketts in Berlin (1933)

Neujahrsempfang des Preußischen Ministerpräsidenten 1935: Hermann Göring mit dem Generalintendanten der Preußischen Staatstheater Heinz Tietjen, dem Direktor der Generalintendanz Franz Josef Scheffels, Gustaf Gründgens, Intendant des Preußischen Staatstheates, Ministerialrat Georg Sawade und Herrn v. Prittwitz (v. l. n. r.)

Emmy Sonnemann-Görings Abschied von der Bühne: Am 20. April 1935 spielte sie (vorne links) das letzte Mal in »Minna von Barnhelm«. Gründgens hielt als Intendant die Abschiedsrede.

Gründgens als Hamlet. Regie: Lothar Müthel (Preußisches Staatstheater Berlin 1936)

Gustaf Gründgens in Berlin 1936/37

Gustaf Gründgens mit Marianne Hoppe (in der Titelrolle) in Lessings »Emilia Galotti«. Regie: Gründgens (Preußisches Staatstheater Berlin 1937)

Gustaf Gründgens als Hamlet. Gastspiel in Schloß Kronborg, Dänemark. Regie: Lothar Müthel (Juli 1938)

Shakespeares »Richard II.« mit Gustaf Gründgens in der Titelrolle (Preußisches Staatstheater Berlin 1939)

Gustaf Gründgens mit Lola Müthel in Hans Hömbergs Komödie »Kirschen für Rom«. Regie: Wolfgang Liebeneiner (Preußisches Staatstheater Berlin 1940)

Flucht zur Fahne: Gustaf Gründgens als Gefreiter 1944

Gustaf Gründgens als
Mephisto in »Faust II«
(Preußisches Staats-
theater Berlin 1942)

Gründgens im Kabarett
»Ulenspiegel« (1947)

Gründgens als Christian Maske in Carl Sternheims »Der Snob« (Düsseldorf 1948)

Im Spruchkammerverfahren gegen Emmy Göring: Gustaf Gründgens tritt als Zeuge auf (1948)

Bundespräsident Theodor Heuss verleiht Gründgens das Große Verdienstkreuz mit Stern. Im Hintergrund Sybille Binder und Elisabeth Flickenschildt (1953)

Gründgens als Mephisto mit Will Quadflieg als Faust in der Verfilmung der Gründgens-Inszenierung von »Faust I«. Regie: Peter Gorski (1960)

Gründgens vor dem Bild seiner Mutter

Die letzte Rolle: Gründgens als Philipp II. in Schillers »Don Carlos«
(Hamburger Schauspielhaus 1962)

lich differenziertes Porträt von Gründgens, das vor allem am Hamlet entwickelt wird. Er zeigte, daß der Gedanke, daß sich im Theater immer ein Zeitbezug verwirklicht, auch damals nicht so fern lag, wie es Gründgens scheinen mochte: »Gründgens hat es vermieden, die elegische Stimmung des Shakespeareschen Grüblerdramas in seine Wirklichkeit einbrechen zu lassen. Er versetzt sich wohl in die Umwelt Hamlets, in sein Schicksal, wie es der Dichter verhängnisfordernd will, aber er nimmt den Kampf mit der königlichen Sippe nicht mißmutig auf, sondern tatgestimmt.«[58]

Am nächsten kamen Gründgens' Ideal dieser Rolle tatsächlich wohl zwei Rezitationsabende, die im September 1944, nach Schließung der Theater, stattfanden. Hier sprach Gründgens die Monologe gewissermaßen nackt. Das war so etwas wie das absolute, das reine Theater, das Gründgens anstrebte. Alfred Mühr schrieb: »In diesem Hamlet war für mich der reine Eindruck von Gründgens, weil seine Kunst von allem losgelöst war, was Theater manchmal als Zauberspiel der Sinne entfesselt und das geheimnisvolle Dasein auf der Bühne zu gegensätzlich sich steigernden Wirkungen veranlaßt. Hier war die Trennungswand des Theaters sogar einmal völlig durchbrochen, ohne daß der Sprecher und Darsteller sich darum bemühte.«[59]

Solche Unmittelbarkeit wollte Gründgens 1949 in Düsseldorf erneut erzielen. Dieser »Hamlet« hatte an seinem fünfzigsten Geburtstag Premiere, und zeigte schon dadurch die persönliche Bedeutung, die diese Rolle für ihn hatte. Die gesamte Inszenierung war auf die Monologe hin angelegt, die auf einer Vorbühne gesprochen wurden, der Bühnenraum war schwarz ausgehängt. Doch die Aufführung hatte nicht mehr das Ergreifende des Vortrags von 1944, noch hatte sie das Schillernde, Aufregende der Darstellung von 1936.

In Hamburg 1962 ersetzte Gründgens das Wort »Gewissen«, wie es bei Schlegel steht, wieder durch »Bewußtsein«, wie es offenbar schon in Berlin manchmal gesagt worden war: »So macht Bewußtsein Feige aus uns allen.« Hier, wie auch zuvor in Düsseldorf, ließ Gründgens am Anfang des Stücks nun auch den Geist von Hamlets Vater auftreten.

Auch die Hamburger Aufführung wurde mit Spannung erwartet. Sie wurde die letzte Inszenierung von Gründgens; er wußte zwar nicht, daß er bald darauf sterben würde, aber er wußte, daß sie seine Abschiedsinszenierung als Intendant sein würde, und so sollte sie so etwas wie ein Vermächtnis sein, Ergebnis einer lebenslangen Beschäftigung mit einem Stück, ähnlich dem »Faust«. Aber auch diese Aufführung bekam nicht die Kritiken, die sich Gründgens gewünscht hat. Meistens wurde Maximilian Schell dafür die Schuld gegeben. Gründgens hatte nicht selbst den Hamlet gespielt, sondern Regie geführt. Gründgens gelang es hier nicht, die Gespenster der Vergangenheit lebendig zu machen, die Aufführung ist in Klassizismus erstarrt. Gründgens fand als Regisseur kein schlüssiges Verhältnis mehr zu diesem Text.

Eine Frage der Haltung:
Die Räuber

AM 18. FEBRUAR 1943, keine drei Wochen nach Stalingrad, schaffte es Goebbels, seine Zuhörer im Berliner Sportpalast in Begeisterung über den »totalen Krieg« ausbrechen zu lassen. Gründgens selbst hatte zu seinem Verhalten an diesem Tag später zwei Versionen parat. In der einen schaffte er es, um die Anwesenheit im Berliner Sportpalast herumzukommen, indem er sich durch die Stadt fahren ließ und dadurch unauffindbar war. In der anderen hörte er die Rede am Radio und fuhr danach durch die Stadt. Wie auch immer er sie erlebt hat, diese Rede wurde für Gründgens zum Anlaß, sich in eine eigentümliche Art von Exil zurückzuziehen.

Mit einiger Sicherheit war Gründgens zu diesem Zeitpunkt klar, daß der Krieg verloren ist, Berlin erlebte seit Januar 1943 die ersten Luftangriffe. So schrieb er acht Tage nach der Rede, am 26. Februar, mit seinem alten Sinn für emotionsgeladene Bezugnahmen, aber auch einem neuen Sinn für den Ernst der Lage, an Göring folgenden Brief:[1]

Sehr geehrter Herr Reichsmarschall!

Gestatten Sie mir heute am Tage, wo ich neun Jahre das mir von Ihnen anvertraute Amt ausgeübt habe, eine ernste und nachdrückliche Bitte.
Erteilen Sie mir die Genehmigung, mich zum Dienst in der Wehrmacht zu melden.
Wenn auch die Ereignisse der letzten Wochen meinen

Wunsch noch verstärkt haben, so besteht er doch seit zwei Jahren, und meine heutige Bitte hat meine Spielplangestaltung des ganzen letzten Jahres bestimmt.

Ich habe alle meine früheren Rollen (Hamlet, Fiesco, Richard etc.) seit einem Jahr aus dem Spielplan gezogen und die beiden Fauste nun über siebenzig Mal gespielt. Eine Umbesetzung wäre hier keine Schädigung mehr. Auch »Iphigenie« ist durch einen vollwertigen Ersatzmann zu spielen.

An Regisseuren ist jetzt kein Mangel, nachdem mein Experiment, Herrn Liebeneiner mit großen Aufgaben zu betrauen, geglückt ist. Herr Liebeneiner ist eine erste Kraft geworden.

Der Apparat der Theaterführung ist so eingespielt, daß auch hier eine Vertretung mich in einer Zeit ersetzen kann, in der das Praktische das Künstlerische notwendigerweise überwiegen muß.

Ich würde meine Bitte nicht aussprechen, wenn ich mich nicht ernstlich geprüft hätte und wenn ich nur die leiseste Möglichkeit für mich sähe, mit den Problemen, die mich bedrängen, auf dem Platz des Generalintendanten fertig zu werden.

Die Zeit und mein Entschluß kommen meinem leidenschaftlichen Wunsch nach Eindeutigkeit, Einfachheit, Kompromißlosigkeit so sehr entgegen, wie mein augenblickliches Tun, dessen Wichtigkeit mir niemand einreden kann, ihm widersteht. Ich bin dreiundvierzig Jahre alt, war im vorigen Krieg zwei Jahre Soldat und bitte, mich bei meinem Wehrbezirkskommando melden zu dürfen.

Das alles soll ohne Aufwand und ohne besondere Rücksicht geschehen.

Sie würden mich mit der Erfüllung meiner Bitte sehr

glücklich machen; ein abschlägiger Bescheid würde mich in meinen innersten Gesetzmäßigkeiten treffen.

Heil Hitler
Gustaf Gründgens

Auch wenn Gründgens' Schreiben nicht die nackte Wahrheit ausspricht, wie sein Gestus vorgibt, sondern immer noch voller taktischer Finten steckt, so ist doch eine deutliche Veränderung seines Tons zu spüren. Worte, wie das vom Überwiegen des Praktischen und der Nichtigkeit des Theaters, wären Gründgens früher einfach nicht in den Sinn gekommen. Und auch der Wunsch nach Eindeutigkeit bekommt hier eine neue Qualität. Vor allem aber fällt ein Hang zu Bescheidenheit und Zurückhaltung auf, den es vorher so nicht gab.

Später neigte Gründgens dazu, seine Bitte als einen Schritt des Widerstands zu heroisieren. »Es war die einzige Möglichkeit des Protestes, die ich hatte, wenn ich nicht nach Buchenwald gehen wollte. Ich dachte, meine Chance, am Leben zu bleiben, sei größer beim Militär als im Konzentrationslager. Ich war damals 44 Jahre alt, nicht gesund, und es war eine harte und schwere Zeit für mich. Ich habe aber meinen Posten als Direktor des Staatstheaters nicht aufgegeben, denn damit hätte ich zunächst einmal das Leben von sieben Familien zerstört, deren einer Teil jüdisch war und die ich über die ganzen Jahre hindurch schützen konnte«, schrieb er am 8. Oktober 1950 an den Redakteur des »New Statesman«, Kingsley Martin, im Zusammenhang mit dem Gastspiel des »Faust« in Edinburgh[2]. Diese Form der Argumentation und Darstellung der Vergangenheit ist das für Gründgens – und nicht nur für ihn – gültige Muster geworden. Daß seine Überlebenschance beim Militär größer gewesen wäre als in Berlin, mag in seinem speziellen Fall stimmen. Aber daß die Demission ein Akt des Protestes war, ist genausowenig einzusehen, wie die Furcht vor Buchenwald. Und daß Gründgens seine Stellung behielt, hat noch andere, eigennützigere Gründe als der Schutz verfolgter Familien.

Es kam aufgrund des Briefs zu einer heftigen Auseinandersetzung zwischen Göring und seinem Staatstheaterintendanten, bei der Gründgens sich behauptete. So wurde er der Division »Hermann Göring« in Holland zugeteilt, blieb dennoch Intendant und hielt Kontakt zum Theater. Vor seinem Abgang hatte Gründgens noch versucht, Paul Wegener, der bald den Grafen Moor in den »Räubern« spielen sollte, an seine Stelle zu setzen. Aber Wegener weigerte sich, wie er sich schon vorher geweigert hatte, für das NS-Regime tätig zu werden.

Zu seinem Abschiedsbesuch bei Görings in Carinhall wurde Gründgens von der Schauspielerin Heidemarie Hatheyer begleitet. In dem Gründgens-Buch des mit ihr verheirateten Curt Riess schildert sie die Atmosphäre dieses Tages: »Ich dachte, wir seien zum Mittagessen geladen, aber sie behielten uns auch nachmittags und abends draußen. Eine Zeitlang war Gründgens verschwunden. Zuerst unterhielt er sich mit Emmy Göring und legte ihr vermutlich einige seiner Schutzbefohlenen ans Herz. Dann probierte er die Uniform, die ihm der Göringsche Privatschneider gemacht hatte. Auf der Rückfahrt waren wir dann beide allein. Ich fragte ihn: Wie sehen Sie denn in der Uniform aus? Er guckte mich eine Weile an und sagte dann: Na süß!«[3]

Bevor Gründgens endgültig nach Holland eingezogen wurde, verbrachte er noch mehrere Wochen im Kurheim Zabel bei Berchtesgaden. Während dieser Zeit scheint er sich auch in München aufgehalten zu haben. Walter Stang, Leiter der NS-Kulturgemeinde, berichtete seinem Vorgesetzten, Alfred Rosenberg, am 7. April 1944: »Am Montag, den 5. April fand zwischen mir und Herrn Staatsrat Gründgens im Hotel Vier Jahreszeiten in München eine interessante Begegnung statt, die von letzterem herbeigeführt wurde. Staatsrat Gründgens hatte bis dahin keinerlei Fühlung mit mir gesucht und mich auch sonst wohl absichtlich übersehen. Am 5. sprach er mich in der Hotelhalle an und ließ sich mit mir in ein längeres Gespräch ein, das wir bei einer Flasche Sekt fortsetzten. Herr Gründgens teilte mir dabei mit, daß er nunmehr aus innerem Drang, und um den anderen Künstlern ein Beispiel zu geben, Soldat werden wolle. Deshalb trete er zunächst einen 5 wöchentlichen Urlaub an. Wer die Leitung des Staatstheaters übernehmen werde, könne er nicht sagen, doch müsse es ein ›Feldwebel‹ sein. Er wollte damit zum Ausdruck bringen, daß es kein Mann mit eigenen künsterischen Ambitionen sein dürfe, daß sich die alten Regisseure des Staatstheaters von einem anderen kaum künstlerische Weisung geben lassen würden. Ohne von mir danach gefragt zu sein, bekannte er sein großes Interesse an der ›Deutschen Dramaturgie‹, dessen Aufsätze, insbesondere aus meiner Feder, er laufend verfolge. Meine Auseinandersetzungen mit der Spielplanpolitik im Kriege hatten unter der Künstlerschaft starke Erregung und lebhaften Widerspruch hervorgerufen. Er, Gründgens, habe aber solchen Meinungen widersprochen, und erklärt, in diesen meinen Ausführungen werde endlich einmal eine wirkliche Konsequenz sichtbar, die bisher an anderen Stellen zugunsten kompromißlerischer Halbheiten vermißt wurde. Gemeint war damit wohl in der Hauptsache das Propagandaministerium. Er habe weiterhin erklärt, wenn man schon einmal eine Weltanschauung vertrete, dann müsse man diese auch wirklich bis in die letzte Konsequenz durchführen, auch wenn dabei vor einem Goethe oder Kleist nicht halt gemacht würde. Er spielte dabei wohl auf meine Ausführungen über Kleist an, in denen ich seinerzeit darauf hinwies, daß bei aller dichterischen Größe manche Werke im Kriege nicht verwendbar seien. Die Gründe für die gezeigte Aufgeschlossenheit des Herrn Gründgens für unsere Anschauungen bzw. unsere Kritik war aus dem Gespräch nicht ganz zu erkennen. Es war aber immerhin interessant, aus so berufenem Munde eine Bestätigung der Richtigkeit unserer Anschauungen und kritischen Arbeit vernehmen zu können.«[4]

Der Grund für die Aufgeschlossenheit von Gründgens, besser die bewußte Kontaktaufnahme, dürften in der verstärkten Unsicherheit gelegen haben, der er jetzt ausgesetzt war. Noch war nicht klar, wie sich die Dinge weiter entwickeln würden, und Gründgens taktierte geschickt. Auffällig ist trotzdem, daß das, was Gründgens später als Widerstand bezeichnete, damals Konsequenz der nationalsozialistischen Weltanschauung war. Auch wenn das im Kern nicht seiner Überzeugung entsprach, zeigt es doch, wie freizügig Gründgens mit Überzeugungen operierte und wie flexibel er den Begriff Eindeutigkeit auslegte, wenn es die Umstände erforderten.

Es war bereits Ende Juni, als der Gefreite Gründgens nach Utrecht aufbrach. Ab dem 28. war er bei der Wehrmacht. Als Flaksoldat der Ersatz- und Ausbildungseinheit unterstand er einem Neffen Görings. Reale Gefahr hat für Gründgens in Utrecht nicht bestanden. Der Vermutung von Goebbels und Göring, daß das Soldatendasein für ihn nur eine neue und lächerliche Rolle sei, scheint Gründgens insgesamt den Versuch ordnungsgemäßer Pflichterfüllung entgegengesetzt zu haben. Er wurde Flak-Kanonier und sagte darüber: »Es knallt furchtbar, ist aber eine eindeutige Beschäftigung.«[5] Zwischendurch tauchte er allerdings immer wieder mal in Berlin auf.

Gründgens' Flucht zur Fahne wurde viel diskutiert und dabei vor allem als letzter, schlauer, selbstloser und heroischer Schachzug verstanden. 1949 führte seine Rolle bei der Wehrmacht nach einem sachlich in mehrfacher Hinsicht falschen und auch im Ton beschönigenden Artikel von Rudolf Augstein im »Spiegel« zu einer aufschlußreichen Kontroverse in der Zeitschrift. In dem Artikel hieß es: »Sie haben ihn schandbar geschunden.«[6] Dazu gehörte auch, daß Augstein Gründgens ein Photo abgeluchst hatte, das ihn als Soldat in Utrecht zeigt, und es auf der Rückseite des »Spiegel« abdruckte. Dieses Photo zeigt Gründgens in der Kniebeuge, die nach oben gereckten Arme halten ein Gewehr. Das Gesicht ist nicht gerade von Anstrengung gezeichnet, der Ausdruck ist eher leer, man mag die Spur eines Grinsens darin erkennen. H. Geisler aus Hamburg schrieb zu Bericht und Photo, abgedruckt ebenfalls im »Spiegel«: »Herrn Gründgens ist es dort ausgezeichnet gegangen, er wohnte im Offiziersheim, einer Villa am Wilhelminenpark. Als Kanonier! Er bekam Einzelausbildung durch einen Oberleutnant und einen Feldwebel. Die Namen sind mir leider entfallen. Wenn sein Dienst begann, klopfte der Oberleutnant an seine Tür mit den Worten ›Herr Staatsrat darf ich bitten‹. Fiel ihm eine Exerzierpatrone herunter sprang der Feldwebel hin und hob sie ihm auf. (Gewöhnliche Sterbliche mußten sie mit den Zähnen aufheben.) Diese etwas komische ›Ausbildung‹ nahm man an einem abgelegenen Ort in der Kromhont-Kaserne vor. Als dies zu viele Zuschauer anlockte, verlegte man den Spaß in den Garten des Offiziersheims.«

Harro Christiansen aus Hamburg schrieb zu einem weiteren Bild, das Gründgens beim Militär zeigte: »Hier sehen Sie ein Bild des Unteroffiziers Gründgens, aufgenommen 1943 in Holland. Es zeigt ihn anläßlich einer Besichtigung des damals in Holland liegenden Luftwaffenregiments ›General Göring‹ durch den damaligen Reichsmarschall. Bei Anwesenheit des preußischen Ministerpräsidenten Reichsmarschall Göring in Holland aß der preußische Staatsrat Unteroffizier Gründgens mit an der hohen Generalstafel im Hauptquartier des Wehrmachtsbefehlshabers in den Niederlanden. Der Adjutant des Wehrmachtsbefehlshabers Niederlande bekam vom Stabe Görings die Anweisung, dem Unteroffizier Gründgens gelegentlich einer Reise ein Kurierabteil im D-Zug anzuweisen.«

Und Siegfried Boetticher aus Hannover schrieb eine Spiegel-Nummer später: »Zu der Leserzuschrift von H. Geisler in Nr. 24. kann ich bestätigen: als ehemaliger Vorgesetzter von Gründgens, der ihn in seinem militärischen Werdegang genau kennengelernt hat, darf ich die Behauptung aufstellen, daß es kein Ausbilder je gewagt hätte, ›Herrn Staatsrat‹ – denn das blieb er auch beim Militär, in die Kniebeuge gehen zu lassen. Gründgens kam 1943 zu uns nach Utrecht, wurde als Weltkriegsteilnehmer automatisch Gefreiter und erhielt auf Befehl des Reichsmarschalls eine Extra-Ausbildung durch einen Hauptmann. Innerhalb kurzer Zeit bildete er selbst Rekruten aus und wurde rasch Unteroffizier, acht Wochen später sogar Wachtmeister. Auf höhere Weisung hin wurde er wie ein rohes Ei behandelt.«[7]

Diese Briefe sind eindeutig. Trotzdem versuchte Gründgens sie zu widerlegen. Seine Replik erweckt den Eindruck, als sei er von seiner Auffassung und seinem Heroismus wirklich überzeugt: »Meine Meldung zum Militär war eine ›freiwillige‹, und es hat mich viel Mühe gekostet, sie durchzusetzen. Sie geschah im Anschluß an die bekannte Sportpalast-Kundgebung ›Wollt ihr den totalen Krieg‹ und an seine Durchführung. Ich wollte demonstrieren, daß ich den totalen Krieg, in den ja auch das Theater miteinbezogen werden sollte, nicht mitmachen wollte. Da ich mich weder für ein

Irrenhaus noch für ein KZ interessieren konnte, blieb als letzte Möglichkeit nur die ›Flucht zur Fahne‹, wie es in einem mir vorliegenden Schreiben des im Verfolg des 20. Juli ermordeten Minister Popitz, der einer der wenigen war, die meine Gründe kannten, hieß. Als ich meinen Gestellungsbefehl endlich durchgesetzt hatte, meldete ich mich wie jeder andere Soldat auf der Wache der Krumhout-Kaserne in Utrecht. Von dort wurde ich zum Batallionsstab befohlen. Es wurde mir eröffnet, ich solle die ersten zehn Tage in einem kleinen Zimmer des Kasinos wohnen und von dort aus auf dem Kasernenhof zunächst Einzelunterricht erhalten. Sehr zu meinem Ärger, denn das Untertauchen war ja gerade der Sinn der Unternehmung, nicht etwa mein Wunsch absolut am Endsieg teilnehmen zu wollen. Der Grund war klar, denn die Division Hermann Göring, zu der ich ebenfalls gegen meinen leidenschaftlichen Wunsch eingezogen wurde, galt für eine Elitetruppe mit besonderem Schliff. Hat Herr Geisler mich wirklich nie mit der Kelle in der Hand vor dem Kasernentor stehen sehen, und den Verkehr regeln? Hat er nie an einem der großen Übungsmärsche teilgenommen, die für mich in meinem Alter mehr als strapaziös waren. Oder auf dem Schießstand, auf dem Kasernenhof, wo mich der Batallionskommandeur Schulz höchst eigenmäulig anpfiff? (Übrigens weil genau die in dem Eingesandt erwähnte Latrinenparole bis nach Berlin gedrungen war: damals hieß es sogar, ich hätte meinen eigenen Diener mit und bei meiner Ankunft wäre der Bahnhof bekränzt gewesen.) Es war schwer für mich und auch schwer für die Offiziere und Kameraden, mich einzuordnen. Denn einmal gab ich die Führung des Staatstheaters, dessen Generalintendant ich war, nicht ab, weil ich damit meine helfende und schützende Arbeit von zehn Jahren illusorisch gemacht hätte, zum anderen sollte das Nicht-Mehr-Ausüben meiner Tätigkeit meinen

Protest deutlich machen. Ich behielt also zwei Dinge in der Hand: Fragen der Entlassungen und Einberufungen und die Spielplangestaltung. Die ganze Situation war absurd, und ich weiß nicht, wie viele Leute die Zivilcourage dazu aufgebracht hätten. Goebbels sagte, befragt, warum ich zum Militär ging: Herr Gründgens hat die Pik Zehn ausgespielt, aber ich habe das As und kann damit stechen. Für jede dieser hier abgegebenen Erklärungen sind Zeugen vorhanden.«[8]

Eine weitere Version lieferte am 9. Oktober 1963, zwei Tage nach Gründgens Tod, Ernest Dehncke in »Bild«. Ein kleines Kommando habe Gründgens bei der Ankunft Mitte Juli in Utrecht vom Bahnhof abgeholt und sein Eintreffen sofort dem Kommandanten gemeldet, der den Neuen als »Staatsrat« begrüßte. Gründgens sei bedient worden, habe keine Grundausbildung absolviert, sei im Offiziersheim untergebracht gewesen und konnte die Kaserne nach Belieben verlassen. Nach fünf Wochen sei Gründgens Wachtmeister gewesen.

Nach einem guten halben Jahr als Soldat, wurde Gründgens von Göring im März 1944 zurückbeordert und nahm die Theaterarbeit wieder auf. Die Situation in Berlin war jetzt noch weitaus bedrückender geworden. Seit August 1943 waren schwere Angriffe auf Berlin geflogen worden, im März 1944, als Gründgens eintraf, wurden täglich Bomben abgeworfen, Mitte 1944 hatten die Aliierten dann die Lufthoheit über Deutschland. Die Proben wurden vielfach durch Fliegeralarm unterbrochen. Das Theater am Gendarmenmarkt war bereits 1943 durch eine Bombe beschädigt worden, weitere Treffer folgten 1944 und 1945, kurz vor Kriegsende wurde es noch von der SS angezündet. Das Kleine Haus wurde 1944 vollständig zerstört. Gründgens soll selbst beim Löschen geholfen haben, nachdem das Schauspielhaus nach einem Bombenangriff am 22. Juni 1944 Feuer gefangen hatte. Sowohl Kostüme als auch Dekorationsteile verbrannten damals, eine Luftmine war auf das Magazin in der Charlottenstraße gefallen.

Das geschah genau zwei Tage vor der letzten Premiere. »Die Räuber« am 24. Juni 1944 hatten nichts mehr von dem Glanz, der von diesem Theater zehn Jahre lang ausgegangen war. Die Aufführung dauerte von 17.30 bis 20 Uhr, so war es noch taghell, als die Zuschauer das Theater verließen. Ästhetisch ging die Inszenierung von Gründgens keine neuen Wege, trotzdem war an diesem Nachmittag auch auf der Bühne etwas Neues zu spüren: Neben Trotz – Und wir spielen doch! – und sogar so etwas wie stillem Protest – Was die Nazis uns doch alles antun! – keimte eine neue Ahnung von der Bedeutung des Theaters im Zuschauerraum, der noch wochenlang nach Rauch riechen sollte. Theater sollte nicht mehr die Ablenkungsanstalt der vergangenen Jahre sein, es diente der Moral und dem Trost.

1944 durften »Wilhelm Tell« und »Don Carlos« – der Ruf nach Freiheit war in beiden Stücken zu eindeutig – schon länger nicht mehr gespielt werden. »Die Räuber« allerdings waren noch erlaubt, obwohl es Stellen in diesem Stück gibt, die den Zeitbezug mehr als herausfordern. »Sehet, Moor, Ihr habt das Leben von Tausenden an der Spitze Eures Fingers, und von diesen Tausenden habt ihr neunhundertneunundneunzig elend gemacht. Euch fehlt zu einem Nero nur das Römische Reich und nur Peru zu einem Pizarro. Nun, glaubt ihr wohl, Gott werde es zugeben, daß ein einziger Mensch in seiner Welt wie ein Wüterich hause, und das Oberste zuunterst kehre? Glaubt ihr wohl, die neunhundertneunundneunzig seien nur zum Verderben, nur zu Puppen Eures satanischen Spieles da?« Das sind beziehungsreiche Worte, die Pastor Moser da zu Franz Moor sagt. Gründgens hat die Szene gestrichen. Er duldete immer noch keine

Anspielung, keine Aktualität auf der Bühne. Was für Heinz Hilpert im nahen Deutschen Theater eine heimliche Quelle des Vergnügens gewesen war, zeitgemäße Worte in klassischen Texten, lehnte Gründgens nach wie vor ab.

Deshalb hat er auch Spiegelberg, der nicht nur der übelste aus der Schillerschen Räuberbande ist, sondern von Schiller auch deutlich als Jude gezeichnet wurde, alle jüdischen Züge genommen. Während die Zeitungen die Streichung der Pastor-Moser-Szene sehr wohl bemerkten, erwähnten sie das Verschwinden des Juden aus dem Stück erstaunlicherweise mit keinem Wort. Wir wüßten nichts davon, wenn es nicht den Brief des Reichstagsabgeordneten Hans Fabricius gäbe, der sich bei Gründgens beschwerte, obwohl er die Aufführung für die vielleicht beste hielt, »die ich je gesehen habe«. Fabricius verstand sich als Fachmann, er hatte bereits das Buch »Schiller als Kampfgenosse Hitlers« veröffentlicht.

»Wenn man sich in Zeiten der Judenemanzipation und der Judenherrschaft«, schreibt er am Ende seines Briefs an Gründgens, »begreiflicherweise gescheut hat, Spiegelberg nach dem Willen des Dichters als Juden auf die Bühne zu bringen, so dürfte heute wo sich das nationalsozialistische Deutschland in einem Kampf auf Leben und Tod mit dem Weltjudentum befindet, aller Anlaß bestehen, diesen Verbrecher so darzustellen, wie ihn Schiller haben wollte: Als Juden. In der Aufführung des Schauspielhauses ist jedoch, wenn ich mich recht erinnere, sogar der Feigheitsausbruch Spiegelbergs in der Kampfszene und die köstliche Zurechtweisung, die Schweizer dieser jüdischen Erbärmlichkeit erteilt, gestrichen. Das deutsche Theaterpublikum hat m. E. ein Anrecht darauf, daß eine politisch so hochinteressante und hochaktuelle Angelegenheit bei einer Schiller-Aufführung im 5. Jahre unseres Krieges gegen das Weltjudentum nicht einfach unter den Tisch fällt. Ich suche vergebens nach

Gründen, warum dies dennoch geschieht. Für einen guten Schauspieler wäre es m.E. eine sehr lohnende Aufgabe, den Spiegelberg einmal – ohne jede kitschige Übertreibung oder Karikierung aber lebensecht – als Juden vom Schlage etwa eines Kurt Tucholsky auf die Bühne zu stellen.«[9]

Gründgens Zurückhaltung gegenüber aktuellen Anspielungen wurde später, als es darum ging, seine Rolle im Dritten Reich zu beurteilen, fast durchweg positiv aufgefaßt. Dabei diente der Brief von Fabricius meist als Beleg für Gründgens' mutige Haltung. Man kann aber davon ausgehen, daß sich Gründgens' zehn Jahre lang geprobte Ästhetik der Eindeutigkeit und Anspielungslosigkeit hier bereits soweit verselbständigt hatte, daß es weder seinem Mut zuzuschreiben war, wenn er die jüdischen Züge Spiegelbergs strich, noch Anpassung war, wenn er die Pastor-Moser-Szene wegließ. Gründgens konnte und wollte Kunst nur mehr als autonomen Raum begreifen. Die reine, nur für sich stehende Kunst, war schon längst zu seinem Programm geworden. Das hatte sich bereits vor der Nazizeit als seine ästhetische Grundhaltung angekündigt[10], als der reine Kunstraum der Oper für Gründgens zum Vorbild auch für das Sprechtheater wurde. Unter den Rahmenbedingungen des Nationalsozialismus wurde das dann zur Doktrin. In den fünfziger Jahren, als dann die Kämpfe um das Prinzip der Werktreue ausgefochten wurden, zu deren Protagonist sich Gründgens gemacht hatte, wirkte seine Ästhetik bereits etwas angestaubt. Ihm wurde Unmodernität vorgeworfen.

Überraschend in diesem Zusammenhang ist ein Aufsatz von 1948. Gründgens beschrieb in »Ein Treuloser bekennt sich zu Berlin« das Theater des Dritten Reichs vor allem als einen Ort der Anspielungen und stellte sich damit in den vollkommensten Gegensatz zu seiner ästhetischen Linie: »Das Theater war so ziemlich das einzige Gebiet, auf dem, getarnt durch die Dichtung, noch Meinungen laut werden konnten, die von der befohlenen Linie abwichen«.¹¹ Kein Wort darüber, daß er selbst dieser Linie nicht gefolgt war, im Gegenteil: »Zum Schluß gab es kaum noch ein Stück, das nicht gegen eins der Gesetze vom Totalen Krieg verstieß. Mit der Instinktsicherheit des wachsenden Hasses und der Verzweiflug wurde keine Situation auf der Bühne ausgelassen, die einem zum Schweigen und Stillhalten verurteilten Volk – sich zum Schweigen und Stillhalten verurteilt habenden Volk – zum Anlaß einer spontanen Meinungsäußerung dienen konnte.«¹² Gründgens war der Versuchung erlegen, sich als Widerstandskämpfer zu sehen.

Als der Vorhang im Juni 1944 aufging, waren Gründgens als Franz Moor, Paul Wegener als der alte Moor und sechs große, hohe und weiße Quader zu sehen. Den beiden Schauspielern schlug der Beifall schon entgegen, bevor sie etwas sagen konnten. Da war Selbstbehauptungswille, da war Trotz, da war auch, neben dem Brandgeruch, ein Hauch von Widerstand im Raum, der für Gründgens vier Jahre später eine identitätsstiftende Selbstverständlichkeit sein sollte. Die Bühne war – und blieb im weiteren Verlauf des Abends – karg. Die sechs Mauerteile deuteten in immer neuer Anordnung Innenräume an. Beeindruckender aber war die Tiefe dieser Bühne, die jetzt, so berichten die Kritiker, einen dämonischen Eindruck machte. Ein vereinzelter Baumstamm stand für die Heimat der Räuber in freier Natur.

Das erinnert unweigerlich an einen anderen Baum, der acht Jahre später begann, Theatergeschichte zu schreiben. Beckett, den Gründgens nicht mochte, wird in seinem Stück »Warten auf Godot« ein ähnliches Zeichen der Kargheit setzen. Aber Baum ist nicht Baum, auch wenn er in größter Simplizität gezeigt wird. Während der Baum Becketts zum

Zeichen einer neuen Ästhetik wurde, haftete dem Baum im Staatstheater etwas Notgedrungenes an. Er ist vor allem Ausdruck der Beschränkung einstiger Größe, atmet das Pathos des Opfers, und bezeichnet so eine Kränkung. Und so war da auch nichts von Becketts verzweifeltem Lachen zu spüren, sondern nur schwerer Ernst, Gründgens spielte Tragödien jetzt endgültig als Tragödien.

Aber genau diese Stimmungslage war es wohl auch, die die Zuschauer jener Tage so ungemein berührt hat, was sie damals und noch etliche weitere Jahre sehen wollten und mußten, um sich selbst zu empfinden. Gründgens mit seiner Übersensibilität für das Publikum hat einem emotionalen Bedürfnis, der bereits existierte, Ausdruck verliehen. Das Theater, so wird es in den Folgejahren auch in anderen Inszenierungen von Gründgens scheinen, etwa beim »Ödipus« oder den »Fliegen«, dringt durch ernste Klarheit, durch die erzwungene Selbstbescheidung zurück zu jenem Gefühl, das so lange verschüttet war, jenem Gefühl, das man dann gern das Menschliche nannte, jenem Gefühl, so mochte mancher gedacht haben, das jetzt wieder zum Vorschein kommt, wo die Gebäude in Schutt und Asche liegen. Jenes Gefühl, das vielleicht einen ersten Anflug von Trauer, von Bestürzung, und auch von Bescheidenheit ermöglicht, das in Wirklichkeit aber vor allem Kränkung ist.

In den Berliner Blättern des Jahres 1944 ist davon natürlich noch nichts zu spüren. Da sind die Auffassungen noch heroisch, da verbirgt sich Brüchigkeit hinter großen Worten: »Und doch lag über dieser Aufführung der Hauch eines Besonderen: der Wirbelwind und Atem der Leidenschaft aus Geist (Schiller) und Theater (Gründgens) und – die kriegerische Härte unserer Tage«, so die »Berliner Morgenpost«. Und weiter: »Es war ein Theaterabend von außergewöhnlicher Einmaligkeit und Großartigkeit. Tosender Beifall, stürmische Bravorufe.«[13] Im »Völkischen Beobachter« hieß es: »Das Haus am Gendarmenmarkt, in dem noch der Brandgeruch schwelt, will seinen großen Tag in dieser Zeit aus dem Trotz gegen die Zerstörung.«[14]

»Aber ist Euch auch wohl, Vater? Ihr seht so blaß.« Lauernd begann Gründgens, nachdem der Beifall abgeebbt war, als Franz Moor sein getriebenes und trotzdem souveränes Einwicklungs- und Vernichtungswerk. Da, am Anfang, steht der Vater noch im prachtvollen Ornat, würdevoll, stolz, groß. Und Franz selbst ist es, der sich verzehrt, bleich, mit roten Haaren und rotunterlaufenen Augen. Kleidung und Maske sind für Gründgens immer zentral gewesen, er hatte immer deutliche Vorstellungen, wie eine Figur aussehen sollte. Jetzt war sein Franz, im Gegensatz zum Vater, nicht nur bleich, sondern auch schlicht gekleidet. Und er hat keinen Buckel, sondern er ist körperlich normal. Sein Ästhetizismus war ein Schatten, über den Gründgens nicht springen konnte.

Gründgens entfaltete als Franz Moor das vollständige Repertoire der Intrige, der Beeinflußung, der Verführung und Suggestivkraft. An Daniel, den er überreden will, Karl zu ermorden, probierte er alles durch. »Zuerst geht er gewalttätig gegen ihn vor, dann mit mephistophelischer Beredsamkeit, und dann streichelt er, mit einer sadistischen Zärtlichkeit den Gequälten. Erst wenn er allein ist, werden die eiskalte Berechnung und der flammende Haß sichtbar.«[15] Gründgens spielte nicht den üblichen Bösewicht, das zähnefletschende Klischee, das jeder kennt und das niemanden schreckt, sondern, wie es damals hieß, einen spekulativen, sogar meditativen Geist, der sich wider die Natur auflehnt. »Wie Gift dringen die Monologe aus dem Munde dieses bleichen Ungeheuers in roter Perücke, mit rotumränderten Augen: die teuflische Bosheit Mephistos verbündet sich in diesem Franz Moor mit der philosophischen Grübelei Hamlets zu der kalten höfischen Gewaltwelt des Einsamen, des von der Natur, vom Schicksal Betrogenen.«[16]

Im dritten Akt wechselte die Perücke, sie war jetzt silbern. Da fühlt sich Franz bereits als Herr, jetzt ist er in Brokat gewandet, er dünkt sich sicher und verliert kurz das Getriebene. Da macht er sich auch an Amalia heran, kann über ihre Ohrfeige gelassen hinwegsehen, um ihr siegesgewiß ins Ohr zu zischen: »Meine Mätresse sollst du werden.« Dieser Franz Moor erinnerte an den Mephisto und damit war er ein Zeichen der Zeit.

Auch den Franz legte Gründgens nicht als Ausgeburt des Bösen an, sondern gab ihm, ganz im Sinn Schillers, durchaus menschliche Züge, weil er ihm Tragik zugestand. Noch bevor Franz sich erwürgt, wird er in seiner Widersprüchlichkeit nachvollziehbar: »Immer im Kreise herum treibt ihn das Gewissen, und schließlich reißt es ihn auf die Knie, auf denen er sich, sein lästerliches Gebet brüllend, immer weiter in den Raum arbeitet. Und da er sich dabei mit geballter Faust bekreuzigt, wird auch diese, aus dumpfer Kindheitserinnerung übriggebliebene fromme Gebärde zu weitausholender Drohung gegen den Himmel.«[17]

Da wird Gründgens Theater durch Texttreue tatsächlich vieldeutig und erreicht einen seiner Höhepunkte: Wer protestierte hier verzweifelt? Das von Hitler geschundene Volk (so mindestens empfanden es wohl die Zuschauer, auch wenn es weitaus Geschundenere als sie gab) oder war hier als das Böse Hitler selbst zu sehen?

Die deutlichsten Worte für diese Aufführung – jenseits all dessen, was man hineinsehen konnte, wenn man wollte, und es wollten fast alle etwas hineinsehen – fand der Kritker Paul Kersten: »Gründgens als Regisseur sorgt für einen klaren Aufbau, die strenge, logische Entwicklung im einzelnen, er stellt manchmal die großen Szenen mehr, als daß er sie belebt, die Räuber können heute nicht ›Ein freies Leben führen wir!‹ singen, und Pastor Moser tritt gar nicht erst auf, um gegen das satanische Spiel zu wettern. Es ist eine Aufführung unter derem stürmischen Impetus eine sachliche Kühle zu spüren ist.«[18] »Die Räuber« waren die letzte Premiere, die im Dritten Reich und unter Gustaf Gründgens am Schauspielhaus stattgefunden hat. Gründgens hatte es geschafft, unter widrigen Bedingungen noch einmal großes Theater zu machen. Diese Aufführung wurde dadurch zu einem wesentlichen Bezugspunkt, wenn es später darum ging, das Verhalten in der Nazizeit als heroischen Widerstand zu begreifen.

Mitte August erfuhr Gründgens als einer der ersten, daß die Theater geschlossen werden sollten. Zwar gab ihm der Leiter der Abteilung Theater im Propagandaministerium, Rainer Schlösser, keine definitve Auskunft, er deutete aber die Möglichkeit einer Schließung an. Emmy Göring vermittelte daraufhin eine Besprechung mit Goebbels, die am 24. August stattfinden sollte. Zuvor erreichte Gründgens aber noch einmal ein Anruf Schlössers: Goebbels lasse mitteilen, daß die Theater ab 1. September geschlossen würden. Gründgens solle diese Nachricht an Göring weiterleiten, was der noch am selben Tag in Carinhall tat. Es wurde dann eine sogenannte »Film-« oder auch »Gottbegnadetenliste« erstellt: Schauspieler, die vom Kriegseinsatz befreit wurden und trotzdem Gagen erhielten bzw. zum »Künstler- Kriegseinsatz« beordert wurden – was bedeutete, daß man zu Dreharbeiten befohlen wurde. Filmprojekte waren zu diesem Zeitpunkt sämtlich Propagandaprojekte. Gründgens entzog sich dieser Verpflichtung, indem er sich wieder zum Militär meldete, stand aber trotzdem mit Käthe Dorsch (die damals schon Burgschauspielerin war), Paul Hartmann,

Hermine Körner, Werner Krauß, Karl Heinz Stroux und Jürgen Fehling auf dieser Liste.[19]

Die – ergebnislose – Besprechung mit Goebbels fand dann doch noch statt, und zwar am 30. August, einen Tag vor der Schließung also. Gründgens machte darauf aufmerksam, daß die Schließung die »Immunität der Kunst« verletze und versuchte, wenigstens einige Ausnahmen zu erwirken, was Goebbels aber ablehnte. Außerdem setzte er sich auch hier für die Weiterbezahlung der Gehälter seiner Schauspieler ein und beharrte darauf, zur Truppe zurückzukehren – was allerdings Göring erst gestatten wollte, wenn die Theaterangelegenheiten geregelt sein würden. Gründgens erscheint jetzt in der für ihn später typischen öffentlichen Haltung: korrekt, bestimmt, selbstlos um das Wohl seiner Schauspieler bemüht und um das Theater besorgt.

Am 6. September hielt Gründgens in Uniform vor dem Ensemble eine Abschiedsrede. Er sprach über die verschiedenen Positionen bei Wehrmacht, Rüstungsindustrie und Film, zu denen die Schauspieler dienstverpflichtet würden. Er betonte zugleich, daß für alle der Vertrag mit dem Staatstheater, »die einzige effektive Bindung«, erhalten bleibe und auch in finanzieller Hinsicht erfüllt werde: »Solange ich Euch durch diese schwere Zeit geleiten darf, solange wird mein erster und letzter Gedanke die Sorge um Euer Wohlergehen sein, um die Sicherstellung Eurer Gegenwart und Eurer Zukunft.«[20] Der emotionale Höhepunkt von Gründgens' Ansprache lautete: »Wir sind nie getrennt gewesen und wir werden zusammenbleiben. Die auf diesen Brettern geschmiedete Einheit, deren einzige Lust und Qual der Dienst in der Kunst war, wird auch in die neuen Arbeitsbereiche mit dem Gefühl gehen: hier im Staatstheater bin ich zu Hause.«[21]

Das ist jene Haltung, die Gründgens sich zu eigen gemacht hat und die seine Sicht auf die Vorgänge im Dritten Reich auch später bestimmte. Der Gedanke der Einheit des Ensembles, der Gründgens selbst zur Stütze, weil zum Lebensinhalt wurde, verschmolz mit seiner anderen großen Idee, der Autonomie der Kunst. In solchen Worten ist die »Insel«, zu der das Theater am Gendarmenmarkt später stilisiert wurde, bereits enthalten. Es ist eine Art Verschwörung, die Gründgens am 6. September 1944 zelebrierte, ein Bund, der die schwankenden Zeiten überdauern sollte.

Die Gefühle und Einstellungen, die einer solchen Verschmelzung zugrunde liegen, hat Gründgens Anfang März 1944, in der Gedächtnisrede für den verstorbenen Bühnenbildner Traugott Müller, der auf der Bühne des Schauspielhauses aufgebahrt lag, noch deutlicher zum Ausdruck gebracht: »Es ist eine trotzige Gebärde, die uns ihn hierher holen ließ. Denn wir nehmen diesen Tod nicht hin, wie wir gelernt haben, vieles hinzunehmen. Wir wollen und müssen es sagen und aussprechen, wie schlimm uns dieser Tod getroffen hat. Herrisch und unduldsam, wollen wir uns nicht fassen, wir wollen klagen. Unser Leben ist hart geworden und zwingt uns täglich und stündlich das Äußerste ab. Und wir haben es in diesen Zeiten gelernt, dem Schicksal die Stirn zu bieten. Aber wenn wir auch hart werden mußten, so wollen wir nicht, daß unsere Herzen sich verhärten. Wir wollen nicht diesen Schlag hinnehmen. Wir wollen klagen, den Toten zu Ehren und unsere Herzen von schwerer Last zu befreien.«[22] Diese Gedächtnisrede war wie eine vorweggenommene Abschiedsrede vom Schauspielhaus.

Als Gründgens des Verstorbenen gedachte, wurde daraus, wie in allen hochemotionalen Momenten, auch ein Selbstporträt: »Seine Gabe der künstlerischen Unbeirrbarkeit und der menschlichen Einfühlung umzusetzen, darin sah er seine wesentliche Aufgabe, seine höchste künstlerisch-menschliche Verpflichtung. Es war nicht seine Art, sich prinzipiell zu geben, und ich möchte sagen, daß er vor seiner eigenen Unerbittlichkeit wie geniert war. Er gefiel sich in der Maske eines Mannes, dem es wenig ausmacht, das Chamäleon zu spielen, ja, er liebte zu sagen, daß er nur dazu da sei, ohne eigene Meinung jedem Regisseur jede Laune wunschgemäß zu erfüllen.«[23] Kunst und Mensch, das ist wohl das Entscheidende an Gründgens' Worten, werden eins. Egal wie die Maske, die Oberfläche, die Rolle aussieht, im Inneren befindet sich unbeirrbar: die Kunst. Gründgens hat hier in gewissem Sinn gefunden, wonach er immer gesucht hatte, die Rolle, die er selbst war. Nach solchen Worten hätte er eigentlich eine griechische Tragödie inszenieren müssen. Aber er inszenierte, wie wir wissen, »Die Räuber«.

In seiner Trauerrede fuhr Gründgens fort: »Wir wissen nicht, wie das Schicksal es mit diesem Haus meint, ob wir noch lange in ihm Kunst machen dürfen. Aber so schmerzlich auch der Verlust dieses Gebäudes für uns sein würde, hätten wir wirklich das Staatstheater verloren? Ist es nicht lebendig in uns, wo wir auch sein mögen, lebendig, wie dieser Tote lebendig in uns bleiben wird.«[24] Auch da ist die Idee der Insel zu spüren, und Gründgens ermahnt seine Gefolgschaft: »Tragen Sie, halten Sie den Geist, den dieses Haus sich schuf und dessen Baumeister einer jetzt von uns geht, fest in ihrem Herzen, über alle Bedrängnis des Tages hinaus. Erhalten Sie sich diese Ihre geistige Heimat. [...] Spinnen Sie sich ein in Ihre Kunst, in Ihre Arbeit, leben Sie darin [...] und halten Sie eigensinnig fest an diesem Geschenk, das die Natur Ihnen gab.«[25]

Gründgens war in diesen Tagen so sehr er selbst wie wohl nie zuvor, er war ernster, ergriffener, tiefgründiger als bisher, er war der auf sich selbst zurückgeworfene Mensch. Zugleich aber war er so wenig er selbst wie nie zuvor: es war nur noch wenig vom mondänen, weltgewandten Verwandlungskünstler übrig. Als Traugott Müller am 29. Februar starb, war Gründgens, obwohl damals ja noch bei der Wehrmacht, nicht in Utrecht, sondern auf seinem Gut in Zeesen. Dort hat er, drei Tage vorher, in einem Brief an den Generalintendanten Tietjen, allen Anflügen von Selbstmitleid zum Trotz, die Wahrheit über seine Rolle im Dritten Reich so deutlich wie nirgends sonst formuliert:[26]

Lieber Herr Tietjen,

für ein paar Tage bin ich nach Zeesen gekommen, um den heutigen Tag nicht in meinem Bunker zu verbringen. Es wäre fast unmöglich, mit Gelassenheit über dieses Datum hinwegzukommen, das bei einigermaßen normalem Verlauf ein großer Einschnitt hätte werden sollten. Heute ist es also zehn Jahre her seit jener gewaltigen und auch gewaltsamen Änderung in meinem Leben. 10 Jahre – die besten die ich wohl hatte. Und das Fazit ist nicht schön – trotz vielem Schönen, aber es ist mir lieber so, wie es jetzt ist, als wenn ich weiter den Schein aufrecht erhalten müßte. Um der Sache willen, der ich 10 Jahre diente, habe ich mehr schlucken müssen, als man wohl darf ohne Schaden an seiner Seele zu nehmen. Ich weiß, daß ich immer wieder so handeln müßte: Es ist wohl meine Natur, die immer nur das Nächstliegende ganz begreift und dafür begabt ist, und so war die Tatsache, wie sehr ich damals nötig war, überzeugender als alle Erwägungen, wie es mir dabei ergehen würde. Jetzt ist eine Leere in mir, von der ich hoffe, daß es eine »schöpferische Pause« ist. Vielleicht ergreift es mich eines Tages wieder. Oder die gebieterische Notwendigkeit hilft mir noch einmal einzusteigen. Heute sitze ich still und doch im Großen ohne Ressentiment hier in Zeesen mit Marianne. Und denke nur, wie anders diese Tage bei meinen glücklicheren Kollegen verlaufen sind. Ihnen aber heute zu schreiben, ist mir nächstes Bedürfnis und Ihnen für die gemeinsame Arbeitszeit, Ihre Freundschaft und Ihr Verständnis zu danken. Ich will nicht nach Berlin kommen in diesen wenigen Tagen und bitte auch Sie, mein »incognito« zu wahren.

Viele herzliche Grüße
Ihres G.G.

Gründgens gab also indirekt zu, im Dritten Reich den Gipfel seiner Möglichkeiten erreicht zu haben, und gleichzeitig dadurch korrumpiert worden zu sein.

Nach der Schließung zum 1. September war das Schauspielhaus noch nicht ganz am Ende. Während des folgenden Monats durften noch Rezitationsabende gegeben werden. Neben einem Goethe- Abend und einem gemischten Klassikerabend war – am 26. und 27. September – ein Schillerabend eingerichtet worden. Alfred Mühr schrieb später über diese Abende: »Was sonst im großen Rausch des Theaters mit Dekorationen, Licht, Farbe, Kostüm die Phantasie des Zuschauers erregte, das erreichte in diesen besonderen Klassikerverantaltungen aus dem Notbehelf einer geistig und politisch abgründigen Zeit die fast zeremonielle Strenge des Stils, die Feierlichkeit aus der Schlichtheit und äußerlichen Unabhängigkeit der Mitwirkenden bis zu jener Höhe der sprachlichen Meisterschaft und theatralischer Könnerschaft, die diese Darstellung auszeichnete. Aus dem Schwanengesang des Theaters wurde ein Aufruf für einen neuen Anfang. Aus der Kargheit der Mittel wurden eine Tugend und ein neuer Stil, aus dem Wesentlichen wurde der Aufbruch in revolutionäre Bezirke der Bühnenkunst.«[27] An den beiden

Schiller-Abenden wurde auch die verfängliche Pastor-Moser-Szene, die bei der »Räuber«-Inszenierung nicht zu sehen und zu hören gewesen war, gesprochen. Der Widerstand wuchs. Gründgens berichtete über diesen Auftritt 1948 in einem Aufsatz: »»Die Meinung acht sie im andern auch‹, so war es, für Schauspieler und Publikum gleich erschreckend, in der Pastor Moser-Szene in den Räubern, in der Paul Bildt, von der Erregung zwischen Bühne und Parkett hypnotisiert, kaum noch weiterspielen konnte, (wobei ich feststellen muß, daß erst der Zusammenhang zwischen Zuschauer und Schauspieler, diese kaum zu ertragende Bezüglichkeit auf den Tag ergab).«[28]

Gründgens schaffte es, sei es durch seine Meldung zur Wehrmacht, sei es durch seine Beziehungen, sich für die verbleibenden Monate sowohl von Film- als auch Rundfunkaufgaben fernzuhalten. Auch zu seinem Regiment in Holland mußte er nicht mehr zurückkehren. Nach dem Zusammenbruch des Deutschen Reichs begann er sofort wieder mit Proben. Und wieder waren es »Die Räuber«. Antje Weisgerber berichtet, daß sich ihr Mann Horst Caspar (Karl), Gründgens (Franz) und sie (Amalia) versammelt hatten, um das Stück einzustudieren. Andere Schauspieler gab es noch nicht, Antje Weisgerber hatte ihr erstes Kind bei den Proben im Kinderwagen dabei und war mit dem zweiten schwanger. Während dieser Proben im Harnack-Haus wurde Gründgens von den Russen mehrfach verhört und nach dem fünften oder sechsten Mal wurde er festgenommen. Danach wurde Gründgens zuerst in Grunewald verhört, dann nach Weesow gebracht, dann war er in Jamlich interniert. Gründgens hat über seine Zeit im Gefangenenlager nie Auskunft gegeben. Curt Riess berichtet trotzdem einiges über die Zeit im Lager. Danach waren es drei Dinge, die Gründgens hier aufrecht hielten und ihm sogar zu einer Art

Normalität verhalfen: Die Sorge um sein Äußeres, die Sorge ums Überleben – und das Theaterspielen. In den Anfangstagen der Haft sprach Gründgens Gedichte und einige seiner Rollen für sich selbst, er erhielt aufrecht, was er war, die Worte waren ihm, wie die Kleidung ein Schutz gegen äußere Verwahrlosung und innere Auflösung. Außerdem soll Gründgens im Lager nicht unter den Kopfschmerzen gelitten haben, die sonst sein ständiger Begleiter waren. Später wurde über diese Zeit immer wieder gesagt, daß Gründgens auch im Lager schnell ein Privilegierter war. Außerdem hieß es, daß er bei der Arbeit im Steinbruch, die er trotz Privilegien verrichten mußte, besondere Angst um seine körperliche Unversehrtheit hatte. Denn er dachte, die Russen würden ihn entstellt nie mehr freilassen.

Als die russische Kommandatur mitbekommen hatte, daß Leute im Lager waren, die Theater machen konnten, wurden – ohne alle Hilfsmittel – vor allem Operetten inszeniert: »Der Bettelstudent«, »Der Bajazzo«, »Zar und Zimmermann«, in der »Zigeunerliebe« von Lehar sang Gründgens die Hauptrolle. Die Bühne war notdürftig, Kostüme gab es nicht, Instrumente konnten, wie auch immer, besorgt werden, Partituren und Texte dagegen waren nicht vorhanden. Aber die Russen – und natürlich auch die Mitgefangenen – waren anscheinend begeistert. Wie bedeutsam für Gründgens das Erlebnis mit den »Räubern« war, zeigt sich daran, daß die erste Inszenierung, die er in Jamlich versuchen wollte, ebenfalls Schillers Stück war.[29]

Die Informationen über Gründgens Zeit in Gefangenschaft bestätigt Friedrich Luft: »Er hat, wenn er über diese Zeit sprach, nie mit Bitternis oder Ressentiment über sie gesprochen. Er ließ durchblicken, daß er alle Höllen des Daseins in der Verwahrung durchstehen mußte. Er hat hin und wieder versucht, böse oder rührende Einzelheiten aus der

Distanz der Jahre mit einem gewissen sensationellen Humor zu schildern. Aber er hat auch geschildert, wie ihn vor der letzten Verzweiflung, vor dem realen Inferno, in dem er vegetieren mußte, das Wort im buchstäblichen Sinne gerettet hat. Er sprach Rollendialoge vor sich hin. Er rekonstruierte sich den Klang und den Trost großer Dramenpassagen. Er hielt sich an der Wirklichkeit der Dichtung fest, da die Wirklichkeit um ihn herum höllisch war und schier hoffnungslos.«[30]

Als Gründgens treuester Gefolgsmann erwies sich in dieser Zeit Peter Gorski. Etwa 1942 hatte er – nach der Erinnerung von Antje Weisgerber – wohl vor allem deswegen zu Gründgens Kontakt gesucht, weil er sich von ihm erhoffte, daß er ihn vor der Wehrmacht retten könnte. Seitdem gehörte Gorski zum Umfeld von Gründgens, ohne feste Aufgaben am Staatstheater zu übernehmen. Als Gründgens im Lager war, hat er sich dann weiter um ihn gekümmert. Er versuchte, Kontakt zu halten und ihn zu versorgen. In dieser Zeit wurde das Verhältnis von Gründgens zu Gorski so eng, daß Gründgens ihn später zu seinem Adoptivsohn und damit Erben machte. Gründgens war auch von Gorskis Theatertalent überzeugt. Das stieß weithin auf Unverständnis, zumal Gorski sich im Theater als nicht besonders geschickt erwies. Bei den Proben zu »Der Unbestechliche« von Hofmannsthal in Düsseldorf im September 1953 kam es beispielsweise zu ernsthaften Auseinandersetzungen mit dem Schauspieler Ludwig Linkmann; Gorski soll sich mit Linkmann geprügelt haben, da der sich nicht in sein Regiekonzept fügen wollte. Trotzdem war Gorski für Gründgens unentbehrlich – wohl so etwas wie Mutter und Sohn in einer Person.

Curt Riess behauptet in seiner Biographie, daß Gründgens und Imo Moszkowicz, Gründgens' langjähriger Düsseldorfer Regieassistent, im Theater »die beiden KZler« genannt worden seien. Moszkowicz bestätigt das, meint aber, daß es vor allem Riess selbst gewesen sei, der mit der »ihm eigenen Ironie« diesen Ausdruck gebraucht habe. Allerdings sei es tatsächlich die Lagererfahrung gewesen, die ihn, Moszkowicz, und Gründgens verbunden habe. »Er hat einmal gesagt, du bist aus einem Nazi-Konzentrationslager gekommen, ich aus einem russischen, wir haben beide die Instinkte der Verfolgten.« Für Moszkowicz, der Auschwitz überlebt hat, sagte Gründgens nichts Empörendes: »Ich wußte, daß die Russen gnadenlos sind, ich wußte, daß jeder, der in diese Fänge geriet, nicht so schrecklich viel besser dran sein konnte, als ich es bis zu diesem Zeitpunkt war.«[31]

Gründgens kehrte 1947 in seine Geburtsstadt zurück. Er war von 1947 bis 1955 Intendant in Düsseldorf. Am 13. September 1951 wurde das Düsseldorfer Theater im wiederaufgebauten Operettenhaus in der Jahnstraße eröffnet. Davor hatte es in Düsseldorf gar kein richtiges Theater gegeben. Das Schauspielhaus von Louise Dumont und Gustav Lindemann war zerbombt worden. Und so waren die großen Premieren wie »Ödpius« von Sophokles und »Die Fliegen« von Sartre nach dem Krieg in der Oper herausgekommen. Die eigentliche Sprechbühne aber war das Gebäude der ehemaligen »Feuersocietät« in der Friedrichstraße gewesen, hier war etwa der »Snob« von Carl Sternheim herausgekommen. Außerdem hatte es noch eine winzige Bühne in der Luisenschule gegeben. Auf dem Spielplan standen am 13. September 1951 wiederum Schillers »Räuber«.

Diese Aufführung der »Räuber« von 1951 hatte eine ganz eigene Aura. »Jeder kann denken, was er will – aber die Räuber-Vorstellung, mit der das Düsseldorfer Schauspielhaus eröffnet wurde, war für mich die beste, die ich gesehen habe und wahrscheinlich jemals sehen werde. Ich bin in vielen Theatern gewesen, wo dieses Stück gespielt wurde. Ich liebe es; doch der poetische Reiz und die unbedingte Kraft und der wunderbare Wahnsinn, der in all diesen Figuren herrscht, wurde mir niemals deutlicher als an diesem Abend.«[32] So die Schauspielerin Elisabeth Flickenschildt in ihren Erinnerungen.

Der aus Amerika zurückgekehrte Ullrich Haupt spielte damals den Karl Moor, Gustaf Gründgens seinen Bruder Franz, Antje Weisgerber die Amalia. Die Liebesszene zwischen Amalia und Karl hatte es Elisabeth Flickenschildt besonders angetan: »Antje war ganz weiß gekleidet, hatte schwarze lange Haare, die fast auf den Boden reichten, und er umarmte sie mit einer solchen Inbrunst, mit solcher Verzweiflung, daß man voller Betroffenheit auf seinem Platz saß; alles war so schön, so schön. Schiller. So voll Sehnsucht, voll Verzweiflung und so voll Mord und Tod.«[33] Inbrunst, Verzweiflung – da sieht und hört man förmlich das Schillersche Pathos, das Sentimentalische in ungefilterter Direktheit. Was Schiller heute zu einem unzeitgemäßen Autor macht, wurde 1951 als Gipfel der Kunst empfunden. Wird Schiller heute nur noch ironisch gebrochen auf die Bühne gebracht, sehnte man sich damals nach dem reinen, eindeutigen Gefühl, das bei ihm zu finden war. Ernste Klarheit wurde nicht als lächerlich empfunden, sondern als Ausweis richtigen Empfindens, man besann sich darauf, ein Mensch zu sein. Da knüpfte Gründgens direkt an die Aufführung von 1944 an.

Elisabeth Flickenschildt, von Gründgens immer nur »Flicki« genannt, war mit ihm schon in Berlin am Schauspielhaus verbunden gewesen. Allerdings wurde sie erst in Düsseldorf zum Star. Hier war sie auch eine seiner engsten Vertrauten. Wie man noch heute leicht in ihren Erinnerungen nachlesen kann, neigte die »Tragödin« als Schriftstellerin nicht unbedingt zur Sentimentalität. Trotzdem geriet sie bei den »Räubern« von 1951 in ein entrücktes Schwärmen. Wenn wir das Stück nicht kennen würden, müßten wir nach ihrer Beschreibung denken, es handle sich um die Aufführung einer romantischen Tragödie oder von »Romeo und Julia«.

So schrieb Gerd Vielhaber über Ullrich Haupt als Karl Moor damals auch folgerichtig: »In seiner Liebesszene mit Amalia, die wir nie so rein, so verhalten sahen, ist er von romeohafter Zartheit. Als er sich lossagt von seinen Kumpanen, die ihn wie die Eumeniden gespenstergleich umdrängen, ehe sie ihn verlassen, steht er mit seinem Schlußsatz auf leerer Bühne allein der Welt gegenüber.«[34] Auch hier: nacktes, ungeschütztes Pathos. Das konnte damals offenbar wirklich als sehr bedeutsam und wahrhaftig empfunden werden.

Auch äußerlich stand die Düsseldorfer Aufführung im Zeichen der Kontinuität, sie knüpfte fast überall an die Berliner Fassung an, Willi Schmidts Bühnenbild war ähnlich wie das in Berlin. Änderungen betrafen vor allem die Pastor-Moser-Szene. Das Räuberlager, das in Berlin überdimensionale Ausmaße hatte, um möglichst viele Schauspieler beschäftigen zu können, wurde dagegen auf das Nötigste beschränkt. Und Spiegelberg blieb eine Randfigur. Gründgens blieb seiner Rollengestaltung bei Franz Moor treu, er blieb der Geist, das Gegengewicht zur Naivität von Amalia und Karl Moor, das jetzt das Übergewicht bekam. »Gründgens war wie ein Gespenst, ein weißes, rachsüchtiges, unheimliches Gespenst, in Seide und Brokat gekleidet, mit einer rötlichen Perücke über einem fahlen, grausamen, gelblichen Gesicht«[35], schrieb Elisabeth Flickenschildt. Einerseits soll ihm diese Rolle sehr schwer gefallen sein, andererseits war sie einer seiner grandiosen Auftritte. Am besten, sagt Imo Moszkowicz, sei Gründgens am Schluß gewesen: »Franz Moor erhängt sich ja am Schluß, das hätte Gründgens nicht können. Er erdrosselte sich in seinem Kostüm, und das war grandios. Das war getanzt, nicht gespielt. Durch solche Auftritte habe ich gelernt, daß die sogenannte Natürlichkeit der Tod jeder Kunst ist.«[36]

Der Theaterkritiker Karl Heinz Ruppel, dessen Kritiken Gründgens schon in der Staatstheaterzeit begleitet hatten und die lange Zeit als wesentlicher Referenzpunkt für eine Beurteilung von Gründgens Arbeit galten, schrieb über die »Räuber«, als sei das Dritte Reich schon in weite Ferne gerückt: »Das ist etwas ganz anderes als die nach dem Krieg eine Zeitlang beliebt gewesene billige Aktualisierung, die in Schillers Jugendwerk eine Art Heimkehrerstück, ein Drama der Entwurzelten und ein Dokument der sozialen Lage sah. Gründgens stellt die Räuber in eine viel weiter und tiefer reichende Beziehung zu unserer Zeit, indem er die beklemmende Gleichartigkeit des Lebensgefühls aufspürt, das den Menschen, zumal den jungen, in Anarchie und Nihilismus treibt.«[37] Ruppels Darstellung ist weitaus distanzierter als die von Flickenschildt und Gerd Vielhaber. Nach seinen Worten hat Gründgens als Regisseur einem kollektivem Empfinden eine Form gegeben. Nihilismus und Anarchie – das scheint den schwärmerischen Wahrnehmungen von Flickenschildt und Vielhaber vollkommen zu widersprechen. In Wahrheit erklärt es aber das Bedürfnis nach großen Gefühlen. Die »Räuber« aus den Jahren des Zusammenbruchs und des Verlusts der Illusionen spielten noch in der Aufführung von 1951 die wesentliche Rolle. Auch wenn die Zuschauer die vorangegangenen Inszenierungen im einzelnen nicht kannten, verstanden sie doch die Haltung, die allen »Räuber«-Aufführungen zugrundelag, umso besser: heroisches Standhalten gepaart mit Selbstmitleid über die eigene fatale Lage.

Fassung gewinnen:
Der Snob, 1946

»ANGENOMMEN ABER SOGAR, DIE NAZIS BLIEBEN an der Regierung: was hatte er, Höfgen, schließlich von ihnen zu fürchten? Er gehörte keiner Partei an, er war kein Jude. Vor allem dieser Umstand – daß er kein Jude war – erschien Hendrik mit einemmal ungeheuer tröstlich und bedeutungsvoll. Was für ein unverhoffter und bedeutender Vorteil, man hatte es früher gar nicht so recht bedacht! Er war kein Jude, also konnte ihm alles verziehen werden.«[1] Ein eigenartiger Gedanke, den Klaus Mann Hendrik Höfgen da anläßlich der Machtergreifung der Nationalsozialisten unterschiebt, eine böswillige Unterstellung sogar, wenn wir in Höfgen Gründgens sehen.

Wir wissen nicht, ob diese Gedanken denen entsprechen, die Gustaf Gründgens 1933 hatte. Aber was fühlte man überhaupt damals, wenn man nicht eindeutig für oder gegen die Nazis war, wenn man nicht Angst oder Freude empfand? Es gibt zu dieser Frage so gut wie keine Forschung. Der Historiker Saul Friedländer stellt sich zu Anfang seines Buches »Das Dritte Reich und die Juden« diese Frage und er zieht als Beleg die eben zitierte Stelle aus Klaus Manns Roman heran.[2]

Gründgens oder nicht – Hendrik Höfgens Gefühle kreisen um eine Erleichterung. Auf einmal empfindet er Erleichterung angesichts einer zufälligen Tatsache, die ihm zuvor nichts bedeutet hatte. Er steht mit einem Mal auf der richtigen Seite. Fühlte er sich zuvor nicht ganz von Makel frei, so kann er sich jetzt seiner Reinheit sicher sein. Es ist, wie wenn auf einmal das Schlechte aus ihm entfernt worden wäre.

Wir wissen nicht, ob Gründgens damals tatsächlich Selbstekel und Erleichterung empfand, wie ihm Klaus Mann unterstellte. Wir können auch sonst nicht sicher sein, was Gründgens 1933 wirklich dachte und fühlte. Dreizehn Jahre später sieht die Situation aber schon anders aus. Wieder geht es darum, auf der richtigen Seite zu sein. Aber jetzt liegen die Dinge nicht mehr so eindeutig wie damals. In einer merkwürdigen Umkehrung der Ereignisse von 1933 muß sich Gründgens 1946 noch einmal die Frage gefallen lassen, ob er dazugehört: Gustaf Gründgens (bzw. Gustav, wie ihn die amtlichen Stellen jetzt wieder nennen) wurde 1946 in Berlin und 1947 in Düsseldorf insgesamt dreimal entnazifiziert. Wie sich 1933 die Frage gestellt hatte, welcher Gesinnung Gründgens war, so stellte sie sich jetzt wieder: War er ein Nazi gewesen oder nicht? Damals, während dieser Auseinandersetzung im Jahr 1946, als Gründgens eine Phase extremer Unsicherheit durchlebte, entwickelte er jene Verteidigungsstrategie und persönliche Statur, die er für den Rest seines Lebens, nicht nur wenn es um das Dritte Reich ging, beibehalten sollte.

Am 5. Juni 1945 war Gründgens von den Russen verhaftet worden, am 9. März 1946 ließen sie ihn wieder frei[3]. Seine Schauspieler hatten sich für ihn eingesetzt, es gab mindestens drei Petitionen, eine bereits vom 9. Juni 1945, die beiden anderen wurden 1946 verfaßt[4]. Ilse von Wangenheim berichtet ebenfalls, daß die Freilassung auf seine ehemaligen Mitarbeiter zurückging. Im Deutschen Theater sei eine Betriebsversammlung der ehemaligen Mitarbeiter am Staatstheater abgehalten worden, 800 Personen seien versammelt gewesen und hätten mehrere Stunden debattiert. Fast alle hätten sich für Gründgens ausgesprochen, und so sei ihr Mann, der damalige Intendant des Deutschen Theaters, Gustav von Wangenheim, beauftragt worden, Gründgens zurückzuholen. Er hatte zu den Russen beste Beziehungen.

Wangenheim und Gründgens, Gustav und Gustaf, kannten sich bereits aus Hamburg, wo Wangenheim ebenfalls bei Erich Ziegel an den Kammerspielen engagiert gewesen war. 1928 hatten sie sich das letzte Mal gesehen. Gustav von Wangenheims Theaterarbeit war im Gegensatz zu der von Gründgens tatsächlich von kommunistischen Idealen inspiriert. Er war dann ins Moskauer Exil gegangen, wurde eher Politiker als Theatermensch. Klaus Mann hatte er aus Moskau anläßlich des »Mephisto« einen Brief geschrieben, in dem es unter anderem heißt: »Den gibt's, den Gründgens. Mit dem Höfgen hat er vieles gemein. Vor allem eben dies, daß seine Intendantenkarriere kein Durchbruch ist im Zauberkampf einer Persönlichkeit, sondern ein Schwanken und Gleiten mit all den Möchtegern-hochhinauf-Führergestalten.«[5] Man sollte also meinen, daß zwischen Gustaf und Gustav Welten lagen. Doch so war es nicht.

Gründgens wurde von zwei russischen Offizieren am 9. März 1946 abends in Wangenheims damals noch ärmliche Unterkunft in Biesdorf gebracht. Seine Frau Ilse von Wangenheim schildert dieses entscheidende Wiedersehen: »Und hol's der Teufel – der mit einiger Spannung Erwartete schwebte wieder genauso schwerelos und flüssig durch den makabren Flurschlauch seiner Freiheit entgegen wie damals über den Kies. Ja, auch die Umarmung des einstigen Kollegen, dem der Gang der Weltgeschichte recht gegeben hatte, gelang ihm ohne geringste Verlegenheit. ›Tag, Gustav … fein, daß du da bist!‹ [...] Keine Frage: der mit dem ›f‹ hinten war gezeichnet. Die Prüfung, die über ihn gekommen, wußte er wohl. Aber nicht im Sinne einer Erschütterung. Er hatte einfach auch diese Prüfung zuvorberechnet und diese Rechnung war rascher aufgegangen, als er zu hoffen gewagt. Insofern wirkte er an diesem ersten Abend der wiedergewonnenen Freiheit irgendwie seltsam ›erfolgreich‹, und ich leugne es nicht – ich kam mir, nachdem ich so vieles durchgemacht, einigermaßen düpiert vor. Nun kommt das Erstaunliche: es erregte nicht meinen Haß. Ich kann noch heute, im späten Nachhinein, die sichere Aussage machen, daß ich es ihm nicht übelnahm, obwohl seine innere Unberührtheit, nach allem, was er durchgemacht, mich hätte dazu aufreizen sollen. Er wußte eben zu gewinnen. Er war einer der größten Diplomaten, die ich in meinem Leben kennengelernt habe. Er hatte seine Brille eingebüßt, trug auf nacktem Körper einen vom Lagerleben hart mitgenommenen, ehemals eleganten Anzug, wußte sich natürlich schon wieder eines dunkelgrünen, dezent flotten Seidenschals zu bedienen, der seine Brustblöße gefällig verdeckte. Das Gesicht war glatt, offen und deutlich wie eh und je, sein Lächeln gab die Zahnreihe frei, in den Fältchen hinter den Mundwinkeln saß, wie einst, die nur fein angedeutete sarkastische Wollust... alles nur ein wenig zurückgenommen, begrenzt auch durch einen ihn in diesem Augenblick vielleicht überwältigenden Ernst. Männlicher auch im Gestus war er nun, aber doch im Ganzen in seiner charakteristischen Originalität unangetastet.«[6]

Gründgens sollte am Deutschen Theater spielen. Er und Wangenheim einigten sich, wahrscheinlich schon an diesem Abend, auf den »Snob« von Carl Sternheim als erste Rolle, wobei allerdings die Angaben, wer den Vorschlag machte, differieren. Ilse von Wangenheim meinte, es sei Gründgens' Vorschlag gewesen[7], Gründgens behauptete, Wangenheim habe den Vorschlag gemacht: »Und wie ich dann nach Hause kam, habe ich meine Frau gefragt: Du, was wollte ich seit Jahren immer so gern spielen? Genau das, was Wangenheim dir jetzt anbietet, hat sie geantwortet, und auf ein paar Bücher gezeigt, die wenigen, die mir nicht vebrannt sind, und da lag obenauf Sternheims Snob.«[8] Im einen Fall plant Gründgens bewußt, im anderen schlittert er durch einen glücklichen Zufall in die neue Rolle.

Später erzählte Gründgens eine ganz andere Fassung seiner Rückkehr. Gustav von Wangenheim, der damalige Intendant, soll den ehemaligen Intendanten mit folgenden Worten empfangen haben: »Stellen Sie sich vor, der Vorhangzieher hat heute den Vorhang zu früh fallen lassen und dadurch meiner Frau die Schlußpointe verpatzt!« Als er die Geschichte später zum besten gab, bemerkte er dazu: »Das waren sozusagen die ersten Worte nach neun Monaten Konzentrationslager!«[9]

Das Deutsche Theater lag in der Russischen Besatzungszone. Die verschiedenen Sektoren konkurrierten 1946 bereits – auch auf kulturellem Gebiet – heftig miteinander und behielten sich genau im Auge. Zeugnis davon gibt ein Schreiben von Captain Sely vom britischen Information Control Unit an Major Bell von der amerikanischen Theatre and Music Section vom 13. März 1946[10]. Gründgens, so berichtet Sely, sei von den Russen freigelassen worden und angeblich bereits beim Deutschen Theater unter Vertrag gewesen. Tatsächlich wurde dieser Vertrag aber erst am 15. März unterzeichnet, die Verpfichtung von Gründgens wurde danach auch in der Presse bekannt gemacht[11]. Spätestens zu diesem Zeitpunkt wußte also ganz Berlin, daß Gründgens wieder in der Stadt war.

Ein Brief an den Schauspieler Aribert Wäscher vom 27. März 1946[12] gibt Einblick in die innere Verfassung von Gründgens. Die Verbindung zu Wäscher gehörte während des Dritten Reichs nicht zu den intimsten, die Gründgens am Staatstheater hatte. Jetzt ist er Wäscher mehr als dankbar, er ist von seiner Hilfe gerührt. Wäscher gehörte zu den Schauspielern, die die erste Petition eingereicht haben und er hatte beim Notar eine eidesstattliche Aussage gemacht, die für Gründgens noch wichtig werden sollte. Tief verletzt war Gründgens dagegen, wenn er den Eindruck hatte, daß jemand sein Schicksal in diesen Tagen nicht nahe ging. Bernhard Minetti etwa, zu dem er bisher ein engeres Verhältnis als zu Wäscher hatte, berichtet, daß Gründgens es ihm übel genommen habe, sich nicht gleich nach der Haftentlassung gemeldet zu haben.[13] An Wäscher schrieb Gründgens: »Ich habe eine ganze Menge mit mir geschehen lassen müssen und mich zum Schluß in meiner passiven Rolle beinahe wohl gefühlt. Es ist auch eine Art Sicherheit, wenn man sich sagen kann: Viel tiefer geht's nicht. Mein come back war dann leider etwas zu theatralisch, aber meine Freude, daß das einzige, was ich in den letzten Jahren ernst genommen habe, nämlich meine Beziehungen zu den Menschen, gestimmt hat, hat mich sehr glücklich gemacht und mir sehr viel Sicherheit gegeben.«[14] Sicherheit, das ist auffällig, ist jetzt das bestimmende Thema. Gründgens hielt sich viel darauf zugute, daß die menschlichen Beziehungen, die er in den Jahren zuvor geknüpft hatte, jetzt hielten, daß sie sich als tragfähig und damit für ihn als echt erwiesen. Was Gründgens genau mit dem »come back« meinte, ist nicht zu ermitteln, wahrscheinlich ist von einer offiziellen Begrüßung im Deutschen Theater die Rede.

Ähnlich wie gegenüber Wäscher äußert sich Gründgens in einem Brief mit gleichen Datum an Pamela Wedekind, dort allerdings ergänzt durch ein aufschlußreiches Detail: »Ich hatte neulich einen interessanten Abend beim Lord-Protektor; der mir ausnehmend gut gefiel und der Dich herzlich grüßen läßt. Ich traf bei ihm eine Koryphäe seiner Zone. Und auch da ist man mir sehr freundlich gesonnen. Wenn ich nicht im letzten Moment noch ›zwischen die entbrannten Degenspitzen‹ von gegenerischen Mächten gerate, stehe ich bald denazifiziert im weißen Hemdchen vor euch.«[15]

Nach seiner eigenen Aussage war Gründgens im Lager nicht verhört worden. Jetzt aber war er sich offenbar durchaus im Klaren, was ihn erwartete, denn er ging mit seiner Vergangenheit sofort entschieden um. Bereits am 20. März reichte er bei der sowjetischen Entnazifizierungsbehörde eine Rechtfertigungsschrift ein.[16] Diese Darstellung seiner Rolle in der Nazizeit gilt seither als die offizielle Version seiner Vergangenheit.[17] Am 4. April teilte der deutsche Prüfungsausschuß im Haus der Kulturschaffenden (Schlüterstraße 45, ehemals Sitz der Reichskulturkammer) Gründgens mit, daß er seinen Fall überprüfen werde, und lädt ihn für Donnerstag, den 11. April, vor. Gründgens reicht daraufhin die beiden Petitionen ein, die Anfang des Jahres zum Hauptsitz der Russen nach Berlin Karlshorst geschickt worden waren und zu seiner Freilassung führen sollten.[18] Ferner übersendet er die in der Verhandlung zentral und später auch in der Öffentlichkeit bekanntgewordenen, beim Notar schriftlich niedergelegten Aussagen der befreundeten Schauspieler und Kollegen Ernst Busch, Paul Henckels, Holm Erttel, Aribert Wäscher, Paul Wegener, Theo Lingen, Raoul Aslan und Erich Ziegel.

Der 1933 emigrierte, kommunistische Schauspieler Ernst Busch hatte erklärt, daß Gründgens ihn 1943, nachdem er im Jahr zuvor verhaftet worden war, vor der Todesstrafe gerettet habe.[19] Der mit einer jüdischen Frau verheiratete und selbst halbjüdische Schauspieler Paul Henckels erklärte, daß Gründgens ihn und seine Frau bewußt geschützt habe.[20] Genauso habe sich Gründgens für die Schauspieler Paul Bildt, Karl Etlinger, Otto Wernicke und Erich Ziegel eingesetzt, die ebenfalls mit jüdischen Frauen verheiratet waren, sagte Henckels. Aribert Wäscher, der von 1934 an am Staatstheater engagiert war, erklärte, Gründgens habe ihn vor einem Auftritt in einem englandfeindlichen Film bewahrt. Außerdem habe es keine Freundschaft zu Göring gegeben, die Beziehung habe nur durch Emmy Göring bestanden. Wäscher schrieb: »Bis zum letzen Bühnenarbeiter hat Gründgens nur

Freunde im Theater gehabt. Wenn man ihm einen Vorwurf machen will, muß man uns allen einen Vorwurf machen, die wir unter ihm und mit ihm gearbeitet haben, und die wir letztenendes nichts anderes getan haben, als ohne Rücksicht auf irgendwelche politischen Einflüße für die große Kunst zu arbeiten und zu leben.« Der Schauspieler Paul Wegener erklärte, Gründgens sei »stark gegen das Regime eingestellt gewesen.« Alle diese Aussagen waren noch vor Gründgens' Entlassung aus dem Lager gemacht worden. Zusammengefaßt zeichnen diese Aussagen Gründgens als beliebten, mutigen, umsichtigen, antinazistischen Theaterleiter, der sich für die Verfolgten eingesetzt hat.

Bei der Sitzung am 11. April wurde der ehemalige Staatsrat und Generalintendant dann allerdings erst einmal mit einem Vorwurf konfrontiert, der ihn überrascht haben muß. Der Vorsitzende des Prüfungsausschusses Hartmann fragte nach dem Unständen beim Kauf des Gutes Zeesen 1934. Darauf läßt ein Brief schließen, den Gründgens einen Tag später an Hartmann schreibt: »Ich habe am Donnerstag Vormittag mit solcher Vehemenz auf Ihre Frage reagiert, da ausgerechnet dieses die erste Frage war, die eine offizielle Stelle über die vergangenen 12 Jahre zu mir tat.«[21] Das klingt, als habe Gründgens keine Anklagen, sondern insgeheim eine Würdigung seines Verhaltens erwartet. Er fährt fort: »Das gab der Sache eine mich so empörende Wichtigkeit, zumal ich ja des Glaubens sein mußte, daß Ihnen das belangvollere Material, das sich über mein Verhalten eingefunden hatte [damit sind die Aussagen der Theaterkollegen gemeint], bekannt war.«[22] Gründgens beteuert in dem Brief außerdem, daß er sich aus der Öffentlichkeit heraushalten wolle. Die Situation war für ihn, das mußte er jetzt einsehen, keineswegs bereinigt. Die Premiere des »Snob« am Deutschen Theater sollte schon drei Wochen später stattfinden.

Gründgens überlegte zu diesem Zeitpunkt, ob er nach Zeesen zurückkehren sollte. Zunächst hatte er bei den Wangenheims, zwei Tage davon auch mit Marianne Hoppe, dann in der Wohnung von Wolfgang Liebeneiner am Kurfürstendamm gewohnt. Am 9. April hatte die Prüfungskommission mit dem ehemaligen Besitzer des Gutes, Rudolf Goldschmidt telefoniert, der sagte, daß Gründgens das Gut für 80000 Reichsmark gekauft habe, der Einheitswert habe damals 103000 Mark betragen. Außerdem habe er immer nur mit Gerd Voss, dem Rechtsberater der SA Brandenburg, verhandelt, der in »voller Uniform auftrat«.

Gründgens hat sofort nach der ersten Sitzung des Prüfungsausschusses ausführliche Notizen über den Kauf gemacht. Goldschmidt machte seine ausführliche Aussage vor dem Prüfungsausschuß am 18. April[23]. Am gleichen Tag sollte nachmittags noch einmal über den Fall Gründgens verhandelt werden. Gründgens beschaffte zuvor noch eine Aussage des Schauspielers Walter Franck, der allerdings nur bereits Bekanntes bekräftigen konnte: Gründgens habe die Ehepaare Bildt, Wernicke, Ziegel, Lingen und Henckels geschützt.

Laut Protokoll der Sitzung vom 18. April erhebt die Deutsche Prüfungskommission keine Einwände gegen Gründgens' Beschäftigung als Schauspieler.[24] Er sei bereits 1933 ein angesehener Künstler gewesen, dem auch »unter anderen politischen Verhältnissen eine bedeutende Karriere sicher gewesen wäre«. Seine Titel hätten rein nominellen Charakter gehabt. Er habe politisch oder rassisch Verfolgten Hilfe geleistet. Er habe weder in Propagandafilmen mitgewirkt noch sei er im Ausland aufgetreten. Für »Ohm Krüger« habe er das Honorar von 80000 Reichsmark abgelehnt. Er habe keinen Beitrag zu dem Sammelband »Wir stehen und fallen mit Hitler« geschrieben. In all diesen Punkten schließt sich die Prüfungskommission hundertprozentig der Auffassung von Gründgens an.

Anders beurteilt sie ihn in folgenden Fragen: Beim Erwerb des Gutes Zeesen habe Gründgens die notwendige Sorgfalt bei der Wahl seines Beauftragten vermissen lassen. Außerdem habe er durch die Annahme der Intendanz vor den kulturpolitischen Forderungen des Dritten Reichs kapituliert. »Die Bedeutung dieses Vorganges muß einem Manne von der Intelligenz Gründgens' bewußt gewesen sein.« Die Prüfungskommission schlägt deshalb vor, Gründgens nur als Schauspieler, nicht aber als Intendant oder Regisseur zuzulassen.

Am 27. April, es war noch eine Woche bis zur Premiere am Deutschen Theater, wurde Gründgens dann tatsächlich offiziell von den Besatzungsmächten als Schauspieler zugelassen. Bis dahin war nicht klar gewesen, ob Gründgens überhaupt würde auftreten können. Daß dennoch geprobt und am Premierentermin festgehalten wurde, läßt darauf schließen, wie sicher sich Gründgens seiner Sache war. Er selbst ließ bereits am 26. April verbreiten, daß sein Come back sich schneller, als er sich habe träumen lassen, vollziehe.[25] Am 28. April erschien eine Notiz in der »Berliner Zeitung«, daß Gründgens zur »schöpferischen Tätigkeit in Theater und Film« zugelassen sei. Es hätten sich, heißt es in dem Bericht, beim Prüfungsverfahren bisher unbekannte Tatsachen ergeben: Er habe Antifaschisten Hilfe geleistet, »nichtarische« Schauspieler beschützt und Propagandaauftritte abgelehnt. Von den Vorbehalten ist keine Rede. Ein paar Zeilen weiter ist dann die Notiz zu lesen: »Die Premiere von Carl Sternheims Komödie ›Der Snob‹, die am 3. Mai im Deutschen Theater stattfindet, ist die erste Sternheim-Aufführung in Berlin seit 13 Jahren. Die Titelrolle spielt Gustaf Gründgens.«

In der »Berliner Zeitung« gab Gründgens dann politische Gründe für die Stückwahl an. Wieder begann jenes Taktieren mit der Öffentlichkeit, das für ihn so typisch ist. »Meine Generation ist mit Wedekind und Sternheim groß geworden. Es wäre sinnlos, das leugnen zu wollen. Man kann nicht mit einem Federstrich ganze Epochen der Theatergeschichte beseitigen. Deshalb ist es auch unbedingt erforderlich, Autoren, die jahrelang auf deutschen Spielplänen nicht erscheinen durften, jetzt wieder zu Wort kommen zu lassen. Wir haben die Pflicht der Wiedergutmachung nicht nur gegenüber dem Dichter, sondern auch gegenüber dem Publikum, dem Gelegenheit gegeben werden muß, seine Bildungslücke zu schließen.«[26] Das war geschickt. Gründgens signalisierte, daß es ihm um Vergangenheitsbewältigung ging. Dahinter verschwand, daß der »Snob« für Gründgens eine Paraderolle war, und damit die erfolgversprechendste Form, um sich selbst wieder in Szene zu setzen.

Seinen Pressekreuzzug zum Wiederbeginn seiner Theaterarbeit krönte Gründgens mit einem Artikel von eigener Hand. Wie er es bereits mehrfach erprobt hatte und auch später noch tun sollte, flankierte er auch jetzt wieder einen schwierigen, schicksalhaften Auftritt mit einem Bekenntnis. Am 30. April macht Gründgens in der »Täglichen Rundschau« auf subtile und charakteristische Weise für sich selbst Werbung:

»Nach einer Abwesenheit von drei Vierteljahren nach Berlin zurückgekehrt, bin ich erstaunt und ergriffen über die vielfältigen Bemühungen um den Neuaufbau des kulturellen Lebens und besonders des Theaterlebens in Berlin. Mein letzter Eindruck, den ich Anfang Juni vorigen Jahres von Berlin hatte, stand noch ganz unter dem niederschmetternden Erlebnis der letzten Kampftage, denen auch das Schauspielhaus am Gendarmenmarkt zum Opfer fiel und in denen das über alle Luftangriffe und in seinem männlichen Teil auch vor Wehrmacht und Volkssturm gerettete Ensemble des Staatstheaters in alle Winde zerstreut wurde. Fast schien es, als seien alle Kämpfe und Mühen der letzten Jahre, die einzig dem Ziel galten, die mir anvertrauten Menschen und ihre künstlerische Heimat aus der Katastrophe zu retten, doch vergebens gewesen. Nun war es eines der wenigen erfreulichen Geschehnisse: Der Zusammenhalt der in Berlin verbliebenen Künstler, die sich in gleicher Weise unterstützt von Magistrat und Besatzungsmächten wieder regen durften und regten. Es gibt wieder Premieren, es gibt neue Bühnen, es gibt Studios, und es gibt ein heftiges Für und Wider der Meinungen und Ansichten. Bei allen Maßstäben, die an Aufführungen im heutigen Berlin angelegt werden und deren künstlerische Maßstäbe nicht hoch genug sein können, soll man nicht vergessen, welch ein Wunder es ist, daß überhaupt schon wieder Theater gespielt wird und daß schon wieder Aufführungen, Auffassungen und Meinungen zur Diskussion gestellt werden. Es kann für mich nichts Natürlicheres geben, als mich diesem Wiederaufbau von Herzen und ohne Vorbehalt zur Verfügung zu stellen. Es ist selbstverständlich, daß jeder nach seinen besten Kräften da mit anpacken muß, wo er sich am nützlichsten machen kann. Wir Schauspieler haben dabei ein großes Vorrecht, nämlich daß uns meistens unsere Arbeit so viel Freude macht, daß der Gewinn oft bei uns liegt. […] ich bin aus künstlerischen, aber auch aus charakterlichen Gründen der Meinung, die Berliner Schauspieler sollten in Berlin Theater spielen. Sie haben aus ihrer Arbeit in Berlin viele Vorteile gezogen, sie haben dem Berliner Publikum viel zu danken, und sie sollten in der Notzeit dieser geliebten Stadt zur Stelle sein. Das Beste, was wir geben können, ist jetzt gerade gut genug. Ich freue mich, jetzt wieder an Max Reinhardts Deutschem Theater spielen zu können, von wo ich meinen Ausgang nahm. Ich freue mich, viele meiner Kollegen dort wiederzusehen, deren geschlossenes Eintreten für mich mein schönstes Erlebnis war, und bin mit größerer Leidenschaft als je das, was ich immer war: ein Berliner Schauspieler.«[27]

Für sich Einnehmen, Zusammenschweißen, hinter sich bringen, das hatte Gründgens in den vergangenen Jahren gelernt, das beherrschte er auch unter den neuen Zeitumständen und das vor allem tat er hier. Gründgens bewegte sich im schwierigen Geflecht der menschlichen Beziehungen so gewandt wie auf der Bühne. Kein Diplomat hätte das geschickter formulieren können. Wieder steht in diesen Ausführungen die Kultur im Mittelpunkt, wieder geht es um das Höchste. Und wieder vergißt man darüber das Naheliegendste: die Verbindung von Kultur und Leben. Man konnte über Gründgens Ausführungen fast die Frage, die alle am meisten interessierte, vergessen: Wie war es denn nun wirklich mit ihm im Dritten Reich? Wie denkt er denn nun über seine (und damit auch unsere, der Zuschauer) Vergangenheit? Man muß Gründgens da für die Eleganz seiner Ausführungen tatsächlich bewundern.

Doch das scheinbar demütig hingenommene »Wunder«, daß überhaupt wieder gespielt wurde, muß für die, die ihn proben sahen, ohne daß er eine Auftrittserlaubnis hatte, degoutant gewirkt haben. Am auffälligsten ist denn auch der versteckte Zug von Servilität, der in diesem Artikel liegt, und den Gründgens in genau dieser Form künftig beibehalten sollte. Er suggeriert, sich nur zur Verfügung zu stellen: dem Publikum, dem Wiederaufbau, der Kunst. Um ihn selbst aber gehe es nicht. Und deshalb nimmt man ihm seine Haltung nicht ab. Es wirkt zwar souverän, hat aber auch etwas Devotes. Die Ausführungen haben eine eigene Noblesse, wirken aber letztendlich auch kleinbürgerlich. Diese Mischung, kleinbürgerliche Ideale und große Kunst, war ein für Gründgens charakteristischer Zug. Wahrscheinlich war es das, was ihn trotz seines Ästhetizismus, seiner Homosexualität, seiner Zweideutigkeit so beliebt gemacht hat.

»Der Snob« von Carl Sternheim, uraufgeführt 1914 von Max Reinhardt mit Albert Bassermann in der Hauptrolle, hat für die Ideale des gesamten Bürgertums nur kalten Spott übrig. Das Stück erzählt vom Aufstieg des Kleinbürgers Christian Maske zum Großindustriellen, entlarvt die Sehnsucht eines Karrieristen nach Adel und Ansehen und seine berechnende Kaltblütigkeit auf dem Weg nach oben. Ganz gleich, ob er diese Sicht der Dinge für sich teilte, es kann Gründgens nicht entgangen sein, daß das Stück in jedem Fall wie ein Kommentar über ihn selbst wirken mußte, wenn er die Hauptrolle spielen würde. Vielleicht fiel ihm auch die Verwandtschaft zu Klaus Manns »Mephisto« auf. Damit aber gab er den Dingen auch seine eigene Wendung. »Ich halte stand«, scheint Gründgens jetzt zu sagen, wenn er Christian Maske spielt – so wie 1944 als Franz Moor. »Ich kann das spielen, also bin ich es nicht.« Gründgens soll ja auch die Idee gehabt haben, Klaus Manns »Mephisto« als Film in Szene zu setzen. Das wäre nach dem »Snob« die einzig mögliche Steigerung in dieser Richtung gewesen.

Schwer zu übersehen ist auch, daß er sich durch diese Offensive auf eine höchst geschickte Weise möglichen Angriffen oder Zweifeln, und seien es nur die aus seinem eigenen Inneren, entzog, indem er ihnen zuvorkam und die Stirn bot. Gründgens setzte sich eine kaum mehr zu durchdringende Maske auf. Er zeigte das Stück Wahrheit, das er nicht sehen wollte, das schlechte Gewissen, das auch zu Christian Maske gehörte, auf der Bühne überdeutlich. Er versteckte sich, indem er sich entblößte.

Gründgens gab sich für seine Rolle eine Gestalt, die an sein Aussehen vor dem Dritten Reich erinnerte: Mit einem Monokel, das ihm etwas Laszives gab, war er wieder jener kühle, gefühlskranke, skrupellose und aufgeplusterte Beau mit Frack und Zylinder, als den mancher ihn noch in Erinnerung hatte. Er spielte also eine der Rollen, die er damals angeblich gehaßt hatte. In Wirklichkeit war es wohl etwas anders gewesen: 1928 war dieser »Snob« seine letzte Rolle in Hamburg gewesen. Und anscheinend war er auf die damalige Darstellung selbst besonders stolz, denn am 5. Mai 1928, kurz nach der Premiere, hatte er Louise Dumont, seiner Düsseldorfer Lehrerin, geschrieben, daß ihm die Rolle sehr liege und er sie ihr gerne vorspielen würde.[28] So auch jetzt. 1946 trug Gründgens, den Kerr 1930 einen »monokelhaltigen Schauspieler« genannt hatte, wieder sein Markenzeichen von vor 1933, jetzt konnte er seine ganze Gewandtheit und Eleganz ausspielen, jetzt konnte er sich in den Augen der Öffentlichkeit in die Form finden, die ihm am besten lag. Daß Gründgens die Rolle auf den Leib geschrieben ist, darüber waren sich denn auch 1946 alle Kritiker einig.

Auffallend unterschiedlich dagegen waren die Urteile, was Gründgens schauspielerische Leistung betraf. Das muß mit einem Ereignis zusammenhängen, das jedem, der die Aufführung besuchte, äußerst bedeutungsvoll vorkam. Wenn sich der Vorang hebt, steht Christian Maske im »Snob« üblicherweise allein auf der Bühne und liest einen Brief. So stand auch Gründgens allein hinter einem Sekretär, als es losging. Das Publikum nutzte diese Situation zu einer wahren Sympathiekundgebung. Mehrere Minuten, die meisten sprechen von fünf, Antje Weisgerber von fünfzehn Minuten, Peter Gorski gar von zwanzig, wurde getrampelt und geklatscht. Wichtiger als die Dauer ist aber vielleicht der Umstand, daß der Beifall nach Maskes ersten Worten »Das ist grotesk!« wieder einsetzte. Denn das wirft zwei Fragen auf. Warum wurde geklatscht? Und was war grotesk?

Der Theaterkritiker Paul Rilla stellte sich in seiner Besprechung der Aufführung die erste Frage, nachdem er festgestellt hatte, daß der Applaus am stärksten von der Galerie kam, »wo die theaterbegeisterte Jugend sitzt«. »Also Theaterbegeisterung, hochgetrieben von unvergeßlichen Berliner Erinnerungen an den Künstler Gründgens? Immerhin eine Demonstration, die mißdeutet werden könnte. Sie galt dem Künstler, aber sie nahm Geräusche mit, die das Ereignis seiner politischen Rehabilitierung zu feiern schienen. Dazu besteht kein Anlaß, sicher nicht in so herausfordernder Form.«[29] Wie heikel es offenbar war, sich über die Frage, was denn der Beifall bedeutete, auseinanderzusetzen, zeigt Rillas Zurückhaltung. Vorsichtig vermeidet er jeden Anflug von Publikumskritik. In anderen Besprechungen wird die Frage von vornherein ausgeklammert.

Der Applaus könnte ja zunächst einmal einfach das Moment der Selbstbehauptung, das Gründgens in seinem Artikel beschworen hatte, gemeint haben: »Wir sind immer noch da! Wir spielen wieder!« Und es kann eine Huldigung an den Publikumsliebling gewesen sein: »Wir begrüßen Dich! Schön, daß Du wieder da bist!« Das zweite Klatschen aber ist in jedem Fall verfänglicher. Gemeint kann nur gewesen sein: Es ist grotesk, daß ein solcher Mann verhaftet war, daß ein solcher Mann sich überhaupt entnazifizieren lassen mußte, daß er sich überhaupt rechtfertigen mußte, und weiter: daß wir alle uns entnazifizieren lassen und rechtfertigen müssen. Etwas Abgründiges bekommt der Applaus, wenn man weiß, daß der Regisseur und ehemalige Staatsschauspieler Fritz Wisten, der die Aufführung inszenierte, nicht nur im KZ Oranienburg war, sondern auch am Jüdischen Kulturbund in den dreißiger Jahren maßgeblich beteiligt war.

Das Theater des Kulturbunds war bis zu seiner Auflösung 1941 gewissermaßen das Gegenstück zum Staatstheater: Hier versammelte sich die jüdische Kultur, so weit es noch ging. Auch eine Insel, aber unter ganz anderen Vorzeichen. Und jetzt waren die Repräsentanten beider Bühnen wieder vereint: »Das ist grotesk!« In den Zeitungen erschien über das bemerkenswerte Zusammentreffen von Wisten und Gründgens kein Wort. Offenbar war das auch auf den Proben nicht anders. Antje Weisgerber, die ebenfalls mitspielte, erinnert sich nicht an irgendwelche Spannungen, die Atmosphäre der Proben sei glücklich gewesen, von Seiten Wistens habe es keinerlei Vorwürfe gegenüber Gründgens gegeben.

Friedrich Lufts Urteil über Gründgens' Leistung als Christian Maske, die für die Bewertung dieser Rolle maßgeblich wurde, lautet: »Sternheims fulminantes Knatterdeutsch gelang Gründgens nicht annähernd. Er bekam die Sätze nicht in den harten Ton gefühlloser Motorik, den sie verlangten. [...] Hatte der Schauspieler Gründgens, wenn man so denken durfte, sein kaltes Charisma verloren?«[30]

Diese zusammenfassende Kritik wurde allerdings erst in einem Rückblick 1963 geschrieben. Direkt nach der Aufführung schrieb Luft: »Mühelos zog er alle Register seines von einem scharfen Intellekt geführten Könnens.«[31] Und: »Gründgens kann natürlich diesen kalten, abstrahierten, sternheimschen Ton ausgezeichnet. Schnell, scharf, elastisch, sehr agil, hatte er nach einer deutlichen ersten Befangenheit seinen Ton sofort wieder. Er nahm das Tempo vorstoßend schnell und ging manchmal in der völligen Gefühllosigkeit seiner Intonation bis an die Grenzen des Grotesken. Der Sternheimsche Snob kommt seinem Ausdruck sehr entgegen. Und es ist zu verstehen, warum er sich als neues Debüt gerade die kalte und fast abstrakte Rolle gewählt hat.«[32]

Walter Karsch war der Meinung, es fehle Gründgens die

Dämonie, er sei zu abstrakt.[33] Georg Zivier schrieb im »Telegraph«, Gründgens spiele zu sehr auf die Pointe und sei kein Snob, sondern ein wirklicher Aristokrat.[34] Und Paul Rilla schreibt: »Die Präzision des Sternheimschen Stils hat er nicht als karge Strenge, als distanzierende Kühle, sondern als flüssige Zeichensprache.«[35] Carl Linfer meinte im »Kurier«, Gründgens habe die Kälte gespielt, wie getriebenes Metall klinge seine Stimme. Er spiele den eisigen Spekulanten, nicht aber den Snob, dafür sei er zu selbstgewiß.[36]

Die Meinungen gehen also wild durcheinander, es ergibt sich kein einheitliches Bild. Immer aber kreisen die Ansichten um Kälte, Dämonie und Snobismus. Daß die Urteile so unsicher sind, muß mit dem Anfangsapplaus zusammenhängen. Dieser Applaus muß Gründgens (und wahrscheinlich auch die Zuschauer) doch überrascht, gerührt und aus der Fassung gebracht haben. »Dann beginnt zu reden er; Gründgens, in der Maske des Maske: denn noch ist er mit der Rolle nicht ganz eins, noch unsicher, da innerlich bewegt, noch etwas weich im Gefühl nach stürmischer Begrüßung. Noch strahlen die Worte dieses snobistisch kühlen Rechners, den er spielt, nicht genügend Kälte aus«, schrieb Werner Fiedler.[37] Die scharfe äußere Form, die Kälte des Gemüts, die Gründgens an Sternheims Christian Maske so lag, bot ihm nach dem aufwühlenden Beginn vielleicht doch nicht den Schutz, den er sich erhofft hatte. Gründgens wurde von seinem Gefühl überwältigt. Das macht ihn sympathischer, er selbst hat es sicher als unprofessionell, peinlich und störend empfunden.

Tatsächlich gibt es keinen Zeitpunkt in Gründgens' Leben, der mehr Anlaß zu Verunsicherung bot, als das Jahr 1946. Da war nicht nur das unter Angst überstandene Lager, da war nicht nur die Entnazifizierung und die mit ihr verbundene Auseinandersetzung mit den Jahren seit 1933. Da war auch noch die Trennung von Marianne Hoppe. Gründgens' Ehefrau erwartete von dem britischen Auslandskorrespondenten Ralf Izard, den sie zusammen mit Gründgens in den dreißiger Jahren kennengelernt hatte, und der jetzt als Besatzungsoffizier zurückgekommen war, ein Kind. Sie selbst sagt heute, daß sie es gewesen sei, die sich deshalb von Gründgens scheiden lassen wollte. Antje Weisgerber erzählt dagegen, daß Gründgens durch das erwartete Kind, geschockt, enttäuscht und in seiner Eitelkeit verletzt war. »Marianne kam mit Benedikt zwei Monate früher nieder, vor Schreck, weil Gründgens zurückkam, der das Kind anfangs gar nicht bemerkte.« Nach ihrer Darstellung war es Gründgens, der sich scheiden lassen wollte: »Als wir im Bus zu einer Vorstellung des ›Snob‹ fuhren, flüsterte er mir vom Sitz hinter mir ins Ohr: ›Bleib ganz ruhig, du darfst dich jetzt nicht rühren, ich lasse mich scheiden.‹« Gründgens entzog Marianne Hoppe jegliche Unterstützung. Es waren Käthe Dorsch und Curt Riess, die ihr in dieser Zeit geholfen haben, Berlin zu verlassen. Über seine Ehe hat Gründgens immer geschwiegen. »Marianne hat gerade eine schwere Gelbsucht gekriegt. Sie will zwar unbedingt am Abend dabei sein, aber ich halte sie davon ab«, sagte Gründgens dem »Telegraf« kurz vor der Premiere des ›Snob‹[38]. Übereinstimmend sagen Hoppe und Weisgerber dagegen heute, daß Gründgens in dieser Zeit sehr verunsichert gewesen sei.

»Es fällt mir außerordentlich schwer, im Augenblick meinen Beruf auszuüben, und ich entdecke eine beängstigende Parallele zwischen meinen Entschlüssen im Februar 1934 und den heutigen, denn auch damals habe ich geglaubt, meine persönlichen Wünsche und Neigungen zurückstellen zu müssen vor den Schwierigkeiten, in die das deutsche Theater in seiner Gesamtheit gekommen war«, schrieb Gründgens an den amerikanischen Theateroffizier Benno Frank am 27. Oktober 1946.³⁹ Hintergrund für diese Parallelisierung von 1934 und 1946 sind für Gründgens die noch immer nicht abgeschlossenen Prüfungsverfahren. Offenbar war er der Meinung, daß seine innere Unsicherheit auch jetzt wieder Folge der äußeren sei. Auf den Gedanken, daß er 1946 wie 1933/34 durch die Fragen nach seiner Identität und Zugehörigkeit aus der Fassung gebracht war, wollte er nicht kommen.

Es gab noch etwas anderes, das Gründgens bei der Premiere am 3. Mai 1946 verwirrt haben könnte. Im Publikum saß nämlich auch Klaus Mann. Mann berichtete später über seine Eindrücke von diesem Abend und auch er fragte nach dem Grund für den überwältigenden Anfangsapplaus: »Ist der schöne Gründgens als politischer Märtyrer gefeiert worden? War der ungewöhnliche Beifall eine Demonstration gegen jene, die ihn verhaftet hatten? War er bewegt oder eher verwirrt? So oder so – er zeigte es nicht, oder besser gesagt, er zeigte es in einem kurzen dramatischen Moment. Das war, als er mich bemerkte. Ja, er sah mich, einen amerikanischen Soldaten, hier in der ersten Reihe. Ich applaudierte höflich. Er hatte mich tatsächlich erkannt, sich auf mich zubewegt, aber gleich wieder weggeschaut. Sein Lächeln, mit dem er den Beifall der Menge quittierte, war gebrochen wie aus Angst vor einem plötzlichen Schmerz. Aber es war nur ein Augenblick – sofort hatte er sich wieder in der Hand. So stand er wieder da, strahlend und attraktiv wie eh und je, mit weißer Krawatte, rosa Gesichtsfarbe und blonder Perücke: der unbestrittene Liebling von Berlin, von Vor-Nazi-Berlin und Nach-Nazi-Berlin.«⁴⁰ Es ist allerdings eher unwahrscheinlich, daß Mann mit seiner Beobachtung, Gründgens habe ihn gesehen, wirklich Recht hat. Schauspieler sehen vom Zuschauerraum wenig, bei Gründgens kam die Sehschwäche hinzu. In jedem Fall blieb es bei dieser letzten Begegnung aus der Distanz. Klaus Mann ließ sich nicht überreden, in die Kabine zu Gründgens zu gehen. Die beiden sahen sich nie mehr wieder.

Was aber, wenn Gründgens Klaus Mann doch gesehen hätte? Der Augenkontakt mit Klaus Mann hätte ihm Zusammenhänge ins Gedächtnis rufen können, die mit der Stückwahl ohnehin verbunden waren. Klaus und Erika Mann, Pamela Wedekind und er, das war in den Zwanziger Jahren für kurze Zeit eine künstlerische »Kernfamilie«. Gründgens wußte, daß Klaus Mann Pamela Wedekind 1927 heiraten wollte. Und er wußte, daß Klaus Mann lange darunter gelitten hatte, daß Pamela ihm 1930 Carl Sternheim vorgezogen hatte. Die Inszenierung des »Snob« mußte in den Augen von Mann den Beigeschmack der Rache haben, und Gründgens mußte das in diesem Moment, sollte er Mann doch gesehen haben, eigentlich klar gewesen sein. Jetzt okkupiert er auch noch mein ureigenstes Terrain, mag Mann gedacht haben. Vielleicht hatte das sogar eine gewisse Rolle bei der Stückwahl gespielt? Auf jeden Fall unterstreicht es, wie spielerisch und kühl Gründgens mit hochaffektiven Zusammenhängen umging – und im Rampenlicht ja auch umgehen mußte.

Davon ausgehend kann »Der Snob« und die Rolle des Christian Maske Anlaß zu weitergehenden, zugegeben etwas spekulativen Überlegungen geben. Gründgens trat fast nie mit Maske auf, eine Ausnahme war die Rolle der grauenerregend häßlichen Phorkyas in »Faust II«. Auch Schminke wurde eher zurückhaltend verwendet, selbst beim Mephisto bleiben seine Züge deutlich erkennbar. Trotzdem glaubte er nie an Natürlichkeit. Gründgens verbarg sich nicht hinter einer Maske, er war aber trotzdem nie zu sehen. Nicht der Mensch sollte sich bei Gründgens zeigen, sondern eine Form sollte gefunden werden, das ist ein Kernsatz seiner Theaterauffassung. Gründgens war also wie jeder Schauspieler auf der Bühne nackt, ausgesetzt, exponiert. Trotzdem gelang es ihm, durch seine bewundernswerte Körper-, Stimm- und Affektbeherrschung nichts von sich preiszugeben. Gründgens trug eine Maske aus Kunstfertigkeit und Selbstdisziplin.

Im Zentrum dieser eigentümlichen Dialektik von Bloßstellung und Verbergen liegt das Phänomen der Scham. Scham zeigt sich im Körper, sie ist ein körperliches Empfinden. Gründgens war Exponent einer Schauspielerei – man sollte dabei nicht vergessen, daß Schauspiel per se Körperkunst ist –, die den Körper nicht körperlich, das heißt kreatürlich, sondern gestaltet und geformt erleben will. Hier liegt auch der innere Widerspruch der Figur Gründgens. Daß in diesem Zusammenhang der Begriff »Maske« zentral ist, liegt auf der Hand. Sie kann den Bloßgestellten von der Scham befreien, sie verwandelt die Angst vor der Schwäche in den Augen der anderen in die Stärke dessen, der wahrgenommen wird, der als mächtiges Wesen gesehen wird. Gründgens trug in diesem Sinn eine Maske, ohne sich eine vor das Gesicht halten zu müssen, und war dadurch umso überzeugender. So ist es nicht zuletzt Schamüberwindung, was bei der Premiere von »Der Snob« 1946 zu sehen war.

Die deutsche Entnazifizierungskommission hatte Gründgens nur als Schauspieler zugelassen. Kurz nach der Premiere des »Snob« erweckte Gründgens den Eindruck, davon nichts gewußt zu haben. Ein Brief an Gustav von Wangenheim vom 28. Mai 1946 nimmt auf ein Gespräch Bezug, das zwischen beiden darüber geführt worden war: »Lieber Intendant und Gustav! Im Anschluß an unser Gespräch vor acht Tagen muß ich Dir ja noch offiziell mitteilen, daß ich den zwischen uns am 15. März getätigten Vertrag nicht anerkennen kann, weil er unter falschen Voraussetzungen abgeschlossen wurde. Die deutsche Denazifizierungskommission hat mich, wie ich erfahren habe, als Regisseur nicht zugelassen. Damit bin ich in meinen Augen zumindest nicht rehabilitiert. Hätte ich das früher erfahren, wäre ich nicht wieder aufgetreten. Ich muß und kann warten, bis meine Situation sich so klärt, daß ich meine künstlerische Arbeit ungeteilt wieder aufnehmen kann. Du hast sehr viel Freundschaftliches für mich getan, aber ich bin doch auch durch dein Schweigen in eine schiefe Situation geraten. Nie durfte ich den Anschein erwecken, als ob ich diese halbe Entscheidung akzeptiere. Ich habe kein Recht, eine bevorzugte Erledigung meiner Angelegenheit zu erwarten und nehme auch gar keine Stellung; aber ich werde solange nicht aktiv am Theater arbeiten, bis ich nicht uneingeschränkt zugelassen werde. Ich werde mich jetzt um eine neue Entscheidung der Kommission bemühen und dann kann man ja weiter sehen.«[41] Gründgens, das wird aus diesem Schreiben deutlich, sieht sich in seiner Ehre verletzt und ist erneut tief gekränkt. Jetzt, nachdem er auf der Bühne wieder seine Form gefunden hatte, suchte er auch im Leben nach einer Möglichkeit, Haltung zu finden und zu bewahren.

Offenbar wurde eine Entscheidung über die Zulassung als Regisseur im August 1946 getroffen, von der sich aber keine Akten gefunden haben. Am 27. Oktober 1946 jedenfalls schreibt Gründgens an den amerikanischen Theaterofficier Bruno Frank: »Mitte August wurde die Alliierte Kommission – soweit mir bekannt ist, auf Anregung der Amerikaner – erneut mit meiner Angelegenheit befaßt, weil in der ersten Sitzung ein Formfehler vorgekommen sei, der meine Zulassung als Regisseur nicht ausgedrückt habe. Einige Tage später stand wieder eine offizielle Nachricht in den Zeitungen, daß die zuständige Alliierte Kommission mich auch als Regisseur zugelassen habe.«[42] Weshalb die ursprünglichen Vorbehalte nicht mehr ausschlaggebend waren, ist aus den Akten nicht rekonstruierbar. Nahezu ausgeschlossen erscheint, daß Gründgens sich nicht selbst um diese Zulassung bemühte, auch wenn er diesen Eindruck zu erwecken suchte.

Am 4. Oktober 1946 hatte Gründgens als erste Regiearbeit nach dem Krieg die deutschsprachige Erstaufführung von Bernard Shaws Burleske »Kapitän Brassbounds Bekehrung« mit Käthe Dorsch als Lady Ciceley inszeniert. Intendant des Deutschen Theaters war zu diesem Zeitpunkt bereits Wolfgang Langhoff. Das Stück ist vor allem eine Huldigung an die Frau, in diesem Fall von Käthe Dorsch in Gestalt der Lady Ciceley. Die Inszenierung muß ausgesprochen munter gewesen sein und knüpfte auch damit an das gemeinsame Erfolgserlebnis »Liselott« von 1932 an.

Drei weitere Gründgens-Inszenierungen sollte es noch in Berlin geben. Erst inszenierte er im Kabarett Ulenspiegel »Alles Theater« von Günther Neumann, der Abend wurde als »Rettung des Kabaretts« gefeiert. Dann kam am 3. April 1947 das Märchenspiel »Der Schatten« von Jewgenij Schwarz am Deutschen Theater heraus und wurde ein großer Erfolg. Gründgens bemühte sich, die surreale Andersen-Märchenwelt des Stücks entsprechend in Szene zu setzen. Und es gelang ihm: zarte Versponnenheit, komödiantische Romantik, Theaterglück wie am Schnürchen, so die begeisterten Kritiker. Friedrich Luft dagegen skeptischer: »Nur simpel wohltuende Betäubung durch reines Märchen.«[43] Genauso wie um das Märchen sorgte sich Gründgens bei dieser Arbeit allerdings auch um die richtige Weltsicht. Er wollte mit dem Stück deutlich machen, daß es eine positive und eine negative Welt gibt. Was dabei positiv und was negativ war, bestimmten die Zeitumstände: Das Stück wurde von den Sowjets als Propagandawerk angesehen. An den russischen Theateroffizier Major Dymschitz schrieb Gründgens deshalb, daß er Angst habe, daß ihm die Unterscheidung der beiden Seiten nicht deutlich genug gelungen sei.

Dafür entschuldigte er sich vorsorglich: »Es ist in der Weltliteratur eine immer wieder zu bemerkende Eigentümlichkeit, daß die Vertreter des bösen Prinzips sich farbiger und bunter abheben, als die Träger der Idee. Um ein Besipiel zu nennen: Faust und Mephisto.«[44]

Als letzte Arbeit folgte das gleichzeitig mit dem »Snob« angekündigte Wedekind-Stück. »Der Marquis von Keith« wurde ein Mißerfolg, obwohl die Rolle Gründgens ebenso wie die des Christian Maske auf den Leib geschrieben scheint. Gründgens gebe reine Karikatur, sei nur virtuos, habe zuviel überlegene Ironie und nichts Dämonisches. »Ein Mephistopheles aus der Kleinbürgerwelt«, schrieb Walter Karsch.[45]

Der für Gründgens nach dem »Snob« entscheidende Auftritt aber dürfte der als König Ödipus gewesen sein. Die Stückwahl lag nahe und war bedeutsam: Schon in der Endphase des Dritten Reichs wollte Gründgens das Stück spielen.[46] Und auch jetzt schien »König Ödipus« wie nur wenige andere Stücke geeignet, die kollektive Verzweiflung und das schwer zu fassende Schuldempfinden nach 1945 auszudrücken. In den zeitgenössischen Besprechungen wurde das aber merkwürdigerweise nie bemerkt. Sophokles war der im Nationalsozialismus am häufigsten gespielte griechische Klassiker, die Premiere vom 22. Dezember 1946 unter der Regie von Karl Heinz Stroux hätte also auch am Gendarmenmarkt drei Jahre früher unbeanstandet über die Bühne gehen können. Obwohl er nicht Regie führte, muß es eine Aufführung im typischen Gründgens-Stil gewesen sein: klar gegliedertes Partiturspiel, virtuos im Vortrag, gekennzeichnet durch das, was damals »geistige Durchdringung« hieß, getragen von artistischem Selbstbewußtsein.

Aber im Gegensatz zu früher war die Begeisterung im Publikum nicht mehr einhellig. Walter Karsch schrieb:

»Gründgens teilt die Verse in ihre Sinnzusammenhänge auf, was der Verständlichkeit zugute kommt, der Schönheit des dichterischen Wortes allerdings einigen Abbruch tut – wozu dann noch die kühle Schärfe der sprachlichen Mittel das ihre beiträgt.«[47] »Gelegentlich zündet sein Spiel. Aber im ganzen gesehen findet er keine Ausdeutung für seinen Part«, krittelte Georg Zivier[48]. Insgesamt erschien die Aufführung vielen als sehr intellektuell. Damit war wohl gemeint, daß das Drama des schicksalhaften Leidens, des gebrochenen Bewußtseins, das den »König Ödipus« so zeitgemäß machte, von Gründgens nicht mit dem Pathos gespielt wurde, das dem Ausmaß der Verunsicherung und Kränkung entsprochen hätte. Doch Gründgens war Künstler genug, um nicht in den Kitsch abzurutschen. Für ihn war Ödipus ähnlich wie Hamlet ein Bewußtheitsphänomen.

Nur zwei uneingeschränkt positive Besprechungen haben sich gefunden: »Fast noch nie hat man ihn so beherrscht und doch so geladen, so bewußt formend und doch so gelöst gesehen«, schrieb Walter Lennig.[49] Und Wolfgang Harich meinte, Gründgens' Ödipus sei »eine artistische Meisterleistung, großartig durch die klare, scharfe, genau akzentuierte Sprachgliederung«.[50]

Harichs Verhältnis zu Gründgens ist eine eigene kleine Geschichte wert. Im Mai 1946, damals noch beim »Kurier« beschäftigt, schrieb er einen Artikel über Gründgens, in dem es am Schluß hieß: »Wenn in Berlin gleich nach der Niederlage grandiose Aufführungen zustande kamen, so lag dies vor allem an der Vorarbeit, die Gustaf Gründgens geleistet hatte.«[51] Es hieß in dem Artikel aber auch, daß er sich für Vertuschungsmanöver der Nazis mißbrauchen ließ. Am Tag zuvor hatte Harich einen Brief an Gründgens geschrieben: Morgen erscheine ein Artikel im »Kurier«, der leider redigiert worden sei, er schicke ihm deshalb das Original. Dort ist von Vertuschung keine Rede, das Original ist eine einzige Lobeshymne, unter anderem heißt es: »Die großen Klassikeraufführungen des Staatstheaters ragen empor aus dem blutigen Grauen der Hitlerzeit wie Brückenpfeiler, über die der Bogen geistiger Tradition sich zu einem neuen Ufer spannt.«[52] Gründgens legte dieses Original, nicht den tatsächlichen Artikel, dann der Entnazifizierungskommission als Beweisstück vor. Später, nachdem Gründgens von Berlin nach Düsseldorf gegangen war, und Harich deshalb nicht mehr weiter nützlich sein konnte, vollzog dieser eine absolute Kehrtwendung seiner Ansichten. Harich schrieb in der »Täglichen Rundschau«: »Er hat eben doch nicht, wie seine Freunde unterstellen, Widerstand gegen die Nazis gemacht, die Berliner Theater vor dem nazistischen Ungeist zu retten, sondern die Dinge lagen viel einfacher: ein ehrgeiziger Schauspieler bekam eines Tages durch Mäzenatshuld eines theatereifrigen Typs Gelegenheit zur letzten künstlerischen Entfaltung seines eigenen Willens – und griff zu!«[53]

1947 nahm Gründgens das Angebot von Karl Arnold an, in seiner Geburtsstadt Düsseldorf die Generalintendanz über die Städtischen Bühnen zu übernehmen. Die Intendanz, sie dauerte von 1947–1955, war für Gründgens nicht unproblematisch. Es gab außer der Oper bis 1951 keine adäquate Spielstätte und die finanzielle Situation war anfangs äußerst angespannt. Neubaupläne für das Schauspielhaus wurden immer wieder verschleppt und behindert. Die Stadtväter stellten sich, nachdem Karl Arnold vom Düsseldorfer Bürgermeister zum Ministerpräsidenten von Nordrhein-Westfalen geworden war, nicht so entschieden hinter Gründgens, wie er und das Ensemble das als selbstverständlich empfanden. Gründgens sah seine Arbeit in Düsseldorf als Sisyphosarbeit[54] – auch nachdem er das Düsseldorfer Schauspielhaus in eine GmbH überführt hatte, mit dem

Land Nordrhein-Westfalen, der Stadt Düsseldorf, dem Verein der Freunde des Schauspielhauses und dem Deutschen Gewerkschaftsbund als Trägern. So gelang es Gründgens, sich weitgehend von finanziellen Einschränkungen freizumachen und die Trennung von Oper und Schauspiel durchzusetzen. Er konnte sich jetzt auf zweiteres beschränken und sein organisatorsches und sogar finazielles Geschick bei der Theaterleitung voll ausspielen. In Düsseldorf wurde Gründgens außerdem ein weiteres Mal entnazifiziert, diesmal von den Briten. Dabei wurden im wesentlichen die Berliner Argumente wiederholt.

Es stellt sich also die Frage, warum er überhaupt nach Düsseldorf kam und dort so lange blieb. Bedeutsam war sicherlich, daß sein Gut Zeesen, auf das er hatte zurückkehren wollen, 1946 von der sowjetischen Besatzungsmacht konfisziert worden war, und daß er in Berlin keine Intendanz angeboten bekam. Darauf bestand nach dem Stand der Entnazifizierung auch keine Aussicht. In Düsseldorf, so mußte es von Berlin aus scheinen, wäre er aus der Schußlinie der Anschuldigungen. Marianne Hoppe ist der Ansicht, daß es eine entscheidende Rolle gespielt habe, daß er noch einmal von vorne anfangen, zu seinem Ursprung zurück wollte. In dieser Sicht wäre der Ortswechsel ein Versuch der erneuten Selbstgeburt in bedrängter Lage. Auch Antje Weisgerber ist der Meinung, daß Gründgens nach Düsseldorf ging, weil er in Berlin von vielen Seiten angegriffen wurde und verunsichert war.

Gründgens aber hing an Berlin, davon zeugt nicht nur der Aufsatz »Ein Treuloser bekennt sich zu Berlin« von 1949, den er auf Veranlassung Iherings geschrieben hatte. Am 14. April 1949 schrieb Gründgens auch an den Schauspieler Wolfgang Trutz, der von der Möglichkeit einer Beschäftigung in Berlin gesprochen hatte: »Ich habe große Sehnsucht nach Berlin und nach Euch allen. Ich bin aber von hier aus kaum in der Lage, die Situation richtig beurteilen zu können. Ich bekomme laufend Angebote sowohl vom Deutschen Theater, als vom Hebbel-Theater, als von Barlog usw. und würde sehr gern eines dieser Gastspiele wahrnehmen, wenn ich nicht fürchten müßte, durch dieses Gastspiel nicht als Künstler gewertet zu werden, sondern als Plus oder Minus für die eine oder andere Seite. Und das ist eine Situation, der ich mich im Augenblick überhaupt nicht gewachsen fühle. Ich bin sehr unglücklich über das scheinbar unvermeidliche Getöse, das sich immer um jeden Schritt von mir tut, und habe richtige Fluchtkomplexe.«[55]

Zu Gründgens' 50. Geburtstag machte Ernst Reuter ihm dann das Angebot, die Intendanz des Schillertheaters zu übernehmen. Am 20. Februar 1950, nachdem er sich mit ihm besprochen hatte, schrieb ihm Gründgens aber, daß eine Intendanz in Berlin für ihn falsch wäre – mit einer bezeichnenden Begründung: »Mein Talent zum Theater besteht darin, daß ich konsequent die Behauptung aufstelle, 2 x 2 sei 4.«[56] Gründgens stellte in Berlin große Unsicherheit bei Kollegen fest, in die er ebenfalls zu geraten fürchtete. Berlin bedeutete also auch 1950 noch Unsicherheit für ihn. »Mit einem Wort: ich traue mich nicht!«[57]

Auch mit dem befreundeten Berliner Intendanten Boleslaw Barlog telefonierte Gründgens in diesem Zusammenhang. Der gab später das Gespräch so wieder: »Oh merke auf, nun gebe ich dir einen wirklich guten Rat! Du inszenierst als nächstes den Tasso, du läßt den Text natürlich von hinten nach vorn aufsagen, du bindest deinem Helden, bevor er auftritt, ein drittes Bein an, und nun – merke auf – kommt das Wesentliche: vergiß bei der Premiere um Gottes willen, den Eisernen Vorhang aufzuziehen, dann hast du Erfolg!«[58] Ein Brief von Gründgens an Barlog mit ähnlichem Inhalt ist ebenfalls erhalten.[59]

Solche heute fast kindisch anmutenden und wenn man sie soziologisch betrachten will, kleinbürgerlichen Interpretationsvorbehalte wurden in den späten vierziger und fünfziger Jahren zu Gründgens' zentraler Theateridee. Als er 1948 Präsident des Deutschen Bühnenvereins geworden war, äußerte er sich in einer programmatischen Rede gegen die grassierende Originalitätssucht. »Dafür kann man eine Forderung nicht oft genug wiederholen, daß werkgetreu inszeniert werden soll; das heißt, ein Werk ist so zu interpretieren, wie es vom Dichter gemeint ist.«[60] Was in der Nazizeit noch als Schutzbehauptung verstanden werden konnte, kam jetzt dem bewußten Verzicht auf jegliche Interpretation gleich: Die Bedingungen der Werkentstehung wurden genauso ignoriert wie die Zeitumstände der Inszenierung. Eine Fortsetzung dieser Rede wurde das berüchtigte »Düsseldorfer Manifest« von 1952. Gründgens versuchte mit geistesverwandten Theatermachern noch einmal eine breite Front gegen »Regieexperimente«, »willkürliche Interpretation« und »ungerechtfertigte Experimente« aufzubauen. Statt dessen wurde mit dem Argument der »gesunden« Traditionspflege wieder die unverfälschte Wiedergabe der Dichtung gefordert. Was unter den Nazis Bewahrung der Tradition war, jetzt wurde es Ausdruck einer reaktionären Gesinnung. Gründgens' starres Ideal der Werktreue wirkt heute lächerlich. Damals stieß es auf breite Zustimmung, weil es eine abwehrende Reaktion auf die tiefe Verunsicherung war, der jetzt nicht nur Traditionspflege anheimfiel. Auch bei Gründgens selbst war Verunsicherung der Grund seiner Haltung. Eine Verunsicherung, die 1933 (und wahrscheinlich noch früher) begann und der Gründgens dann sein Ideal der »Werktreue« und des »Partiturtheaters« entgegensetzte, das in Düsseldorf die endgültige Form fand.

Auch hier fällt wieder, soziologisch betrachtet, der kleinbürgerliche Zug auf, den Gründgens jetzt bekam. Nun war er, jeglicher Interpretation abhold, alles andere als ein Intellektueller, nun war der Dekadent von einst auf einmal ein Künstler, der von allen verstanden werden konnte. Dieses scheinbar einfache, in Wirklichkeit recht komplexe Einverständnis meinte man, wenn damals immer und immer wieder davon gesprochen wurde, daß Gründgens Sternheim wie Sternheim und Schiller wie Schiller spielte. So wurde Gründgens auch die Verkörperung des Theaters der Adenauerzeit.

Gründgens eröffnete in Düsseldorf mit dem »Ödipus«. In Elisabeth Flickenschildt als Jokaste hatte er jetzt einen grandiosen Widerpart. Elisabeth Flickenschildt war bereits am Staatstheater engagiert, dort aber keine der Protagonistinnen gewesen. Jetzt wurde sie neben Antje Weisgerber und Marianne Hoppe, die Gründgens nach dem privaten Zerwürfnis doch wieder nach Düsseldorf holte, zur Vertrauten seiner Düsseldorfer Zeit und erste Darstellerin des Theaters. Als sie einmal unter der Regie von Jürgen Fehling spielen wollte, löste Gründgens tief gekränkt alle ihre Verträge, um sich später doch wieder mit ihr zu versöhnen. Das war die Kehrseite des vielgerühmten Ensembles, eine Art Zwang zur Exklusivität. Man durfte neben Gründgens keine anderen Götter haben.

Noch krasser verhielt Gründgens sich in dieser Beziehung gegenüber Antje Weisgerber, die er nicht nur als sein Geschöpf, sondern auch als immerwährendes Mädchen betrachtete. Als sie dann aber 1943 den Schauspieler Horst Caspar heiratete, der all das verkörperte, was Gründgens nicht war, den perfekten Tasso etwa, und außerdem mit ihm Kinder bekam, wollte er nichts mehr von ihr wissen. »Da war er wirklich sehr böse und hat gesagt, er wird mir schaden, wo er kann.«[61] Aber auch über diese Kränkung kam

Gründgens hinweg, er wollte mit ihr und Caspar schon 1945 die »Räuber« aufführen und wurde Weisgerbers entscheidende Stütze, als 1952 innerhalb einer Woche ihr Mann und ihr Sohn starben. Gründgens holte sie nach Düsseldorf und gab ihr soviel Arbeit, daß sie gezwungen war, nicht mehr nur an ihr Leid zu denken.

Die Premiere des »Ödipus« leitete Gründgens wieder mit einer Art Pressekommuniqué ein: »Wir sehen also: Das primäre künstlerische Erlebnis des Schauspielers ist die Dichtung. Da aber jede Dichtung, und zwar jede Dichtung der Welt, nur aus ihrer Zeit heraus denkbar und verständlich wird, so ist die Zeit selber das andere Erlebnis des Schauspielers. Er ist von der Zeit, in der er lebt und spielt, niemals zu trennen.«[62] Gründgens relativierte hier seinen festgefahrenen Standpunkt noch, Zeitbezug erschien ihm hier noch tolerabel.

Anders als in Berlin, wo sein Auftreten wieder Alltag geworden war und man Gründgens auch mit einiger Skepsis betrachtete, wurde er vom Publikum in Düsseldorf begeistert empfangen. Siebzig Vorhänge gab es 1947 bei der Premiere des »König Ödipus«, 35 waren es bei Sartres »Fliegen«.

Diese Aufführung war ein echtes Wagnis. Es handelte sich um eine deutschsprachige Erstaufführung, Sartre war damals heiß umstritten und galt als unseriöser Mode-Nihilist und in gläubigen Kreisen wohl auch als Ketzer. Gerüchteweise war vor der Premiere zu hören, daß ein Skandal geplant sei. Hier bezog Gründgens wirklich einmal eindeutig und öffentlich Position. Was veranlaßte ihn zu diesem Schritt? Hier fand er etwas, das ihm bedeutsam schien, er sah in Sartre jenen Zwang zur Freiheit verkörpert, zur Entscheidung ohne bindende moralische Prinzipien, dem er selbst zu unterliegen glaubte: »Durch die Überlegungen und Aussagen Orests geht ständig das eine Grundmotiv der Auseinandersetzung zwischen fremdem Gesetz und eigener Entscheidung.«[63]

Genau um diesen Konflikt drehte sich dann auch Gründgens' Darstellung des Orest. Anfangs zögerlich und scheu, wird er später in der Entscheidung er selbst. »Erst als Orest zur rächenden Tat schreitet, klingt der wohlbekannte Gründgens-Ton auf: diese aus nachdenklicher Entschiedenheit kühn aufschwingende Energie.«[64] Orest, der wie eine Fortsetzung des Ödipus wirkt, war Gründgens aber näher, weil er weniger tragisch, weniger gebrochen ist, weil es für ihn die Freiheit der Tat gibt. Wieder wurde allseits der vergeistigte Stil der Darstellung hervorgehoben, inzwischen ein regelrechtes Stereotyp der Gründgens-Kritik: von Klarheit und intellektueller Durchsichtigkeit war immer wieder die Rede.

Die klarsten, aber auch von den anderen Kritiken sich deutlich unterscheidende Worte, fand Jakob Wachtendonk: »Gründgens selbst führte die Regie und spielte den Orest. Fast schien es, als ob er sich vor der Härte von Sartres geistigem Zugriff scheute. Denn die Inszenierung dämpfte die Frivolität der Entgötterung, sie überspielte die obszöne Direktheit und zersetzende Ironie Sartres. Statt dessen näherte Gründgens' Regie das Stück durch Stilisierung und hohe Sprechkultur ein wenig der großen Tragödie. Man sah in Düsseldorf eine Probe jenes ›Staatstheaterstils‹ der absoluten Form, mit dem Gründgens sich schon früher zuweilen als Formalist einer ihm inhaltlich suspekt erscheinenden Aufgabe entzog.«[65]

Ähnlich äußerte sich Herbert Ihering nach einem Berliner Gastspiel der Düsseldorfer Inszenierung von T.S. Eliots »Cocktailparty«. Eliot, der tief konservative englische Lyriker, war mit drei deutschsprachigen Erstaufführungen der wichtigste moderne Autor, den Gründgens jetzt pflegte. Ihering schrieb: »Die Darstellung der Cocktailparty schien aus dem Eisschrank genommen zu sein, in dem seit 1944 die Staatstheateraufführungen gelegen hatten. Die große Form, der strenge Stil, die in der Hitlerzeit eine notwendige Verteidigung gegen die Banalisierung und Trivialisierung der Sprache war, hat längst seine Funktion verloren und wirkt heute nicht als Abwehr gegen die Wortbarbarei, sondern im Gegenteil fast wie Denkmalsstarre und Konservierung der Vergangenheit.«[66]

Allmählich mehrten sich, wie zuvor in Berlin, auch in Düsseldorf die Stimmen, die sich Gründgens gegenüber kritisch äußerten. »Hierbleiben« rief dagegen das Publikum nach einem Gastspiel der »Fliegen« in Hamburg. 1955 erfüllte Gründgens dann den Wunsch der Hamburger und ging als Intendant des Deutschen Schauspielhauses in die Hansestadt.

Bleibt die Frage, ob Gründgens bei der Entnazifizierung bevorzugt behandelt wurde. Dafür gibt es zwei Hinweise. Am 4. Februar 1947 schrieb Ulrich R. Gress, Chief des Public Safety Special Branch der US-Militärregierung in Berlin, an den Deputy Director eben dieser Militärregierung: »Der vorliegende Fall [damit ist Gründgens gemeint] fiele normalerweise und verbindlich unter die Kategorie ›Nicht-Beschäftigung‹. Der Fall kam aber weder vor ein Denazifizierungskommittee, noch gibt es im Special Branch einen Fragenbogen über den Fall. Es ist offensichtlich, daß der Fall nicht in den normalen Kanälen behandelt wurde.«[67] Gress behauptet außerdem, deutsche Freunde zu haben, die sich über Gründgens' Verpflichtung am Cabaret Ulenspiegel (im amerikanischen Sektor in Berlin) verständnislos äußern. Gründgens solle seiner Meinung nach am Auftreten gehindert werden, um die Richtlinien der Denazifizierung nicht zu verletzen. Offenbar eine Antwort darauf ist ein undatierter Brief des Leiters des Information Control Branch, F. N. Leonard, ebenfalls an den Deputy Director. Leonard behauptet, den Dienstweg eingehalten zu haben, und sagt, keine ablehnenden Gefühle in der deutschen Bevölkerung gegenüber Gründgens festgestellt zu haben.[68] Gress' Einspruch blieb also folgenlos, wurde aber nicht wirklich widerlegt.

Ähnlich lag der Fall in Düsseldorf. Gründgens wurde zuerst in die Kategorie IV (Mitläufer) eingestuft, was keiner vollständigen Entlastung entsprach. Das wäre Kategorie V (Nicht-Belastete) gewesen. Nach einem Einspruch von Gründgens wurde von der deutschen Prüfungskommission eine Empfehlung abgegeben, ihn in Kategorie V einzustufen. Die Entscheidung des Special Branch Officer vom Dezember 1947, dem nicht nachzugeben und die ursprüngliche Einstufung in IV aufrechtzuerhalten, blieb aber merkwürdigerweise folgenlos. Akten finden sich zu diesem zentralen Vorgang nicht. Gründgens wurde also endgültig entlastet. Es ist nicht zu übersehen: Wie die Amerikaner in Berlin hielten auch die Briten in Düsseldorf Gründgens zunächst für nicht geeignet, ein Theater zu leiten. Die Einstufung in Kategorie V, die ihn auch als Intendant rehabilitierte, wurde erst bestätigt, als Gründgens schon einige Zeit im Amt war. Auch hier wiederholt sich also das bekannte Schema: die Zweideutigkeit, die in der Rolle von Gustaf Gründgens im Dritten Reich lag, wurde später auch von offizieller Seite unterdrückt. 1948 konnte Gründgens dann schon, ohne daß das noch besonders kommentiert worden wäre, Präsident des Deutschen Bühnenvereins werden.

Mephisto sein:
Faust

AM ANFANG WAR EIN PAKT. In dem an frühen Zeugnissen nicht gerade reichen Nachlaß von Gründgens findet sich unter den Dokumenten aus der Zeit vor 1933 ein zwischen dem Generalintendanten der Preußischen Staatstheater Heinz Tietjen und Gustaf Gründgens am 10. Juni 1932 geschlossener Vertrag. Tietjen verpflichtete Gründgens für die Zeit vom 1. September bis 31. Dezember 1932 gastweise als Regisseur und Schauspieler ans Staatstheater.

Dabei wurden einige erwähnenswerte Konditionen festgelegt. »Herr Gründgens wird in dieser Zeit zuerst, und zwar im September, eine Neuinszenierung in der Oper vornehmen, sodann die Titelrolle des zu Gerhart Hauptmanns 70. Geburtstag wieder einzustudierenden Dramas ›Gabriel Schillings Flucht‹ darstellen und darauf nach späterer Entscheidung des Generalintendanten entweder die Rolle des Mephistopheles in beiden Teilen des Faust spielen oder das Gesamtwerk selbst in Szene setzen. Über den 31. Dezember 1932 hinaus verpflichtet sich Herr Gründgens, im nächsten Spieljahr noch eine Oper zu inszenieren, und erhält, falls die Faust-Inszenierung noch einem anderen Regisseur zugeteilt werden sollte, das Recht auf eine andere Inszenierung im Staatlichen Schauspielhaus, die gemeinsam mit ihm von dem General-Intendanten bestimmt wird.«[1]

Mit diesem Vertrag legte Gründgens den Grundstein zu einer dreißigjährigen Beschäftigung mit der deutschen Tragödie schlechthin, an deren Ende, 1957 und 1958 in Hamburg, die nach übereinstimmender Meinung fast aller Theaterbesucher und Kritiker maßgebliche Inszenierung dieses deutschesten aller deutschen Stücke überhaupt entstehen sollte.

Der Vertrag mit Tietjen war sicher kein Pakt mit dem Teufel, aber er war doch ein äußerst geschickter Schachzug von Gründgens. Das zeigen einige bemerkenswerte Begleitumstände. Tietjen war ab 1926 Generalintendant der Staatsoper und seit 1931 künstlerischer Leiter in Bayreuth, wo Hitler seine Theaterleidenschaft am liebsten befriedigte. 1930 hatte er Ernst Legal, bei dem Gründgens an der Kroll-Oper seinen Figaro-Erfolg gefeiert hatte, als Intendanten des Staatsschauspiels eingesetzt. Auslöser für Legals Rücktritt 1932 war das Platzen einer Faust-Inszenierung zum Goethe-Jahr 1932, allerdings muß dessen Position auch vorher unsicher gewesen sein. Das ganze Jahr über blieb die Stelle unbesetzt; Tietjen leitet das Staatstheater kommissarisch zusammen mit dem Schauspieldirektor Albert Patry. Da die Lösung »der wichtigsten Berliner Theaterfrage« damit aber nicht erreicht war, kann die Verpflichtung von Gründgens für den »Faust« im Juni 1932 nicht ganz frei von Gedanken in Richtung Intendanz gewesen sein, zumal das Schicksal des Intendanten seit Legals Rücktritt mit dem »Faust« eng verknüpft war. Gründgens war damit im Spiel.

Der wie üblich gut informierte Herbert Ihering hatte mit seiner Meinung schon drei Tage vorher, am 7. Juni 1932, nicht hinter dem Berg gehalten: »Gründgens ist für den Wiederaufbau der Berliner Bühnen nötig. Er wird sich entscheiden, ob er zum Startum oder zur Arbeitsgemeinschaft will. Ich glaube: Gründgens ist klug genug, um die Arbeitsgemeinschaft zu wählen. Dann ist ihm eine führende Stelle gewiß.«[2]

Gründgens' Inszenierungen des »Faust« – Teil I und II 1941 und 1942 am Staatstheater, Teil I 1949 in Düsseldorf, Teil I und II 1957 und 1958 in Hamburg – sowie seine Darstellung des Mephisto – außer in den genannten Inszenierungen noch 1932 und 1933 in beiden Teilen am Staatstheater – haben bis heute etwas Überlebensgroßes. Noch immer gelten sie als der Maßstab für »Faust«-Neueinstudierungen, noch immer werden Schüler mit der nach der Hamburger Inszenierung 1960 hergestellten Filmaufzeichnung des ersten Teils beglückt, wenn ihnen das zitatenreiche und bildungsschwere Drama näher gebracht werden soll.

Dabei ist dieser Film in mehrfacher Hinsicht verunglückt. Nicht nur, daß sich eine Theaterinszenierung grundsätzlich kaum in einen Film übertragen läßt, weil das Raumerlebnis fehlt, wie Joachim Kaiser in seinem schönen Nachruf auf Gründgens in der »Süddeutschen Zeitung« am 8. Oktober 1963 schrieb. Die Filmfassung unterschied sich auch in wesentlichen Punkten von der Theateraufführung: Statt Antje Weisgerber, mit der Gründgens sich mal wieder verkracht hatte, spielte Ella Büchi das Gretchen. Gründgens nuschelt und knödelt in diesem Film in einer für ihn vollkommen untypischen Weise. Am Schlimmsten aber ist der Vortrag von Will Quadflieg als Faust, der seine Monologe in einem Tempo durchhechelt, als gelte es einen neuen Rekord aufzustellen.

Trotz des mißlungenen Films gilt Gründgens' »Faust« von 1957 bis heute als die gültige Inszenierung von Goethes wegen seines Überreichtums, seiner Vielschichtigkeit und seiner Gedankentiefe durch keine Konkretisierung vollständig auf die Bühne zu bringenden Stücks. Gründgens, so ein unausgesprochener Konsens, habe mit seinem Faust das Unmögliche, die theatralische Quadratur des Kreises geschafft: eine dem Goetheschen Text adäquate Inszenierung. Wieder wird da das alte, kaum zu diskutierende Argument der Gründgens-Bewunderer wirksam: Gründgens habe uns Goethe und nichts als Goethe gegeben. Am eindringlichsten hat das in diesem Fall Dolf Sternberger ausgedrückt: »Sie ist großartig. Nicht durch Erfindungen, Einfälle, Zutaten und

Aufputz, überhaupt nicht durch die Originalität der Regie – wenn man diese Bemerkung recht versteht –, sondern durch die Originalität des Stücks, durch die Originalität Goethes«[3], schrieb er zum ersten Teil. »Es ist Goethe, was wir hören, nichts anderes, und es sind Goethes Verse, rein und klar, die raunenden wie die witzigen, die heftigen wie die getrosten«[4], nach dem zweiten Teil.

Noch enger verbunden als mit dem »Faust« insgesamt ist Gründgens mit der Rolle des Mephisto. Wer an Mephisto denkt, sieht Gründgens vor sich. Gründgens als Mephisto, das gilt als Gipfel deutscher Theaterkunst in diesem Jahrhundert und gleichzeitig als Verkörperung und Überhöhung von Gründgens' Rolle in der deutschen Geschichte. Gründgens ist Mephisto, wie Mephisto zu Gründgens geworden ist – eine kaum mehr auflösbare Einheit. Gründgens als Mephisto, das ist einerseits seine größte Rolle, andererseits ein Symbol für die Zweideutgkeiten von Gründgens, eine Signatur der Nazizeit, ein Bild der prekären Nähe des Künstlers zur Macht.

»Im Anfang«, so übersetzt Faust die Bibel, war nicht der Vertrag, nicht das Wort, im Anfang »war die Tat.« Faust wird bei seiner Arbeit vom Knurren des Pudels unterbrochen, den er sich vom Osterspaziergang mit in seine Studierstube gebracht hat. Diese Stube ist 1957 keine enge, vollgestopfte Gruft, wie es der Tradition und auch Gründgens' früheren Inszenierungen entspräche, sondern ein weiter, offener, einfacher Raum. Der Bühnenbildner Teo Otto hat 1957 ein einfaches Podest auf die Bühne gestellt, das während der ganzen Inszenierung an seinem Platz bleiben wird. Jetzt, noch fast am Anfang des Stücks, steht auf diesem Podest ein großes Gebilde aus Glaskugeln und -röhren. Manchen erinnert es an das Modell eines Moleküls, die meisten an das Atomium in Brüssel, das damals noch aufregend neu war, eigentlich aber sieht es nach einer etwas überdimensionierten Versuchsapparatur aus einem chemischen Labor aus.

Der Pudel ist nirgends zu sehen, aber Faust schleudert ihm den ganzen Zinnober der schwarzen Kunst, deren er mächtig ist, entgegen. Das Grollen nimmt zu, das Aufquellen des Tiers ist im Rauch und Nebel nicht sichtbar, und Faust steigert sich im Kampf mit einer unbekannten Macht in wahre Inbrunst. Endlich kann er mit erhobenen Händen die Macht seiner Künste einmal erproben. Da fragt jemand in Fausts Rücken, ganz beherrscht und gefaßt: »Wozu der Lärm? Was steht dem Herrn zu Diensten?« Das Fauchen und Dampfen ist mit einem Mal vorbei. Mephisto, in einer schwarzen, mönchischen Kutte, sitzt im Schneidersitz, sehr gefaßt und konzentriert wirkend, auf dem Podest vor dem Glasgebilde, den Blick starr geradeaus gerichtet. Auf Fausts Spott, »Das also ist des Pudels Kern! Ein fahrender Skolast? Der Casus macht mich lachen«, antwortet Mephisto: »Ich salutiere den gelehrten Herrn! Ihr habt mich weidlich schwitzen machen.« Noch immer ist er betont gleichmütig und ungerührt. Nur wenn er Faust, auf dessen Frage nach dem Namen, sein doch sonst so übliches Trachten nach den Tiefen vorhält, ist, allerdings allein in der Stimme, etwas Spottlust zu ahnen.

Faust läßt nicht locker. Er will wissen, wer es ist, der da vor ihm sitzt. Da erst hebt Mephisto langsam den Kopf und wendet ihn dem über ihm stehenden Faust zu: »Ein Teil von jener Kraft, die stets das Böse will und stets das Gute schafft. ... So ist denn alles, was ihr Sünde, Zerstörung, kurz das Böse nennt, mein eigentliches Element.« Da, aber auch das nur angedeutet, wird es Mephisto ernst, werden die Worte nachdrücklicher gesprochen. Und noch immer regt sich sein Körper nicht. Wenn Faust meint, ihn mit einem etwas kleinlichen Einwand aus der Fassung bringen zu können, »Du nennst dich einen Teil, und stehst doch ganz vor mir?«, kann er sich den Spott über diesen Menschen, der zu verstehen meint, wieder nicht ganz verkneifen. Wobei ihn das Großartige seiner eigenen Antwort überwältigt: »Ich bin ein Teil des Teils, der anfangs alles war, ein Teil der Finsternis, die sich das Licht gebar«, da spricht er beschwörend-eindringlich, »das stolze Licht«, da blickt er kurz nach oben, zum hochmütigen Herrgott, »das nun der Mutter Nacht, den alten Rang, den Raum ihr streitig macht.« Schon in dieser ersten Szene steckt, zwar zurückgenommen und verhalten noch, der ganze Mephisto von Gründgens.

Mephisto berichtet Faust, aber auch sich selbst, wie er die Welt sieht. Auch da geht es ums Ganze: »Und doch gelingts ihm nicht, da es, soviel es strebt, verhaftet an den Körper klebt. Von Körpern strömts, die Körper macht es schön, ein Körper hemmts«, da reißt er erstmals die Arme nach oben und läßt die eine waagerechte Handfläche auf die andere senkrechte prallen, »auf seinem Gange.« Während Mephisto erzählt, steht ihm vor Augen, was er nicht schon alles versucht hat, um die Welt aus den Angeln zu heben. »Und dem verdammten Zeug, der Tier- und Menschenbrut, dem ist nun gar nichts anzuhaben«, sprichts, und denkt gleichzeitig an seinen neuerlichen Versuch, den Pakt mit Gott und den mit Faust, den er noch schließen will, und der ihm, man siehts an den Mundwinkeln, nicht ganz aussichtslos erscheint. »Der Luft, dem Wasser wie der Erden entwinden tausend Keime sich«, Mephisto entfaltet abrupt die Arme. »Hätt ich mir nicht die Flamme vorbehalten, ich hätte nichts Aparts für mich«, und schließt sie sacht und wieder zufrieden. Mephisto wendet jetzt seinen immer noch starr nach vorne gerichteten Blick wieder Faust zu.

Der hört noch mißtrauisch aber auch schon aufmerksam zu. Mephisto hat ihn, spürt das und will sich erfreut fürs erste entfernen. Seine Verlegenheit aufgrund des falsch gezogenen Winkels des Pentagramms ist ihm zwar ein wenig unangenehm, ficht ihn aber keineswegs ernsthaft an: »'s ist ein Gesetz«, erst da wird seine Stimme scharf, »der Teufel und Gespenster: Wo sie hereingeschlüpft, da müssen sie hinaus. Das erste steht uns frei, beim zweiten sind wir Knechte.« Beim letzten Wort schaut er einen Moment geknickt nach unten. Und als Faust antwortet: »Die Hölle selbst hat ihre Rechte? Das find ich gut, da ließe sich ein Pakt, und sicher wohl, mit euch, ihr Herren, schließen?« Beim verräterischen Wort »Pakt« erschrickt Mephisto und schaut einen Moment wie wenn er ertappt wäre, wird aber sofort wieder distanziert und unergründlich.

Faust will Mephisto dann am Kinn festhalten, aber Mephisto zwingt ihn, zurückzuweichen, und ruft mit erhobenen Armen die »zarten Geister« herbei, die Faust, an einem Balken stehend, in Schlaf versetzen. Mephisto hinter ihm, umstreicht mit den Armen Gesicht und Oberkörper Fausts – wie ein Raubtier, das sein Opfer bereits zur Strecke gebracht hat, aber noch etwas mit dem Fressen wartet. Dann zischt er in hartem Kontrast Faust aufbrausend ins Ohr: »Du bist noch nicht der Mann«, dieses Wort spricht er mit besonderer Verachtung, »den Teufel festzuhalten!«

Bisher war alles sehr beherrscht. Und erst als Mephisto jetzt, am Boden liegend, der Ratte zeigt, wo sie das Pentagramm abnagen soll, windet er sich wie eine Schlange, die es nicht erwarten kann, nach draußen zu kommen. In der nächsten Szene, wo der Pakt dann endgültig geschlossen wird, verhält sich Mephisto wieder genauso distanziert und beherrscht, nur kurz blitzen jeweils Spott, die Ansprache an Gott, Nachdruck, Mißtrauen oder Haß durch seine selbstsichere, manchmal auch selbstgefällige Rede. Auch in dieser Szene ist Mephisto undurchdringlich, das Innere scheint immer nur kurz durch das maskenhafte Äußere.

Auch in dieser Szene unterliegt die Gebärdensprache von Mephisto strengen Regeln, jede Regung hat eine genau festgelegte Form, da wird nichts durch Gefühl gespielt, sondern nur durch genau abgezirkelte, wenn auch minimale Gesten. Gründgens beherrscht sich und die Figur vollkommen, aller Ausdruck ist bewußt, ist gemacht, und trotzdem wirkt er echt, wirkt er stimmig, wirkt auf gewisse Weise sogar natürlich. Das ist Gründgens' Geheimnis, und auch der Grund, warum ihm der Mephisto wie keine andere Figur gelungen ist. Ohne in einem einzigen Moment identifikatorisch zu spielen, war er sie selbst geworden. Der Mephisto ist Gründgens buchstäblich auf den Leib geschneidert, er ist lebendig, und doch nicht ganz von dieser Welt, er ist zusammengesetzt, und doch ein eigenes Wesen. Die Künstlichkeit, die bei Gründgens immer wahrnehmbar blieb, wirkt jetzt wie eine Eigenschaft des Mephisto.

Die Kodifizierung der Gebärden, die formalisierte Klarheit der Sprache, erinnert an klassische Theaterspielweisen etwa der Commedia dell'arte. Zwar wirkt Gründgens' Mephisto etwas zahm, wenn man ihn mit dem Arlecchino vergleicht, wie er bei Giorgio Strehler jahrzehntelang auf der Bühne stand, trotzdem sind die beiden Figuren aus dem gleichen, zugleich strengen und unbändigen Holz geschnitzt. Und auch mit der Formalisierung und Einfachheit, die sich von der Figur des Mephisto in der Hamburger Inszenierung auf die ganze Szenerie ausbreitet, die in dem genannten Holzpodest quasi Raum geworden ist, hat Gründgens auf mittelalterliche Theaterformen zurückgegriffen. Auch auf dieser Ebene war es also ein glückliches Zusammentreffen von Vorlage und Spielweise, das den Eindruck, Gründgens habe ›Faust pur‹ gespielt, unterstreicht. In dieser Spielweise steckt auch der Kern der eigentlichen Leistung von Gründgens' »Faust«: Gründgens hat das Werk, das immer etwas

Übermenschliches hatte, vollständig für das Theater gewonnen, indem er die Fußnoten der Philologie souverän mißachtet hat.

Das erklärt, warum die schon damals an sich weder neue noch besonders aufregende Inszenierungsidee wie eine Offenbarung wirkte: Gründgens hat das Drama in Hamburg aus dem Vorspiel entwickelt. Der gesamte »Faust« war also jetzt ein Spiel im Spiel, ein Theaterstück im Theater. Dieses Vorspiel, einmal entdeckt, erschien dann auch wie für Gründgens geschrieben. »Wenn ich nur nichts von Nachwelt hören sollte«, sagt die Lustige Person, von Gründgens tatsächlich im Kostüm des Arlecchino gespielt, »gesetzt, daß ich von Nachwelt reden wollte, wer machte denn der Mitwelt Spaß? Den will sie doch und soll ihn haben.« Es paßte einfach alles wunderbar zusammen.

Gründgens selbst erzählt in seinem Aufsatz »Meine Begegnung mit Faust« die Geschichte seiner Faust-Inszenierungen als eine Geschichte fortschreitender Vereinfachung, Klärung und Entrümpelung. Den Endpunkt dieser Entwicklung sah er in Hamburg erreicht. Er berichtet dazu, wie er im Vorfeld der Inszenierung den Faust noch einmal las: »Ich sah mir Fotografien der vergangenen Aufführungen an, die samt und sonders große Erfolge gewesen waren, und stieß mich an dieser Fülle von Pappe, Sperrholz, Podesten und Prospekten. Und dann kam mir beim Durchlesen des Vorspiels auf dem Theater – das ich bis dahin nie gespielt hatte – der Gedanke, von dort aus, das Stück zu inszenieren.«[5] Gründgens hatte das Gefühl, damit den Schlüssel zu der Neuinszenierung in der Hand zu haben, die die Linie der alten Aufführungen fortsetzt, die sich aber auch deutlich entwickelt hat. »Ich setzte mich mit Teo Otto zusammen, und indem wir unseren Dichter von Zeile zu Zeile wie Schuljungen wörtlich nahmen, kamen wir zu unserer Lösung, die mir heute so selbstverständlich erscheint, daß es mir wie eine Fälschung vorkommen will, wenn man den «Faust» ohne das Vorspiel auf dem Theater spielt. Denn in diesem Vorspiel und mit diesem Vorspiel enthebt uns Goethe ein für allemal der Verpflichtung, den Zuschauer glauben zu machen, sein Himmel sei *der* Himmel – seine Kaiserpfalz sei *die* Kaiserpfalz – sein Griechenland sei *das* Griechenland. Nein, es ist alles, der Himmel, die Hölle, die kleine die große Welt: die Welt des Theaters.«[6]

Es ist, wie wenn Gründgens – von einem Größeren als ihm – die Erlaubnis gebraucht hätte, das Theater wirklich als Theater zu begreifen. Unübersehbar wirkte der an sich wenig originelle Gedanke, das Vorspiel auf dem Theater dem eigentlichen Stück voranzustellen, auf Gründgens befreiend. Auf einmal begriff er, wozu er vorher nie vollständig in der Lage war, die Bühne als symbolischen Ort, als einen Ort, an dem Bedeutungen ganz nach Belieben frei gesetzt werden können. Und so kommt er mit Teo Otto zu der Bühnenbildlösung: ein kleines Podest in das Theater zu bauen, eine Bühne auf der Bühne. Auf einmal waren für Gründgens die Bretter, auf denen er spielte, tatsächlich die, die die Welt bedeuten. »Nun konnte man wirklich im engen Bretterhaus den ganzen Kreis der Schöpfung ausschreiten«[7], schrieb er. Und: »Der Verpflichtung enthoben, historisch echt zu sein, wurde plötzlich der Blick frei für von mir bis dahin nicht richtig erkannte Großartigkeiten; zweifellos die entscheidenste dabei war für mich die Entdeckung einer ungeheuren Ironie.«[8] Gründgens war freier geworden. Dolf Sternberger, einer der größten und intelligentesten Gründgens-Verehrer, glaubte damals zu erkennen, daß sich Gründgens' »narzißhafter tänzerischer Zug in freie und breite Reife aufgelöst« habe.[9]

Gründgens hat Will Quadfliegs »Faust« vor allem aus einem antiphilologischen Impetus heraus verstanden. »Es ist ein Irrtum vieler Faust-Inszenierungen und vieler Faust-Darsteller, daß sie nun genau das tun, was nicht gemeint ist, nämlich verweilen, weil es so schön ist! Sie verweilen in den Monologen, weil sie so schön sind. Das gibt dann diese respektgebietenden Aufführungen, wo ein titanischer Mann zwanzig Minuten lang bei schönen Gedanken verweilt.«[10] Nun gibt es wenige Dramen, in denen das in allen Stücken vorhandene Schema von Spieler und Gegenspieler so klar ausgearbeitet ist wie im »Faust«. Faust und Mephisto sind nur im Spiegel des anderen denkbar. Behält man das im Kopf, wird Quadfliegs eigene Schilderung der Rolle, die nach allgemeiner Ansicht nicht besonders geglückt war, höchst aufschlußreich. Von hier aus gesehen entspann sich nämlich zwischen Gründgens und ihm so etwas wie eine Fortsetzung des Disputs zwischen Faust und Mephisto, auch hier gab es ein Stück im Stück, und diese Erörterung geht weit über das hinaus, was Gründgens in der Rolle sehen wollte.

Als erstes erzählt Quadflieg, daß er Gründgens mit der Idee, Faust als Oppenheimer zu spielen, überzeugt habe. Er reklamiert die Modernität der Inszenierung also für sich. »Gut; Oppenheimer – das ist gut – so machen wir es,«[11] soll Gründgens gesagt haben. Dann sagt Quadflieg, daß er Fausts Gespaltenheit darstellen wollte. »Ich wollte zum Ausdruck bringen, daß all die schönen Liebesworte und sogar die Texte, mit denen er Gretchen seinen Gottesbegriff erläutern will, nur versetzte Sinnlichkeit sind.«[12] Quadflieg sah also in Faust etwas Mephistophelisches und wollte darauf sein Spiel aufbauen. »Das widerlich Verführerische, das Luziferische, das jeder schöne Mannskerl für ein argloses Mädchen bedeutet, wollte ich darstellen und verkörpern.«[13]

Nun ist Mephisto der gestürzte Engel Luzifer. Und genau von dort her hatte Gründgens, zu Quadfliegs Unglück, mindestens seit 1941 seine Figur angelegt. »Wie es mir von jeher unmöglich war, an das absolut Gute zu glauben, so konnte ich auch nie an das absolut Böse glauben. Mir schien der Sturz, den Luzifer tat, um Mephisto zu werden, so ungeheuerlich, so unverwindbar, daß er mich völlig beherrschte. Daß für mich dieser Mann namens Faust nur ein Anlaß war, mit Gott wieder ins Gespräch zu kommen«[14], schrieb Gründgens am Ende seiner Beschäftigung mit der Figur.

Der nur selten angedeutete, aber immer präsente Dialog mit Gott ist tatsächlich eines der Elemente, die Gründgens' Mephisto so subtil machen. Aber Gründgens ließ mit dieser Deutung für den Faust keinen Platz neben sich, er hat sowohl das Dämonische, das reine Böse, als auch das Ambivalente, in dem sich Gut und Böse mischen, für sich reserviert. »Leider hat mich der Regisseur Gründgens da nicht genau verstanden – oder verstehen wollen«, schrieb Quadflieg über seine Rollenauffassung folglich weiter.[15] Er setzte sich also von Gründgens ab.

»Mein Zusammenspiel mit Gründgens aber wurde und blieb meine wichtigste Arbeit am Faust. Sie war meine Sternstunde des Theaters.«[16] Offenbar war Quadflieg durch die Zusammenarbeit mit Gründgens selbst gespalten, an der übermächtigen Figur von Gründgens' Mephisto war sein Faust zerbrochen. Quadflieg spürte, daß das Ganze großartig war, genauso wie er spürte, daß diese Großartigkeit auf seine Kosten ging. Gründgens, so kann man vermuten, wollte und brauchte ein reines Gegenüber, um das Dämonische und das Zwiespältige auf seiner Seite zu haben. Antje Weisgerber spielte das Gretchen ganz naiv – und diese Rollenauffassung wirkte geglückt und stimmig.

Als Quadflieg 1961 aus dem Rollenspiel auszubrechen versuchte und in Salzburg tatsächlich den Mephisto spielen wollte, reagierte Gründgens entsprechend harsch: »Nur werden Sie begreifen, daß diese künstlerische Entscheidung, die Sie getroffen haben, ein gleichzeitiges Auftreten als Faust nicht mehr gücklich erscheinen läßt. Dazu sind Lindtberg und ich zu profilierte Regisseure und unsere Inszenierungen zu prinzipiell und zu verschieden. Ich habe also für New York mit einem anderen Faust disponiert.«[17]

Quadflieg spielte dann doch noch in New York, Gründgens konnte nicht auf seinem verständlichen, zugleich etwas lächerlichen Standpunkt beharren. Aber erst nachdem es ein dramatisches Vorspiel zu diesem Nachspiel gegeben hatte. Quadflieg bekam im Flugzeug Halsschmerzen, ein ins Hotel gerufener Arzt stellte einen lebensbedrohlichen Abszeß fest und operierte sofort und ohne Narkose. So mußte doch die Zweitbesetzung, Werner Hinz, gerufen werden. Der traf zwar ein, sah sich aber nach dem Flug außerstande, auf die Bühne zu gehen. So kam dann doch der gerade am Hals operierte Quadflieg zu seinem Auftritt.

Die Reaktionen auf dieses und weitere Gastspiele in Wiesbaden, Leningrad, Moskau und Venedig, waren durchweg enthusiastisch. »Ich kann mich kaum entsinnen, bei einem klassischen Stück so viel unbefangene Regung des Begreifens, der Erheiterung und der Zustimmung im Parkett wahrgenommen zu haben, wie sie hier gleich vom Beginn an – beim Vorspiel auf dem Theater – durch die Reihen ging«, schrieb Sternberger nach der Wiesbadener Aufführung.[18] Nur der Auftritt bei den Berliner Festspielen verlief weniger glücklich: »Eine Sensation hatte man erwartet. Ein hohles Bildungsexperiment hielt man in der Hand. Das wahrhaft große Theater, dessen man sich sehnsüchtig versehen hatte, wurde nicht geliefert. Szenenbeifall gab es selten«, schrieb Friedrich Luft damals.[19]

Das schönste Gastspiel überhaupt dürfte für Gründgens das in Moskau gewesen sein. Boris Pasternak bedankte sich bei Gründgens für »diese Herrlichkeit«[20]. An seine Baseler

Freunde, Alice und Christoph Bernoulli (die er 1936, als er vor Göring und sich selbst floh, aufgesucht hatte), schrieb Gründgens am 14. Dezember 1959 aus Moskau, deutlich beseelt von dem Verständnis und der Herzlichkeit, mit der sein »Faust« dort aufgenommen worden war. »Welch ein Wunsch nach Freundschaft und Gedankenaustausch und welche Würde!«[21] Am Ende dieses Briefes, offenbar getragen von der Moskauer Beglückung, findet Gründgens zu einem jener seltenen Momente von Offenheit, zu denen er auch fähig war: »Ich bin ein solches Arbeitstier, daß ich nicht weiß, wie zu leben; immer stehe ich vor einer großen Premiere, oder nach einer, und gegen die wenigen Freunde, die ich habe, bin ich unnett, weil ständig überfordert. Nun treibe ich es noch drei Jahre weiter, das ganze Ensemble wäre auseinandergelaufen, und Trümmer hinterlassen – ich konnte es nicht. (Hätte ich noch leben lernen können?)«[22] Gründgens hatte damals gerade seinen Hamburger Vertrag verlängert.

Gründgens' Hamburger »Faust« war eine Befreiung, aber er warf mit dieser Inszenierung längst nicht alles über den Haufen, was er sich in den Jahrzehnten zuvor erarbeitet hatte. Die Strichfassung, die Gänge, die Gebärdensprache, die Betonungen, die gesamte Anlage des Spiels übernahm er von seiner Berliner Inszenierung, und zwar in beiden Teilen, die er während des Krieges, 1941 und 1942 erarbeitet hatte. Für die Aufführung des zweiten Teils in Hamburg benutzte er sogar Kopien des Berliner Textbuches, die er für eine in Düsseldorf geplante Aufführung hatte anfertigen lassen[23]. Die Szene nach dem Erscheinen Mephistos in Fausts Studierzimmer hatte Gründgens, nach den Kritiken zu schließen, 1941 genauso gespielt wie 1957.

Schon die Berliner Aufführung hatte aber bereits eine längere Vorgeschichte. Sie beginnt quasi mit Gründgens' Debüt als Schauspieler: Eine seiner ersten Rollen war 1918 der

Schüler in »Faust I« gewesen, 1919 sprach er bei einem Rezitationsabend bereits den Mephisto. An diese Aufführungen erinnerte sich Gründgens später allerdings kaum: »Auch von meiner ersten Darstellung der Rolle des Mephisto, den ich in Kiel Ostern 1922 einmal kurzfristig übernehmen durfte, ist mir so gut wie nichts mehr in Erinnerung.«[24] Nur das Urteil eines Kritikers hat sich erhalten: »Den Mephistopheles spielte Herr Gründgens (Umbesetzung), dessen behende Hagerkeit und ebenso kalte wie scharfe Dialektik zwei Vorbedingungen der Gestalt trefflich erfüllen. In jedem Augenblick auf das Bildhafte seiner Erscheinung bedacht, brachte er alle die geistvollen Aussprüche, die ein Kulturwert des deutschen Volkes geworden sind, mit innerem Verständnis und in virtuoser Sprachbehandlung. Wenn hier und da eine Geste nicht frei von Theatralik war, – u. a. in der Schülerszene –, so war Herr Gründgens doch durchweg ein lebhafter, geistreicher, eleganter Teufel, der auch den Schalk besonders zur Geltung brachte.«[25]

Erst mit dem Auftritt als Mephisto in der Inszenierung von Lothar Müthel, 1932 am Staatstheater, begann dann aber die eigentliche Gründgens-Mephisto-Story. Gründgens bekam mit dieser Rolle – mit der er damals noch nicht identifiziert wurde, für die er aber wie geschaffen erscheinen mußte – die langersehnte Chance, in einem Klassiker zu reüssieren. Er hatte an diesem Abend die Möglichkeit, das zu erreichen, wonach er sich am meisten sehnte: als ernsthafter Theaterkünstler anerkannt zu werden.

Gründgens konnte damals seinen Erwartungsdruck mit dem gesamten Staatstheater teilen. Das Staatstheater mußte nämlich seine Blamage mit dem »Faust« wieder wettmachen. Wegen der Anfang des Goethe-Jahres geplatzten »Faust«-Inszenierung war ja Ernst Legal als Intendant zurückgetreten. Und auch der Erfolg der neuen Inszenierung schien keineswegs gewiß. Der Schauspieler Lothar Müthel war bisher nur durch eine Inszenierung von »Was ihr wollt« als Klassikerregisseur aufgefallen – trotzdem wurde er in der Zeit, in der man auch am Theater nach einem Führer suchte, bereits als kommender Intendant gehandelt. Als Ereignis wurde im Vorfeld aber der Auftritt von Werner Krauß als Faust gewertet, Müthel hatte erreicht, was Legal nicht gelungen war. Er hatte den Star des deutschen Theaters als Faust verpflichten können.

Der 2. Dezember 1932 aber wurde zum großen Abend von Gustaf Gründgens. Vielleicht lag es nur daran, daß er mit der Belastung, die auf dem Abend lastete, am besten fertig wurde. Der Auftritt als Mephisto wurde sein endgültiger Durchbruch, in den – ungeschriebenen – Annalen der Schauspielgeschichte heißt es, Gründgens habe Werner Krauß glatt an die Wand gespielt. Dabei widersprachen sich die beiden Großmeister der Kritik, Alfred Kerr und Herbert Ihering, in ihrer Beurteilung der Inszenierung fast diametral. Ihering lehnte den Abend ab, Kerr befürwortete ihn. Über Gründgens' Leistung aber waren sich beide einig, wenn sich Ihering auch nur widerstrebend zu einem Lob durchringen konnte. Seine Kritik begann: »Eins kann man nicht leugnen: Spannung erzeugt ein Schauspieler wie Gustaf Gründgens, wo immer er auftritt. Es ist nicht leicht, die reservierte Haltung eines Staatstheaterparketts zu durchschlagen. Dieses Publikum hat schon manchen müde gemacht. Gründgens wirbelt durcheinander. Er setzt sich durch. Er reizt auf. Aber er zwingt die Leute zuzuhören, ja oder nein zu sagen. [...] Gründgens spielt den Agenten Fausts, einen Manager Schmelings, einen Stellenvermittler der Hölle. Er agitiert und er treibt an, ein Demagoge, ein Unterhändler.«[26] Und kommt dann zu dem unverständlichen Urteil: »Er spielt hundert Variationen über das Thema Mephisto, aber niemals das Thema selbst. Er spielt Bemerkungen zum Mephisto, witzige Fußnoten gegen Goethephilologen, aber niemals den neuen modernen Mephisto selbst.«[27] Dagegen brachte Alfred Kerr die Sache kurz und bündig (aber durchaus doppeldeutig) auf den Punkt: »Der Abend hieß, geistpoietisch gesehen, Gustaf Gründgens.«[28]

Die Publikumsmeinung gab dagegen wohl Herbert Pfeiffer am ehesten wieder: »Zuerst scheint es, als gäbe es ein großes schauspielerisches Duell. Aber Mephisto schläfert durch seine Geister Faust ein und stellt ihn leblos in die Ecke. Von hier an gerät Krauß immer mehr ins Hintertreffen. Man fragt sich: Was ist mit Krauß? Er unterliegt ganz einfach der Gründgensschen Suggestion.«[29] Es war wohl Gründgens' unnachahmliche Sprechtechnik, die ihm vor allem diesen Triumph ermöglichte. Kein Satz war bei ihm einfach dahingesagt, kein Satz hing durch oder eierte im Ungefähren. Wenn Gründgens sprach, hörte sich das immer zielgerichtet an, seine Rede wirkte, nach einem Wort Iherings, »elastisch und gespannt, biegsam und stählern.«[30]

Gründgens nahm viel später, nach der Hamburger Premiere, noch einmal zu dieser Inszenierung Stellung und fand für den ersten Faust-Mephisto-Konflikt aus der Distanz klug-versöhnliche Worte: »Viel Grundlegendes zu meinem Mephisto verdanke ich Lothar Müthel und viel Werner Krauß, der eine feste Vorstellung von der Partnerschaft der beiden Hauptfiguren hatte und das Aggressive, Aktivistische, das den Faust Überrennende, das meinem ersten Mephisto angehaftet haben soll, geradezu provozierte. Er war völlig besessen von der Idee, Faust als eine Marionette in den Händen Mephistos zu wissen.«[31] Aber selbst in diesen ausgleichenden Worten ist die Spannung zwischen Faust und Mephisto, der Kampf um die Oberhand auf der Bühne, noch zu spüren, der dreißig Jahre zuvor stattgefunden hatte und der dreißig Jahre später, zwischen Gründgens und Quadflieg, noch nicht verschwunden war.

Der Mephisto war für Gründgens nicht nur der Durchbruch und die Rolle schlechthin, er wurde auch zum Sprungbrett. Nach einer Aufführung des »Faust I« bat ihn Göring in seine Loge und unterhielt sich zwanzig Minuten lang mit dem Schauspieler. Für Göring war Gründgens als Mephisto angeblich der »größte Theatereindruck seines Lebens«[32]. Mit diesem »Faust« hatte Gründgens die Weichen für seine Rolle im Theater und für seinen Lebensweg neu gestellt, er hatte in der Wirklichkeit umgesetzt, was seiner Arbeit als ein Phantasma zugrundelag, er hatte sich selbst erschaffen und das Theater zur Wirklichkeit gemacht. Auch darin liegt ein verstecktes Moment von Suggestion und, man kann es vor dem Zeithintergrund nicht anders sehen, etwas Dämonisches.

Der zweite Teil des »Faust« hatte knapp zwei Monate später, am 21. Januar 1933 Premiere. Gründgens hatte das Stück bei Vertragsabschluß mit Tietjen, wie er später selbst zugab, noch nicht gekannt. Nachdem das Staatstheater nicht in der Lage gewesen war, eine eigene Inszenierung auf die Beine zu stellen, übernahm man Gustav Lindemanns Düsseldorfer Arbeit. Gründgens konnte also mit seinem einstigen Lehrer am Staatstheater arbeiten. »Die Wirkung dieser Aufführung war ungeheuer, und die Wirkung lag in der völligen Geschlossenheit, in der die Inszenierung sich darbot«, schrieb Gründgens darüber.[33] Auch Lindemann versuchte, keine Interpretation des »Faust II« zu liefern, sondern ein Theaterstück aus dem Text zu machen. »Der Regisseur Lindemann […] hat sich damit begnügt, alles sinnlich zu machen und im übrigen den höheren Sinn den Eingeweihten überlassen«, kommentierte Paul Fechter.[34] Trotzdem war seine Bearbeitung des Textes voller Respekt für Goethe, er strich nicht eine Szene, sondern kürzte überall, so daß die Aufführung fünf Stunden dauerte.

Gründgens behielt sein Rollenprofil und sein Aussehen aus dem ersten Teil bei: rotes, elegantes Gewand, kahler Schädel, gerade nach oben gezogene Augenbrauen. Er ordnete sich Lindemanns Konzeption sehr diszipliniert unter, am Ende des Stücks verzichtete er zugunsten der angestrebten Tragik sogar auf alle Ironie, was diese Passage damit allerdings eindeutig zu seiner schwächsten gemacht hat. Werner Krauß fand sich jetzt besser in seine Rolle. Und Alfred Kerr schrieb über diese Inszenierung seine letzte große Kritik, bevor er emigrierte. Für ihn war Gründgens immer noch der überlegene Part. »Das Wesen der Gestalt trägt Krauß wie einen Pelz, nicht wie eine Haut. Das ist es. (Als ob er das, was zu ihr gehört, glänzend aufsagte. Gründgens denkt es; lebt es.) Die stärkste Seelenkraft, die Geisteskraft ist bei Mephistopheles. Immer mehr kommt es bei Gründgens auf den gefallenenen Engel hinaus. (Dermalen Josef Kainz.) Zwar ein saftig-tierisches Denkergeschöpf – doch mit Schwermutsschatten.«[35] Gefallener Engel, damit ist der Luzifer-Gedanke ausgesprochen, den sich Gründgens später ganz zu eigen machen sollte.

Der Vertrag, den Tietjen mit Gründgens abgeschlossen hatte, lief nur bis Ende 1932. Tatsächlich spielte schon im Februar 1933 Alexander Granach den Mephisto (neben Walter Frank, der Werner Krauß vertrat), und zwar in beiden Teilen. Allerdings hatte Gründgens schon im Oktober mit Tietjen vereinbart, in der nächsten Spielzeit den Hamlet zu spielen.[36] Die letzten Monate waren für ihn also die vollständige Erfüllung seiner Wünsche. Außerdem waren die Tage in dieser Zeit dicht mit Arbeit gedrängt. Neben den Auftritten im ersten und den Proben zum zweiten Teil des

»Faust« spielte er noch in der hervorragenden »Liebelei«-Verfilmung vom Max Ophüls eine kleine Rolle. Am 30. Januar 1933, dem Tag an dem Hitler als Reichskanzler vereidigt wurde, war er bereits zu Außenaufnahmen für den Film »Die schönen Tage von Aranjuez« in Spanien.

Am 15. Februar wurde dann bekanntgegegeben, daß die Staatstheater-Intendanz an den Weimarer Intendanten Franz Ulbrich und an den Dramatiker und SS-Mann Hanns Johst übertragen werden sollte. Schon am 1. März war es soweit.[37] Max Reinhardt verließ Berlin am 8. März, im April wurde er von der Leitung des Deutschen Theaters »entbunden«. Ebenfalls im März, nach den Dreharbeiten in Spanien, war Gründgens mit Curt Alexander in Spanien und Frankreich unterwegs, um ein Filmdrehbuch zu schreiben[38], am 2. April trafen beide in Paris ein. Noch im gleichen Monat kehrte Gründgens nach Berlin zurück. Curt Alexander will er beim Abschied gesagt haben: »Das Schwert des Damokles ist auf dich heruntergefallen, über mir hängt es und kann mich jeden Augenblick erschlagen.«[39] In dieser Rolle sah Gründgens sich dann für die kommenden zwölf Jahre.

Die Rückkehr von Gründgens nach Berlin hat viele Spekulationen ausgelöst. Ihm wurde mehrfach vorgeworfen, nicht das Exil gewählt zu haben. Er selbst führte zu seiner Entlastung an, daß er für das Wohl von fünf Personen in Berlin verantwortlich gewesen sei. Das waren: seine beiden Eltern, die Freundin Ida Liebmann, zwei weitere Freunde, darunter Jan Kurzke, die alle in seiner Wohnung lebten. Gründgens stellte es so dar, als habe er sie gegen das Naziregime beschützen müssen, in Wahrheit aber konnte er das damals noch nicht, schließlich hatte er zu diesem Zeitpunkt noch um sich selbst fürchten müssen. Wahrscheinlicher ist, daß er ursprünglich die finanzielle Versorgung zumindest seiner Eltern im Auge hatte.

Klaus Mann schildert im »Mephisto«, wie Höfgen seine ehemalige Frau Barbara Bruckner in Paris sah und wie ihn das Gefühl, nicht zu deren Kreisen und damit nicht nach Paris zu gehören, nach Berlin trieb. Nach dem Zeugnis von Alex Natan und Lotte Eisner wollte Gründgens im April tatsächlich in Paris bleiben, weil er wußte, daß die Situation in Berlin für ihn lebensbedrohlich sein konnte.[40] Gründgens hatte in Frankreich nach seinem eigenen Zeugnis[41] viele Freunde, die Situation in Frankreich war für ihn also nicht so schwierig, wie er es später dargestellt sehen wollte. Antje Weisgerber erinnert sich, daß Gründgens noch viel später über seine Pariser Freunde außerordentlich entrüstet war, weiß aber nicht aus welchem Grund.

Im April spielte Gründgens wieder den Mephisto, gleichzeitig wurde ihm von der neuen Intendanz mitgeteilt, daß er den Hamlet doch nicht werde spielen können. Gründgens erzählte es später so, als sei es am Abend dieser Mitteilung gewesen, daß Göring ihn als Mephisto gesehen habe und ihm, durch die Rolle beeindruckt, erklärt habe, die Verträge zwischen Theater und Gründgens müßten bindende Gültigkeit behalten. Sollte das die Wahrheit sein, spricht es für sich, sollte es eine Stilisierung sein, zeigt sie umso deutlicher, wie sehr für Gründgens sein Geschick jetzt an dem von Göring hing. Hier liegt das eigentliche Dilemma. Das Problem ist ja nicht, daß Gründgens nicht emigriert war, das Problem ist, daß er jetzt begann, sich mit dem Regime in Einklang zu bringen. Denn das mußte er, wenn er in Deutschland eine öffentliche Position behalten wollte.

Am 1. September 1934 eröffnete das Staatstheater, Gründgens war bereits Intendant, mit »Faust«, Teil eins, am nächsten Tag folgte der zweite Teil. Neben Gründgens spielte jetzt Eugen Klöpfer den Faust. Herbert Ihering, nun beim »Berliner Tageblatt« auf der Stelle von Alfred Kerr, ließ bei der Beurteilung von Gründgens sehr genau spüren, daß er wußte, wessen Stunde jetzt geschlagen hatte: »Gründgens, der den Mephisto wieder mit dem ganzen Schwung seines fortreißenden Witzes, seines blendenden Temperamentes gibt und im ersten Teil sogar disziplinierter als damals spielt. Gründgens ist der wache moderne Schauspieler: er spricht die Sätze von Beginn an auf ein Ziel, in straffer Gliederung, er führt den Zuhörer, er macht ihn sicher und läßt ihn seiner Versführung vertrauen, die mit den Rhythmen dem Sinn und der Bedeutung gerecht wird.«[42] Ihering verhielt sich da durchaus opportunistisch. Der »Völkische Beobachter« feierte Aufführung und Mephisto als Künder einer neuen Zeit: »Es hat das Haus schon am Sonnabend niemand verlassen, der den Fügelschlag einer unabweisbaren Geistesacht nicht wenigstens von weitem verspürt hätte. Und das ist viel, sehr viel, wenn man bedenkt, daß nicht nur das deutsche Theater in einem Vierteljahrhundert entwurzelt, überfremdet, bastardiert worden ist, sondern auch das Publikum den Sterbeprozeß dieses Theaters im Bannkreis einer allmächtig näselnden, blasiert und größenwahnsinnig als Selbstzweck sich gebärdenden Kritik mitgemacht hat.«[43] Gründgens hatte die beiden Aufführungen zwar übernommen, sie allerdings auch schon verändert. Im ersten Teil waren Engel und Herr im »Prolog im Himmel« nicht mehr zu sehen, sondern nur zu hören[44], im zweiten Teil strich er das eleusische Fest[45].

Der letzte große Kraftakt des Staatstheaters im Zweiten Weltkrieg war die Inszenierung beider Teile des »Faust« in der Spielzeit 1941/ 42.[46] »Das Berliner Staatstheater darf sich rühmen, im Kriege diese große Tat gewagt und geleistet zu haben [...] Das Haus am Gendarmenmarkt hat ein Werk vollbracht, das in Gesinnung und Gestaltung schöpferische Theatergeschichte machen wird«, schrieb Werner Höfer.[47]

Mit dieser Aufführung erarbeitete Gründgens das Regiekonzept, das er im wesentlichen bis zur Hamburger Aufführung beibehielt. Gründgens selbst hob dabei als besonders wichtige Punkte der Aufführung hervor, daß sich Paul Hartmann als »männlichster Darsteller des deutschen Theaters« zornig durch die Faust-Monologe gekämpft und so das Dunkle und Titanische vermieden habe. Der Hang, in diese Richtung zu inszenieren, sei ihm, Gründgens, einerseits »angeboren« gewesen, andererseits durch die Zeitumstände bedingt gewesen. Gründgens wollte also auch den »Faust« als Akt des Widerstands verstanden wissen. Äußerlich sei die Aufführung noch konventionell gewesen, die Enge der Gretchenwelt sei durch ebensolche Räume angedeutet worden. »Neu und gut lediglich mein Einfall, von der heiligen Messe des Doms sofort in die schwarze Messe der Walpurgisnacht überzublenden.«[48]

In Wirklichkeit sah die Aufführung etwas anders aus als Gründgens sie schilderte. Die wichtigste Entscheidung von Gründgens war, die Faust-Mephisto-Szenen in den Vordergrund zu rücken. Diese Szenen wurden in weiten, leeren, nebelverhangenen Räumen gespielt, was den »Völkischen Beobachter« zu der naheliegenden Auffassung veranlaßte, daß mit dem Ersatz von »Butzenscheibenromantik und Winkelpoesie« durch offene Räume die Überwindung des bürgerlichen Rührstücks, des Gretchendramas, zugunsten »einer härteren Fassung« des »Faust« gelungen sei.[49]

Entsprechend wurden die anderen Szenen beschnitten. Der Osterspaziergang wurde fast ganz gekappt (dadurch fielen die vielsagenden Sätze »Nichts Beßres weiß ich mir an Sonn- und Feiertagen, Als ein Gespräch von Krieg und Kriegsgeschrei« und »Mag alles durcheinander gehen; Doch nur zu Hause bleib's beim alten« weg), Auerbachs Keller wurde nicht ausschweifend, sondern in gedrückter Stimmung gespielt, in der Hexenküche blieb Mephisto vom Geschehen distanziert, die Walpurgisnacht blieb sehr kurz und auch die Gretchentragödie wurde nicht als Gipfel oder Erfüllung des Dramas aufgefaßt, sondern als Episode in einen größeren Rahmen gestelllt. Dieser Rahmen war das »große Sinngedicht der Wette«, so Richard Biedrzynski zutreffend in der mit »Der Gegner Gottes« überschriebenen Besprechung im »Völkischen Beobachter«.

Nun war es nicht nur der »Völkische Beobachter«, sondern auch andere Zeitungen, die in schöner Einmütigkeit beschrieben, daß mit dieser Inszenierung der Fall Luzifers in den Vordergrund des Dramas gerückt sei. Mephisto werde, auch da waren sich alle einig, dadurch selbst zu einer tragischen Figur. Mephisto erscheine als verstoßener Gott, der der Welt und Macht von gestern nachtrauert. Da diese Auffassung von fast allen Zeitungen vertreten wurde, liegt die Auffassung nahe, daß sie von Gründgens lanciert worden war, auch wenn es dafür keine Belege gibt. Der Gedanke ist jedenfalls sehr typisch für Gründgens, da aus dem Teufel durch diesen Hintergrund eine fast menschliche Figur wird und aus Mephisto damit eine Rolle, die voll und ganz auf der Linie von Gründgens liegt.

In jedem Fall hatte die Aufführung durch den Kampf Mephistos mit Gott durchaus etwas Titanisches bekommen und genau so wurde sie auch wahrgenommen. Die von Goebbels zu Theaterbetrachtern degradierte Zunft der Kritiker identifizierte sich nicht mehr mit Gott oder Faust, sondern eindeutig und einmütig mit Mephisto, den man fast mitleidend betrachtete.

Die enormen Projektionen bei der Walpurgisnacht mit Bernhard Minettis Gesicht als Erdgeist müssen diesen Eindruck des Titanischen noch verstärkt haben. Diese Projektionen entfielen in späteren Aufführungen und die Tendenz der Faust-Mephisto-Szenen, die in den Kriegsjahren etwas Erhebendes und Hartes hatten, stellte Gründgens später ausschließlich als Suche nach Vereinfachung und Konzentration dar.

Im »Faust II« lehnte sich Gründgens 1942 an die Prinzipien von Lindemann an: Theater statt Philologie, Straffung statt Streichung aus Respekt vor dem Dichter. Er ging aber auch einen Schritt über seinen ehemaligen Lehrer hinaus. Paul Fechter: »Damals gab es die große Schau, das ›Wer vieles bringt, wird manchem etwas bringen.‹ Jetzt hat Gründgens die Tragödie von neuem inszeniert und man erlebt die Dichtung, erlebt die Tragödie.«[50] Der noch immer rot gekleidete und genauso wie 1932 geschminkte, dabei allerdings weiblicher und menschlicher wirkende Mephisto[51] von 1941/42 wird zur tragischen Figur im leeren Raum – »von Melancholie umwittert«[52]. Der Vorhang blieb nach dem Ende des zweiten Teils geschlossen, da wurde nicht mehr normales Theater aufgeführt, sondern ein Weihespiel dargeboten. Große Erschütterung war das Ziel.

Karl Heinz Ruppel beschrieb es so, wie Gründgens selbst es sehen wollte. »Als Gustaf Gründgens vor zehn Jahren ans Berliner Staatstheater kam, spielte er als eine seiner ersten Rollen den Mephisto im ›Faust I‹. Es war eine faszinierende mimische Paraphrase über das Thema ›der Teufel in der Dichtung‹: ein brillanter Zyniker, ein Virtuose böser spöttischer Spruchweisheit, ein Conferencier der Unterwelt. Der Mephisto von 1942 aber ist der gefallene Engel, erfüllt von der uralten Schwermut des Lichtsohns, der in die Finsternis gestürzt wurde.«[53] Im gleichen »Theateralmanach« schrieb Mathias Wieman den Beitrag »Faust im Kriege«: »Eines der schönsten Worte über Musik, ja über die Kunst überhaupt, hat Bismarck von Beethovens ›Appassionata‹ gesprochen: ›Wenn ich das öfter hörte, würde ich immer sehr tapfer sein.‹

Ein ähnliches Gefühl für das, was die Tapferkeit nähren könnte, hat wohl auch jetzt, in den letzten Monaten des Krieges, in Deutschland die Menschen in Massen zu den klassischen Konzerten und Theateraufführungen getrieben.«[54] Wiemans Einlassungen handeln zwar vom Hamburger »Faust«, die Berliner Wirklichkeit traf er damit aber genauso.

Paul Hartmann, bereits 1941 und 1942 Gründgens' Faust, spielte auch 1949 in Düsseldorf wieder diese Rolle. Die Düsseldorfer Aufführung lehnte sich weitgehend an die Berliner Inszenierung an, wieder war viel von Mephisto als gefallenem Engel die Rede. Diese Interpretation wurde so übermächtig, daß sie retrospektiv auch auf die dreißiger Jahre übertragen wurde, obwohl damals, außer bei Kerr, davon nicht die Rede war. Mit ziemlicher Sicherheit war Hartmann neben Horst Caspar der beste Faust, der mit Gründgens zusammengespielt hat, derjenige, der Mephisto Paroli bieten konnte. In der Düsseldorfer Aufführung, die man noch auf Tonband hören kann, war Hartmann weitaus entspannter und doch entschiedener als später Quadflieg. Gründgens dagegen war schärfer, schneidender, spitzer, gespannter und verschmitzter als in der Hamburger Aufführung.

Das bedeutendste Ereignis der gesamten Düsseldorfer Faust-Geschichte war jedoch ein Gastspiel. Noch 1948, also lange vor der Premiere des Düsseldorfer »Faust«, der im April des Folgejahres herauskommen sollte, wurde Gründgens mit dem Stück von Rudolf Bing zu den Edinburgher Festspielen eingeladen. Es war nach dem Dritten Reich das erste Gastspiel eines deutschen Theaters im Ausland, ihm wurde deshalb enorme Bedeutung zugemessen, Gründgens wurde auch auf internationaler Ebene zum ersten Repräsentanten des bundesdeutschen Theaters.

Gründgens kannte den Emigranten Bing nicht, verstand sich mit ihm aber nach dessen erstem Besuch in Düsseldorf

Anfang Dezember 1948 hervorragend. Mit Bing hatte Gründgens schon damals verabredet, daß Paul Hartmann bei einem Gastspiel als Faust nicht in Frage käme – Hartmann war ab 1942 Präsident der Reichstheaterkammer gewesen. Sie beschlossen daher, Frederik Valck zu bitten, die Rolle zu übernehmen. Valck war in den zwanziger Jahren Mitglied des Staatstheaters gewesen und nach der Emigration auch in England ein höchst geschätzter Schauspieler. Aber Valck lehnte ab, und kurz nach der Premiere des »Faust« gab Gründgens bekannt, daß Horst Caspar den Faust in Edinburgh spielen würde.[55] Gründgens hatte Caspar als Tasso geholt, da er selbst in dieser seiner Traumrolle, die er schon in Berlin unbedingt spielen wollte, nicht besonders gut ankam. Außerdem war Caspar in Wien der Mann von Antje Weisgerber geworden, die bereits am Staatstheater war, am Deutschen Theater im »Snob« gespielt hatte und im »Faust« das Gretchen werden sollte.

Die Eröffnungsvorstellung in Edinburgh war am 6. September 1949. Das Auftreten von Gründgens war nicht unumstritten, es gab in Großbritannien Versuche, die Aufführung zu verhindern, und auch in Deutschland wurde das Gastspiel als brisante Angelegenheit empfunden. Gründgens äußerte sich in der Öffentlichkeit nicht oder gab hörigen Journalisten phrasenhafte Antworten. Als beispielsweise die Redakteurin der Düsseldorfer »Neuen Post«, Renette Isabell Reuter, von den Edinburgher »Evening News« im Januar 1949 um ein Profil von Gründgens gebeten wurde, ließ Gründgens sie hinhalten, lehnte dann die vielfach vorgebrachten Bitten um ein Gespräch ab und auch die schriftlich eingereichten Fragen wollte er nicht beantworten.

Gerd Vielhaber konnte dagegen einen Monat später ein Gespräch führen, das am 1. April 1949 im »Europa-Kurier« abgedruckt wurde. Vielhabers weitgehendste Frage zu dem

Gastspiel lautete: »So stellt also die Edinburgher Einladung an Ihre Düsseldorfer Bühnen eine besondere künstlerische Auszeichnung dar, auf die nicht nur Sie selbst, Herr Generalintendant, und Ihr Ensemble, sondern eigentlich auch die Stadt Düsseldorf und alle Freunde dieser Bühne mit Recht stolz sein dürfen?« Darauf Gründgens: »Wenn die Aufführungen stattgefunden haben werden, wird es sehr schön gewesen sein, daß zum ersten Male nach Beendigung des Krieges deutsche Schauspieler in England spielen konnten, und ich werde mich freuen, dabei gewesen zu sein.« Später in diesem ganzseitigen Interview sagt Gründgens dann tatsächlich, daß auch Demokratie gelernt sein müsse: »Wenn sich jeder an festgelegte Spielregeln hält, müßte eigentlich alles ganz gut gehen. Schwierig wird es immer dann, wenn man glaubt, dienstliche Dinge aufgrund privater Beziehungen regeln zu können.«

Bei der Edinburgher Premiere kam es dann zu einer Protestaktion. Flugbätter, die von den Rängen ins Parkett geworfen wurden, zeigten das Photo, auf dem Gründgens bei der Kniebeuge mit Gewehr zu sehen ist. Außerdem wurde er als Kultursenator Hitlers und Freund Görings bezeichnet. Göring war 1940/41 Oberbefehlshaber bei der Luftschlacht um England gewesen. Außerdem wurde die Vorstellung durch Gebrüll unterbrochen. Aber auch diesen Skandal überstand Gründgens. Die Aktion bekam in Gründgens-Kreisen später den Ruch einer Entscheidungsschlacht, Gründgens selbst nahm öffentlich dazu nie Stellung.

Mit dem »Faust II« aber gelang Gründgens in Hamburg, was ihm bis dahin noch nie geglückt war. Er konnte ironische Freiheit und Ernsthaftigkeit, Modernität und Klassikertreue zu einer Einheit verschmelzen. Er behielt das Bretterpodest des ersten Teils bei, genauso wie den Gedanken, das Stück vom Vorspiel her zu interpretieren. »Der Verpflichtung enthoben, historisch echt zu sein, wurde plötzlich der Blick frei für von mir bis dahin nicht richtig erkannte Großartigkeiten: zweifellos die entscheidenste dabei war für mich die Entdeckung einer ungeheuren Ironie, die zum Beispiel die ganze klassische Walpurgisnacht kennzeichnet«, sagte er selbst über diese Aufführung.[56] Gründgens war als Regisseur ein Stück über sich hinausgewachsen, sein »Faust« hatte jetzt eine Modernität, die er sonst nicht kannte, und die ihn in die Nähe zu einer Ästhetik brachte, mit der er lange glaubte, nichts anfangen zu können. Denn nun verstärkte sich eine Tendenz, die sich schon bei »Faust I« angedeutet hatte, es gab technische Apparaturen, die deutlich auf Zeit und Zeitgeist anspielten: Wagners Laboratorium war wie ein vergrößertes Studierzimmer, Mephisto braucht eine Kennkarte, um sich Zutritt zu diesem »Labor« zu verschaffen, Wagner erschien als der moderne Technokrat, und der Homunkulus erinnerte an den russischen Sputnik.

Höhepunkt der Aufführung und zugleich der Triumph wie die Selbstauflösung von Gründgens' Theater der Texttreue aber war die klassische Walpurgisnacht. In Berlin war sie in Nebelschwaden gespielt worden und hatte trotzdem den Eindruck des Philologischen nicht abschütteln können. Jetzt aber, nachdem Gründgens sich dieser Szene mit Ironie näherte und als Spiel im Spiel betrachtete, verlor auch sie alles Papieren-Gelehrte. Gründgens gelang bei der klassischen Walpurgisnacht mit seinem Bühnenbildner Teo Otto ein für ihn revolutionärer Schritt. In der von Neon ausgeleuchteten, in der Bildersprache des Surrealismus gehaltenen Bühne verbanden sich Gegenwart und Vergangenheit, die kalte Welt der Technik und kreatürliches Wuchern, Chrom und Fleisch. Geschlechtsteile der Fabelwesen phosphoreszierten, schon darin lag Technik und Natur. »Hier, genau hier, war die Welt des in der Retorte erzeugten

Menschen, des Homunkulus. Hier seziert die Geometrie, assistiert von Nutzen und Zweck der Welt, die Seele, den Traum, die Phantasie aus dem Leibe. Hier ist die Erhabenheit durchflutet von Grauen, die Schönheit atemlos, das Dasein ohne Echo«, schrieb Teo Otto später, noch ganz im Bann der einstigen Erfindungen.[57] Auch Gründgens war laut Otto von der Lösung sehr überzeugt. Seine größte Befürchtung zu dieser Zeit war, diesen »Faust« nicht mehr verwirklichen zu können. Während der Verbeugung bei der Premiere bezeichnete Gründgens gegenüber Will Quadflieg den »Faust II« als sein Requiem.[58]

Die Inszenierungsgeschichte des »Faust« kann die Frage, was die besondere Faszination von Gründgens' Mephisto ausmachte, nicht endgültig klären. Er selbst schrieb darüber nichts in seinem Faust-Aufsatz – im Gegensatz zur Rolle des Faust, die er recht genau analysierte. Allgemein gilt als eines der wesentlichen Charakteristika von Gründgens' Mephisto, daß er alle Facetten dieser Figur erfaßte. Herbert Ihering, der Gründgens zwar kritisierte, zündete in seiner Kritik dennoch ein irrlichterndes Feuerwerk der Bezeichnungen für Gründgens' Mephisto und gab damit das Muster für spätere Bemühungen vor. Bereits im ersten Buch über Gründgens, einer Monographie von Rudolf Ramin, veröffentlicht 1933, findet sich diese Art der Charakterisierung seines »Faust«. Mephisto erscheint da bereits als der Universale: »Gewiß sind andere Vertreter der Rolle in einzelnen Szenen unmittelbarer gewesen, aber sie brachten dafür stets nur eine Seite der problematischen Erscheinung zur Geltung, das Weltmännische, das Derbe, das Zynische, das Deklamatorische, während Gründgens aus dem Mosaik aller Empfindungen, aus denen Mephisto zusammengesetzt ist, eine überlebensgroße Gestalt aufbaute.«[59]

Bernhard Minetti, ein Gründgens verwandter Schauspieler, gelang der Mephisto, den er mehrmals gespielt hat, nach eigenem Urteil nie. 1936, als Gründgens den »Faust« umbesetzte, übernahm Minetti die Rolle Mephistos. Im Vorwort seiner Erinnerungen von 1985 – man spürt, wie gerade die Mephisto-Niederlage noch an ihm nagt – stellt er sich die Frage, warum er an dieser Rolle gescheitert war: »Ich habe als Mephisto zuviel gewollt. Ich wollte im Mephisto alles haben. Ich wollte den Dämon, den Verführer und natürlich auch den Pousseur. In diesem Viel-zuviel-wollen verstand ich nie, wieweit Mephisto Geist ist, wieweit gefallener Engel. Ist er ein Witzbold oder ein trauriger Wicht? Ich konnte mich mit ihm nicht zur Deckung bringen und war dann fasziniert, wie Gründgens das alles mühelos löste und – im zweiten Teil der Dichtung – aufgrund seiner geistigen und seelischen Konstitution sogar grandios wurde.«[60]

Minetti widerspricht der Idee, das Wesen Mephistos könne für den Schauspieler im Zusammensetzen der verschiedenen Facetten liegen. Er glaubte, der Schlüssel habe für Gründgens in der Bezeichnung Mephistos als »Handlungsreisender in Geist«[61] gelegen. Doch einige Seiten vorher zeichnet Bernhard Minetti ein Bild von Gründgens, das in seiner Mischung aus Einfühlungsgabe, Verwandtschaft, Beobachtung und Spekulation stichhaltiger erscheint. Minetti erklärt den Erfolg von Gründgens als Mephisto aus der Nähe des Schauspielers zu dieser Rolle. So wie Mephisto vergeblich den Faust zu fassen versuche, so sei Gründgens unerreichbaren Erwartungen an sich selbst nachgegangen. »Aus seinem letzten Moment heraus, aus diesem vergeblichen, teils vermeintlich, teils wirklich überlegen geführten Kampf mit Faust, den er bedient, den er verführt, der ihm entgleitet, den er nicht faßt und am Ende nicht hat: Das muß eine Lebenssituation von Gründgens gewesen sein, die sehr komplex zu sehen ist. Das war ihm unmittelbar. So wurde er grandios und auf seine Weise elementar.«[62]

Gründgens selbst erkannte im Streben die einzige Konstante von Fausts Wesen.[63] Und was Mephisto betraf, war er, vor allem in den Vierziger Jahren, besessen von der Idee des gefallenen Engels. Auch darin liegt die Idee des Strebens – der Teufel möchte wieder zurück an seinen eigentlichen Platz, zurück ins verlorene Paradies. Während Faust nach Erkenntnis strebt, sucht Mephisto nach seiner alten Rolle. In dieser Suche nach der idealen Rolle liegt vielleicht der Grund für Gründgens' besondere Befähigung zum Mephisto.

So sah Gründgens nicht nur den Antagonismus, sondern auch die Verwandtschaft von Faust und Mephisto. Gründgens wollte Faust sein, doch er war Mephisto. Dadurch aber hatte sein Mephisto etwas von Faust und gerade dadurch war er so erschütternd. Und darin kann man auch das treffendste Bild von Gründgens' Leben und Persönlichkeit sehen. Er sehnte sich nach Hamlet oder Tasso, aber er konnte nur Mephisto sein. In dem Moment, wo er sich das eingestand, und das muß zwischen 1933 und 1942 gewesen sein, konnte er diese Rolle zu einer Größe führen, wie sie sonst nur Hamlet oder Tasso haben. Da bekam der Mephisto etwas Tragisches und somit Menschliches – der größte Triumph, den Gründgens als Schauspieler hatte. Mephisto verführt und umgarnt Faust, er kämpft um ihn, aber er bekommt ihn nicht zu fassen. Das Ende des zweiteiligen Stücks, in der Aufführung von 1933 noch eine der schwächsten Szenen, wurde ab 1942 zur größten Szene von Gründgens überhaupt. Irgendwie muß Gründgens damals erkannt haben, worauf er sich eingelassen hatte.

Held oder Dämon:
Der Staatsschauspieler

THEATER SIND TEIL JENER ENTWICKLUNG einer Gesellschaft, die man am ehesten Empfindungsgeschichte nennen kann. Schauspieler spiegeln sich im Publikum und das Publikum in ihnen. Theater ist mehr als jede andere Kunst nicht das, was es ist, Theater ist das, was die Zuschauer in ihm sehen. Und der Schauspieler kann deshalb auch nicht der sein, der er ist, sondern er ist der, als der er gesehen wird. Es ist ein Austausch von Empfindungen und Stimmungslagen, der hier stattfindet. Vor allem in diesem Sinn ist Gründgens von 1928 bis 1947 Teil der vielschichtigen, in sich widersprüchlichen Geschichte Berlins gewesen, genauso wie er nach dem Dritten Reich Teil der Empfindungsgeschichte der Bundesrepublik geworden ist.

Als Gründgens 1928 in die Reichshauptstadt kam, trug er, zumindest zuweilen, ein Monokel und war deutlich als Dandy identifizierbar. Sein Schädel war kahl oder die Haare waren sehr kurz geschnitten, in jedem Fall hatte die ganze Erscheinung nicht nur etwas Elegantes, sondern auch etwas Stählernes. Der Blick war trotz der schon damals vorhandenen Sehschwäche deutlich und direkt. Sein Mund war so scharf und schmal wie nie vorher oder nachher. Gründgens wirkte äußerst entschieden. Sein Gesicht hatte keine individuellen Züge, aber es war von einer Klarheit, die es für Bühne und Film sofort interessant machte. Sein Gesicht war unbeschrieben, aber es paßte in das Klima der Reichshauptstadt, denn Gründgens' Gesicht war nackt und glatt, es war ungeschützt und undurchdringlich zugleich, mit einem Wort: Es war erregend.

Um 1930 befand sich das Berliner Theater bereits in einer schleichenden Krise. Max Reinhardts Star-Ensemble hatte sich zwar noch nicht erschöpft, aber bereits von der Ausstrahlung verloren, die lange von ihm ausgegangen war. Es wurde deutlich, daß Reinhardt die Schauspieler nicht nur aufbaute, sondern daß er sie auch verbrauchte. Darüber sollte sich Gründgens bald beklagen. Es war insgesamt eine Zeit der Ermüdung und Orientierungslosigkeit. Wo noch ein paar Jahre zuvor die großen Theaterschlachten geschlagen worden waren, herrschte jetzt das Unterhaltungs- und Konversationstheater, das Gründgens so blendend beherrschte. Ein Talent, das ihm dann einen schnellen Aufstieg, außerhalb der Reinhardt-Bühnen, ermöglichte.

Tatsächlich setzte Gründgens sich in Berlin nicht als Schauspieler, sondern als Regisseur durch. Seine eigentliche Stärke waren weniger die großen Klassikerinszenierungen als vielmehr die Oper, die Komödie, das Kabarett oder die Revue. Als seine gelungenste Inszenierung aus dieser Zeit vor 1933 gilt »Figaros Hochzeit«, genauso wie er später vor allem mit »Der tolle Tag« von Beaumarchais, »Südfrüchte« von Marcel Pagnol, »Hans Sonnenstößers Höllenfahrt« oder »Die Banditen« von Offenbach zu überzeugen wußte.

Von seinem ganzen Habitus her aber war Gründgens nicht nur der leichtfüßige, unverbindliche und oberflächliche Tausendsassa, als der er sich in den Jahren von 1928 bis 1932 etablierte: Er war der typische Schauspieler der von den Nazis so genannten und gerade zu Ende gehenden Systemzeit, gleichzeitig überhitzt und unterkühlt, nervös und beherrscht, elegant und morbid, überheblich und homosexuell. Gründgens war ein später Expressionist, sein Ausdruck lebte von der seelischen Angespanntheit, ja Überspanntheit, für die Frank Wedekind in der Verkörperung der von ihm selbst geschaffenen Figuren das theatralische Urbild war. Es ging dabei nicht um Milieugenauigkeit oder Einfühlung, es ging Gründgens, wie dem Theater des Expressonismus überhaupt, um Intensität. So wurde er für das Berliner Theater um 1930 auch so etwas wie eine Erinnerung an frühere, aufregendere Zeiten.

Das erste Mal fiel Gründgens in Berlin 1928 in »Die Verbrecher« von Ferdinand Bruckner auf. »Gustav Gründgens' Ottfried von derselben Art aber kalt, niedrig, seelenlos«[1], hieß es damals. Vier Jahre später war dieser Eindruck von dem vielseitigen Opern-, Operetten- und Unterhaltungsstar Gründgens noch immer nicht verdrängt. Herbert Ihering sagte das 1932 mit den harten und von Gründgens wohl nie vergessenen Worten: »Gustaf Gründgens dagegen ist der kälteste unbürgerlichste Darsteller der deutschen Bühne, dessen geistiger Zynismus gestaltend und formbildend geworden ist.«[2] Damit faßte Ihering zusammen, was die meisten wohl ohnehin dachten: Neben der Kälte war an Gründgens vor allem die Affinität zu »problematischen Naturen« und die »menschenverachtende Ironie« aufgefallen.

Über diese Anfänge von Gründgens in Berlin sind sich alle, inklusive seiner eigenen Person, einig. Ein solches Einverständnis über seine Person, seine Bedeutung und sein Temperament sollte es später nie mehr geben. Gründgens, darüber besteht kein Zweifel, begann als kalter Darsteller, dem man trotzdem ansah, daß seine Nerven blank lagen. Vom Eleganten über das Snobistische und Anrüchige bis zum Morbiden reichte die faszinierende und abstoßende Welt, in der er spielte. Die frühen Ton- und Filmaufnahmen, die von ihm erhalten sind, bestätigen dieses Bild.

Kälte ist ein plastischer, aber unscharfer Begriff für eine emotionale Formation. Dieses in den zwanziger Jahren aufkommende Temperament des »Kalten« hat der Literaturwissenschaftler Helmut Lethen[3] ausführlich beschrieben. Er entwirft dazu den Typus der »kalten persona«, als deren Verkörperung man sich ohne weiteres Gustaf Gründgens vorstellen kann. Ja, Gründgens erscheint, obwohl etwas verspätet, wie der schauspielerische Exponent der »kalten persona« schlechthin.

Lethen begreift diese Haltung als den bestimmenden Habitus des neusachlichen Jahrzehnts, als Signatur der Zwischenkriegszeit. Es geht dabei um eine bewußte Abkehr von der Innerlichkeit, es geht um das Recht auf Maske, die Souveränität des Ausdrucks und um eine bewußte Reduzierung der Komplexität des Subjekts. Der Mensch, so eine Idee der Epoche, kann sich selber machen.

Ziel dieser Maximen der zwanziger Jahre ist Orientierung in einer dynamisierten Welt: Man will in einer immer schneller werdenden und vor allem unübersichtlicheren Umgebung den Überblick behalten. Der Wille zur Wahrnehmungsschärfe prägt den Stil. Die »kalte persona« versetzt sich in eine Art chronischen Alarmzustand, der ihr schnelles Reagieren ermöglicht, dem setzt sie die äußere Ruhe entgegen, die als Kälte (und viel später dann als Coolness) erscheint.

Gründgens, der Spätling der Kälte, war mit der Welt, in die er in den Augen des Publikums so wunderbar paßte, keineswegs zufrieden. Da öffnet sich der Zwiespalt, der seine gesamte nachfolgende Entwicklung bestimmen sollte. »Ich habe immer die leicht ablesbaren, aus meinem Gesicht scheinbar leicht ablesbaren Rollen gespielt und nie die aus meinem Herzen kommenden,«, sagte er 1949 im Interview mit Werner Höfer[4] und warf damit nachträglich die gesamte Innerlichkeitsabscheu der Neuen Sachlichkeit so weit es ging über Bord. Diese Haltung hatte er, wenigstens tendenziell, schon 1932. Damals schrieb er über den Typ, den er die vergangenen Jahre verkörpert hatte: »Aber es stellt sich heraus, daß dem Theater der bisherige Stand meiner Entwicklung genügt und daß es darüber hinaus nichts mehr zu bieten hat. Ganz dem Ruf des Tages hingegeben, nur mit sicheren Faktoren rechnend, stellt man mir immer wieder die gleiche Aufgabe. Ich habe ein Gesicht bekommen, das genügt. Aber ich habe nicht mein Gesicht.«[5] Gründgens wollte also etwas anderes, er wollte sein eigenes Gesicht. Wie aber konnte das aussehen?

In einem Gespräch mit dem »Angriff« im Jahr 1939, erschienen kurz nach Kriegsbeginn, setzt Gründgens die ursprüngliche Kälte und seine spätere Entwicklung selbst in Beziehung zueinander. Unter der Überschrift »Das Thema: Klarheit« war unter anderem zu lesen: »Das Publikum soll im Theater vor harte Entscheidungen gestellt werden. Auf die Klarheit, die sich in unserer Architektur bereits so deutlich ausspricht, hat es auch vor der Bühne Anspruch. Es darf und es will nicht eingenebelt werden.«[6] Gründgens ist bei seinem eigentlichen Thema angelangt, das er jetzt temperamentvoll behandelt. »So klar wie das Wort des Dichters muß auch die Inszenierungskunst sein. Wir wünschen nichts Mythisches, nichts Verschwommenes, Verwaschenes, Gestaltloses.« Und etwas später ging der Artikel dann auf sein Gesicht ein. »Er nimmt die Brille ab und weist auf seinen eigenen Kopf. Es ist nichts ›Einmaliges‹ an ihm, nichts das auf einen Blick karikierbar wäre. Sein Gesicht wird bestimmt durch die Fülle seiner latenten Möglichkeiten, durch die Bereitschaft zu allem, die sich mit äußerster Präzision und Klarheit für jede Aufgabe einsetzen kann. Er will von den Typen zum Typ kommen, von den vielen Eigenheiten der Individuen zum Typ des Schauspielers, und diesem gehört die Zukunft.« Gründgens dachte also an so etwas wie den absoluten Schauspieler. Offenbar wollte er 1939 an die grenzenlose Verwandelbarkeit eines unbeschriebenen Blattes glauben. Nur von der unterkühlten Undurchdringlichkeit, die ihn für bestimmte Rollen prädestiniert hatte, wollte er nichts mehr wissen. Im »Angriff« heißt es weiter: »Die Klarheit, von der hier so oft gesprochen wurde, hat nichts zu tun mit Kälte. Die Darsteller, die Gründgens als die Vertreter einer neuen Bühnenkunst in den Vordergrund geschoben hat, sind Schauspieler der Seele, des Gefühls. Er nennt die Namen: Käthe Gold, Marianne Hoppe, Knuth, Laubenthal.«

Was beim Typus des »Kalten« eins war, ein souveräner Kopf und die Abwesenheit von »Gefühl«, dividiert Gründgens jetzt also auseinander. Klarheit und Übersicht will er behalten, dabei aber nicht auf das Innere, die Seele, das Gefühl verzichten. Gründgens wollte den Habitus seiner Anfangsjahre in die Nazizeit retten, indem er ihn verinnerlichte, er wollte als Intendant wie als Schauspieler ein Souverän mit Herz sein. Er wollte sich von seiner Vergangenheit absetzen, wurde damit aber auch ganz ein Kind seiner Zeit. Genauso wie er später diese Verinnerlichung in die Bundesrepublik zu retten versuchte, indem er sie als »innere Klarheit« zur künstlerischen Doktrin erhob. Das ist die entscheidende Linie in Gründgens' Entwicklung, hier entschied sich, was später als seine Werktreue bekannt – und berüchtigt – wurde.

»Sauerbruch und Furtwängler waren schon wer, als die SA durchs Brandenburger Tor maschierte. Ich hatte damals meine erste große Rolle, und ich glaube, das ist typisch für viele Leute des Jahrgangs 1900«, sagte er dem »Spiegel« 1949.[7] Gründgens meinte damit wahrscheinlich nur, daß er damals noch jung und auf dem Weg war, gab damit indirekt aber auch zu, daß sein Erfolg und der Nationalsozialismus eng zusammenhingen. Tatsächlich war Gründgens der einzige Schauspieler von überragender Bedeutung, der mit dem Dritten Reich seine Statur gewann. Tatsächlich war sein

Theater ästhetisch mit dem Nationalsozialismus vereinbar, auch wenn er keine nationalsozialistische Kunst machte.

Vor diesem Hintergrund ist es kein Wunder, daß er bei seinem ersten Auftritt 1946 erst einmal an die Vornazizeit anknüpfte. Der »Snob« ist ein kalter Aufsteiger und eine äußerst zwielichtige Figur. Der Habitus, den Gründgens dieser Figur gab, war eine elegante Wiederaufnahme seiner früheren Erscheinung – bevor aus dem etwas anrüchigen Schauspieler und allzu versierten Regisseur der gediegene Intendant, der Aufsteiger ohne Eigenschaften wurde. Mit Frack und Zylinder betont die Form wahrend, mit dem Monokel die zwielichtige Verworfenheit zitierend, die einmal sein Markenzeichen war, begann Gründgens noch einmal da, von wo aus er schon einmal seinen Ausgang genommen hatte. Gründgens fühlte sich in dieser Rolle sicher, sie gab ihm genügend Halt, um sich, nachdem ihm so vollständig der Boden unter den Füßen weggezogen worden war, wieder vor Publikum zu zeigen. Der »Snob« war ein riskanter Balanceakt der Schamüberwindung; Maskierung und Entblößung wurden eins. Gründgens setzte das, was später der Tanz auf dem Drahtseil oder Vulkan genannt wurde, fort – denn das war eine Disziplin, in der er überlegen war.

Auch die Geistesgegenwart, die Gründgens auszeichnete, die seinen Humor und seinen Witz ausmachte, hat hier ihre Wurzeln. Damals erarbeitete er sich die scharfe und reaktionsschnelle Wahrnehmung, die er nicht mehr verlieren sollte. Und noch eine weitere Linie läßt sich von 1932 aus ziehen. Die Kontrolle, die die »kalte persona« über sich hat, verwandelte Gründgens in Disziplin, das wurde bereits 1934 deutlich. Eckart von Naso etwa schrieb: »Als er Intendant wurde, verwandelte sich der auf allen Hochzeiten tanzende Gründgens in einen straff organisierten Theaterleiter, der sich in kürzester Zeit das gesamte Theater, Apparat, Personal, zu eigen machte, der nun ganz in seiner Pflicht aufging, und sich diese Pflicht zur obersten Maxime machte.«[8] Daran änderte sich später nichts mehr. Der Psychiater Hans Bürger-Prinz, seit 1937 Professor in Hamburg, schrieb nach Gründgens' Tod: »Der Mensch Gründgens war die Demonstration einer Selbstzucht, wie sie derart für manchen unter uns Ärzten ein Novum und ein Unbegreifliches im Ausmaß des Menschenmöglichen darstellte.«[9] Hier wurzelte sein Erfolg als Theaterleiter.

Die klare Bestimmtheit, die die »kalte persona« gegenüber sich selbst empfindet, transponierte Gründgens auf ästhetischer Ebene in die Werktreue. »Wenn man immer im Anfang bleibt und die Sprache unbefangen spricht, gibt man die Dichtung so wie sie ursprünglich war. Denn im Anfang der ganzen Schillertradition steht Schiller, und der wandte sich gegen alle Erstarrungen. Diesen Schiller, nicht irgendeinen später eingefahrenen, vielzitierten, gilt es, wiederzufinden.«[10] Im Anfang, so wollte es Gründgens, war das Wort. Auch wenn das Tautologische in solchen Sätzen unübersehbar ist, Klarheit und Werktreue blieben die beiden Prinzipien, die das Theater bestimmten, das Gründgens über knapp zwei Jahrzehnte in der Bundesrepublik machte.

Für die Nachkriegszeit war Gründgens nicht nur ein Schauspieler, ein Regisseur und Intendant, er wurde auch Repräsentant eines Bewußtseins, das sich große Teile der Gesellschaft gerne zu eigen machten. Diese kollektive Haltung ist längst bekannt, analysiert und sie hat einen Namen: Verdrängung. Gründgens' Geschichte ist eine eigentümliche Spielart dieser Verdrängung. Was am Anfang Realitätsgewinn mit sich bringen sollte, was in jedem Fall Selbstbehauptung war, führte später, als sich die Umstände geändert hatten, zu Wirklichkeits- und Selbstverlust.

Das erklärt die fast unterwürfige Bewunderung seiner Anhänger genauso wie die Anklagen und Verdächtigungen, über die sich Gründgens so oft beklagte. Gründgens wurde durch seine Methode, Texte und damit auch Vergangenheit zu deuten, zum Inbegriff einer Weltanschauung. Es war, wie es war, und wer nicht dabei war, kann nicht mitreden – dieser Geist ist auch heute noch anzutreffen, wenn man sich mit Gründgens beschäftigt. Gründgens wurde zu einer Leitfigur dieser Haltung, weil er so meisterhaft beherrschte, was sonst niemand zu Gebote stand: Er konnte Klarheit, die wie Eindeutigkeit aussah, mit Verdrängung verbinden. Das ist der Kern von Gründgens' Stil.

»Das Problem des Schauspielers hat mich am längsten beunruhigt; ich war im Ungewissen darüber (und bin es mitunter jetzt noch), ob man nicht erst von da aus dem gefährlichen Begriff ›Künstler‹ – einem mit unverzeihlicher Gutmütigkeit bisher behandelten Begriff – beikommen wird. Die Falschheit mit gutem Gewissen; die Lust an der Verstellung als Macht herausbrechend, den sogenannten Charakter beiseiteschiebend, überflutend, mitunter auslöschend; das innere Verlangen in eine Rolle und Maske, in einen *Schein* hinein; ein Überschuß an Anpassungsfähigkeiten aller Art, welche sich nicht mehr im Dienste des nächsten engsten Nutzens zu befriedigen wissen: Alles das ist vielleicht nicht nur der Schauspieler an sich?« Das zutiefst Zweideutige des Schauspielers (und wohl wirklich nicht nur von ihm) ist hier von Friedrich Nietzsche im 361. Aphorismus der »Fröhlichen Wissenschaft« erstmals formuliert worden. Nietzsche fuhr fort, daß ein solcher Instinkt sich am leichtesten bei Familien des niederen Volkes ausbilde, »die unter wechselndem Druck und Zwang, in tiefer Abhängigkeit ihr Leben durchsetzen mußten, welche sich geschmeidig nach ihrer Decke zu strecken, auf neue Umstände immer neu einzurichten, immer wieder anders zu geben und zu stellen hatten, befähigt allmählich, den Mantel nach jedem Winde zu hängen und dadurch fast zum Mantel werdend, als Meister jener einverleibten und eingefleischten Kunst des eifrigen Versteckspielens, das man bei Tieren mimicry nennt: bis zum Schluß dieses ganze von Geschlecht zu Geschlecht aufgespeicherte Vermögen herrisch, unvernünftig, unbändig wird, als Instinkt andere Instinkte kommandieren lernt und den Schauspieler, den ›Künstler‹ erzeugt (den Possenreißer, Lügenerzähler, Hanswurst, Narren, Clown zunächst, auch den classischen Bedienten, den Gil Blas: denn in solchen Typen hat man die Vorgeschichte des Künstlers und oft genug sogar des ›Genies‹)«.

Nietzsche versucht hier eine Deutung des gesamten Menschseins, die im Schauspieler ihr Modell hat – und die gleichsam als vorweggenommenes Porträt von Gründgens geschrieben scheint. Sorgfalt im Äußerlichen, Anschein von Frivolität, die den harten Kern vor Neugier schützen, immer verkleidet – je höher entwickelt, desto mehr bedarf der Mensch des Inkognitos –, voll leidenschaftlicher Parteinahme für alles Förmliche, das sind für Nietzsche die äußerlich wahrnehmbaren Kennzeichen dieses Menschen. Konvention, Künstlichkeit, Kontrolle: Nietzsche war nicht nur der geistige Vater fast aller neusachlichen Autoren und damit des Kältekonzepts, er scheint auch der Schöpfer des Schauspielers Gustaf Gründgens gewesen zu sein. Das subtile Spiel von Anpassung und Verwandlung, von Mimikry und Metamorphose, war auch in Gründgens am Werk.

Tatsächlich war Gründgens qua Konstitution zweideutig. Sein Leben kreiste um zwei unvereinbare, sich eigentlich gegenseitig ausschließende Pole. Da ist zum einen das Theater, zu dem er wird, ein Typ, aber ohne Eigenschaften, derjenige, der darin seine Identität hat, alles sein zu können. Gründgens schien in der Tat wie für das Theater gemacht.

Er füllte den leeren Raum als Schauspieler, Regisseur und Intendant gleichermaßen. Dabei darf bezweifelt werden, daß er eine der Intendanz vergleichbare Aufgabe in einem anderen Unternehmen hätte ähnlich überzeugend ausfüllen können. Gründgens konnte nur der erwartungsvollen, unersättlichen Hülle, die das Theater an sich ist, Leben einhauchen.

Da ist auf der anderen Seite aber auch der Wunsch, er selbst zu sein, ein wirkliches Wesen mit einem unveränderbaren Kern. Diesen Traum dachte er sich in den klassischen Rollen zu erfüllen. Hier liegt die Wurzel der Ablehnung des leichten Theaters, das seinem Naturell so sehr lag; Gründgens wollte die Tiefe der Klassiker, weil er sich nach sich selbst sehnte.

Aus diesem Grundwiderspruch leiten sich die weiteren Widersprüche dieser schillernden, ambivalenten Person ab, die immer deutlicher wurden, je weiter dieses Leben fortschritt. Er war an seinen Theatern umgeben von Menschen, und zu allen, auch den Bühnenarbeitern, unterhielt er enge Beziehungen. Gleichzeitig aber war er einsam, und niemand meinte zu wissen, was in ihm vorging. Gründgens' Rollen waren für jeden, der sie sah, erstaunliche Energieleistungen, gleichzeitig wußten nur wenige Ärzte und Vertraute von seinen massiven Schlafstörungen, der ihn oft quälenden Migräne, der Medikamentenabhängigkeit. In Gründgens haben sich depressive Melancholie und heitere, naive Ausgelassenheit eng verbunden. Er wollte leben, aber er verbarrikadierte sich von 1934 bis 1963 als Intendant hinter seiner Pflicht. Und als er zuletzt den Schritt nach draußen wagte, gab es etwas in ihm, das nicht mehr mitspielen wollte.

Gründgens' Arzt Michael Winzenried, Professor für Neurologie und Psychiatrie an der Universität Hamburg, schrieb nach seinem Tod eine »Skizze aus ärztlicher Sicht« über Gründgens. Dabei zählte auch er eine Liste kaum vereinbarer Widersprüche auf: »Er betrieb von Anfang an ein eisernes Training, war auf Disziplinierung bedacht und erhob Anspruch auf ständige Hochform. Beherrschung, Intaktheit verliehen ihm das Gefühl der Souveränität. Er war immer ehrgeizig, aber nicht geltungssüchtig. Seine Bindungs- und Kontaktfähigkeit war gut ausgeprägt, aber auch hierin war er immer äußerst sparsam. Obwohl stets realitätsangepaßt, war er niemals opportunistisch. Man kann GG als sensitiv, verschlossen bezeichnen, aber niemals war er von einem Ressentiment gehemmt. Er war männlich, mutig, aber nicht wagemutig. Er war eigenständig treu, aber niemals vasallenhaft. Stets hatte er ein ausgeprägtes Selbstbewußtsein, jedoch mit skrupelhaft-korrigierender Tendenz. Er ist als ehrlich zu bezeichnen, war aber immer listenreich und schlau.«[11] Seine Zeitgenossen finden für Gründgens keine klaren Kategorien und Zuschreibungen, er ist alles und nichts, er ist der Typ, er ist der Geist, der stets auch sich selbst verneint. Wie ein Mensch solche Widersprüche tatsächlich verkörpern soll, wagte Winzenried sich nicht zu fragen. Für ihn war das Zusammengehen der Widersprüche einfach das sicherste Zeichen für das, was man – auch bei Gründgens – so gern Größe nennt.

In seiner Gründgens-Beschreibung von 1932, in der von »geistigem Zynismus« die Rede war, fuhr Herbert Ihering seinerzeit fort: »So steht Gründgens vom Mephisto bis zum Kabarett-Couplet alles offen. Wer noch den besten Revuedarsteller der Vorkriegszeit gesehen hat, Josef Giampietro, weiß, daß Gründgens sein legitimer Nachfolger ist, weil er sich mit einer Figur zu identifizieren weiß und sie dabei doch satirisch von sich wegstellt.«[12] Damit ist das zentrale Problem jedes Bühnendarstellers angesprochen, ein Problem, das in fast allen Schriften zum Schauspieler von Diderot bis Stanislawskij zentral ist: Identifikation oder Distanz, was spielt die Hauptrolle? Max Reinhardt umging diese Frage, indem er es als besondere Stärke des Schauspielers bezeichnete, daß er gleichzeitig Werkzeug und Medium sei. Das macht sicher seine Faszination aus, aber es ist auch ein Grund besonderer Gefährdung.

Bei Gründgens war die Gleichzeitigkeit von Nähe und Distanz in der Tat besonders ausgeprägt. Er schwankte zwischen den beiden Möglichkeiten, nicht nur als Schauspieler, permanent hin und her. Auch als Regisseur und Theaterleiter konnte er sich nicht für eine Seite entscheiden, er zürnte den Schauspielern und umschmeichelte sie fast gleichzeitig, er wollte ihr Vertrauen und konnte es nicht ertragen, wenn es im Theater privat wurde, er duzte und siezte die gleiche Person, je nach der Beziehung, die er gerade zu ihr hatte, oder je nach der Funktion, in der er mit ihr sprach, ob als Schauspielerkollege oder als Intendant.[13]

Der Dramaturg Eckart von Naso, von dessen Porträt sich Gründgens am treffendsten wiedergegeben fühlte[14], beschrieb diese beiden Seiten der Persönlichkeit seines einstigen Vorgesetzten. Er konnte sich auf der einen Seite einen anderen Menschen förmlich zu eigen machen, ihn in sich aufnehmen: »Die Brillengläser funkelten, hinter ihnen die dunklen Augen blickten meist an dem Partner vorbei, um plötzlich, mit einer unerhörten Eindringlichkeit, zuzufassen. Man spürte diesen Blick fast körperlich. Ein paar Sekunden nahm er den anderen ganz in sich auf, das Sichtbare und das Unsichtbare zugleich, dann glitt der Blick wieder ab, als wüßte er Bescheid. Wir unterhielten uns gut. Ich merkte dabei, daß es nicht nur das Auge, sondern auch das Ohr war, das von dem Partner Besitz ergriff – nicht eigentlich das äußere, sondern ein inneres Ohr. Er hörte nicht nur, er lauschte, er horchte den anderen ab, wobei die Lippen sich leicht öffneten, wie wenn auch sie an diesem aufnehmenden Lauschen beteiligt wären.«[15] Nur zwanzig Seiten später beschreibt von Naso dann die unendliche Distanz, die man gegenüber Gründgens spüren konnte: »Denn die Gabe der Führenden – ›mit‹ der sie führen – ist die unbeabsichtigte Fähigkeit: Distanz zu bewahren. Er besaß sie in so hohem Grade, daß die Schicht zwischen ihm und den anderen manchmal gläsern, vielfach unpersönlich erschien. Er liebte das Unpersönliche, er liebte die Einsamkeit seines eigenen, meist sehr unpersönlichen Lebens, in dem nur die Flamme der künstlerischen Energie brannte.«[16] Identifikation und Distanz gingen bei Gründgens – dem Menschen, dem Schauspieler, dem Bürger – eine prekäres Verhältnis ein.

Und dieser Zug ist es, man kommt einfach nicht daran vorbei, der Gründgens als Parteigänger Hitlers erscheinen läßt. Gründgens wurde, das ist nicht zu bestreiten, zum Symbol des Künstlers im Dritten Reich. Das aber wird durch eine institutionengeschichtliche, ideologiekritische oder spielplanbezogene Analyse des Theaters im Nationalsozialismus oder durch den Karrieristenverdacht von Klaus Mann bestenfalls teilweise nachvollziehbar. Zu verstehen ist das nur auf der Ebene des Theatralischen selbst. Es gab eine Nähe, eine Identität zwischen Theater und Macht, die jenseits von Ideologie und Gesinnung lag.

Das zentrale Moment ist dabei eine kaum zu entwirrende Verbindung von Verführungskraft, Macht und Schauspiel. Gründgens selbst gestand die Suggestionskraft, die seine Auftritte bestimmte, ein einziges Mal ein. 1946, kurz nach seiner Freilassung aus der Gefangenschaft, schrieb er: »Ich habe oft und viel Menschen verzaubert [...] durch die Kraft und den Einsatz, durch die Unbeirrbarkeit meiner Zielsetzung – und habe sie überrannt, gewonnen und verloren. Denn es waren nicht sie, die sie waren, sondern die, die ich wollte, daß sie waren.«[17] Später wehrte er solche Gedanken grundsätzlich ab.

Der Schauspieler und Regisseur des berüchtigten Propagandafilms »Jud Süß«, Veit Harlan, mit dem Gründgens gut bekannt war, beschreibt in seinem Rechtfertigungsbuch »Im Schatten meiner Filme« die enorme Suggestivkraft, die von Hitler ausgegangen ist. Diese Schilderung ist durchaus beeindruckend und führt ins Zentrum des Problems, so daß sie hier ausführlich zitiert werden soll, auch wenn die Absicht Harlans, sich dadurch von Schuld freizusprechen, unübersehbar ist. Harlan beschreibt, wie er und der Schauspieler Emil Jannings[18] am 1. Mai 1937 in Hitlers Reichskanzlei eingeladen waren, um den für ihren Film »Der Herrscher« verliehenen Staatspreis entgegenzunehmen. Bei schönem Wetter kreiste das Luftschiff *Hindenburg* über der Stadt und verneigte sich vor Hitler in der Luft, ein Hupkonzert habe geantwortet, die Stadt sei in allgemeinem Begeisterungstaumel gewesen. Vor der Reichskanzlei habe eine große Menge darauf gewartet, daß Hitler sich zeige. Die Feier aber fand im Park statt. Dort hätte Jannings bemerkt, daß die alten Eichen gefällt worden waren, und bedauerte das. Hitler soll entgegnet haben, daß er anstelle der Bäume ein Haus für die SS bauen werde, um so gegen Attentate von gegenüberliegenden Häusern aus geschützt zu sein.

»Wir waren über diese Antwort erschrocken. Jannings fragte verlegen: ›Mein Führer, wenn Sie jemand erschießen will, dann könnte er das doch in einer der vielen Versammlungen tun, in denen Sie vor tausenden Leuten sprechen und ganz schutzlos dastehen. Oder wenn Sie im Automobil durch die Straßen fahren. Ich hätte die Antwort nicht erwartet.‹ Hitler schien durch Jannings hindurchzuschauen, er gab dann gar nicht mehr ihm die Antwort: ›Sie meinen, ich hätte Angst?!‹ Er lachte verneinend und fuhr dann fort: ›Im

Jahr 26 sind auf Mussolini drei Attentate verübt worden. Er sprach mit mir darüber und zitierte den Ausspruch Cäsars, der, als er vor Attentaten gewarnt wurde, sagte: Lieber einmal sterben – als immer zittern. Ein mutiger Gedanke. Aber ich werde noch gebraucht, und darum ist es besser, diese Umstände zu studieren, unter denen große Persönlichkeiten, wie Mussolini es ist, überhaupt in Attentatsgefahr kommen können. Sehen Sie, Herr Jannings, wenn ich vor den Leuten stehe, und zu ihnen spreche (er kniff die Lippen zusammen und schob den Arm ruckartig nach vorn), dann bin ich in der Einatmung. In der habe ich meine natürlichen Abwehrkräfte! Was meinen Sie – wie viele Hähne schon und wie oft sie gespannt waren und immer wieder gespannt sein werden, um auf mich abzudrücken. (Dann fuhr er laut fort.) Aber das geht nicht – solange ich es nicht will, solange ich meine Abwehrkräfte in Funktion setze!‹ Und nun so laut, daß wir erschrecken sollten, setzte er hinzu: ›Und das wird niemals geschehen! Niemals wird einer auf mich schießen. Das paßt weder zu der Vorsehung, noch zu meiner Entschlossenheit, mit der ich das, was mir vorbestimmt ist, verwalte! Wenn ich in meinem Auto durch die Straßen einer Stadt fahre, dann bleibe ich nicht hinter der dicken kugelsicheren Scheibe sitzen, sondern ich stelle mich in meinen Wagen und hebe meinen Arm zum Gruß und rufe jedem zu: Hier ist mein Herz! Niemals wird einer schießen. Aber sehen Sie hier – wenn ich hier in meinem Park umhergehe und mich vorbereite, wenn ich mich so weit versenke und fortdenke, wie Sie sich das nicht vorstellen können, dann bin ich wie ein Schwamm, der alles aufsaugt. Dann ruhen meine Abwehrkräfte, und sie müssen auch ruhen in solchen Stunden. Sie würden mich stören, wenn sie es nicht täten. Und sehen Sie, dann habe ich mein Lindenblatt auf dem Rücken. Das Lindenblatt ist nicht nur die Stelle gewesen, an der Siegfried ungeschützt war, sondern sie ist auch das Schwarze in der Scheibe, auf das der Schütze zielt. Zu solcher Zeit könnte es geschehen ...‹ Er sah hinauf auf die Dächer der Voßstraße und schloß: ›Und darum trauern Sie nicht um Bismarcks Eichen.‹«[19]

Es ist unübersehbar, daß Harlan Hitler hier wie einen Schauspieler, erst während der Vorstellung, dann auf der Probe, schildert. »Ich hörte plötzlich auf meinen Atem, aber auch auf den Atem Hitlers. Das war ein anderer Hitler, als man ihn kannte. Er wirkte wie ein Fakir, der sich der Macht seines Atems bewußt war. Hitler bemerkte anscheinend befriedigt die Irritation der Umstehenden. Als Regisseur und Schauspieler hatte ich mir viel Gedanken über die Kraft des Atems gemacht. Ich beobachtete Hitler mit einer geradezu gefräßigen Neugier. Mir wurde der Grund seiner monströsen Suggestionskraft, die er ausübte, klar. Ich habe viele Menschen, gewaltige Menschen, die die größte Verehrung und Liebe verdienen, kennengelernt, aber keinen der eine solche bezwingende und zugleich beängstigende Suggestionskraft besaß. Diese Suggestionskraft konnte man nicht photographieren. Darum sah sie auch niemand in den zahllosen Wochenschauaufnahmen, die von Hitler existierten. Man fühlte sie nur einer lebendigen Person gegenüber. Man sah sie nicht nur – sie war wie ein permanenter elektrischer Strom. Es gab einen Witz, nach dem Hitler den nächsten Umstehenden befahl, aus dem Fenster zu springen, um unten auf dem Pflaster der Straße tot zu landen und daß die Befehlsempfänger es dann ohne zu zögern taten. In diesem Augenblick wurde mir klar, daß dieser Mann tatsächlich solche Kräfte über eine bestimmte Menschengattung besitzen konnte. Ich hatte damals noch nicht erfahren, wie weit ich selbst seiner unglaublichen Suggestionskraft ausgeliefert war.«[20]

Hitler als Führer und Verführer, dem alle folgten; Harlan beschreibt hier beredt, was lange die am weitesten verbreitete Form war, den Nationalsozialismus zu begreifen. Aber auch die seriöse Geschichtsschreibung kommt bis heute nicht an diesem Phänomen vorbei, wenn sie sich die Frage stellt, was den NS-Staat im Innersten zusammenhielt. Der auf diesem Gebiet führende britische Historiker Ian Kershaw baut seine Analyse des »Hitlerstaats« denn auch auf dem von Max Weber entlehnten Begriff der »charismatischen Herrschaft« auf. Dabei geht es nicht darum, Hitler zu dämonisieren oder ihm die Alleinverantwortung zuzuschreiben, sondern die psychologischen Bahnen zu begreifen, die ein Funktionieren des NS-Staates gewährleisteten.

Im vorliegenden Zusammenhang zentral ist dabei das inszenatorische Moment, das der charismatischen Herrschaft notwendig innewohnt und das Harlan hat anklingen lassen. Sinnbild der charismatischen Herrschaft im Dritten Reich wurden nicht umsonst die Reichsparteitage, deren Inszenierung von Gigantomanie und Geometrie lebte. Führer und Gefolgschaft trafen sich hier in einer minutiös geplanten Massenchoreographie, die die Wirkung des Redners sicherstellte. Die Ästhetisierung der Politik, die Theatralisierung der Macht wurde bei der jährlichen Nürnberger Veranstaltung auf die Spitze getrieben.

Inszenierung und Verführung, Theatralität und Suggestionskraft gingen hier in der Person Hitlers eine Verbindung ein, die für den NS-Staat insgesamt prägend geworden ist. Hitler selbst belegt bereits in »Mein Kampf« seine Propagandaeinsichten mit Beispielen aus dem Theater, obwohl er selbst nie ein leidenschaftlicher Sprechtheatergänger gewesen ist. Es gibt im Dritten Reich eine Durchdringung von Herrschaft und Theater wie nie zuvor. Die Verführungskraft des Theaters, die mit ihr einhergehende Lähmung des eigenen Willens, scheint auf den Staat überzugehen, und das Dämonische des sich so konstituierenden Staats scheint im Gegenzug auf das Theater abzufärben. Das ist der Hintergrund, der Gründgens' Mephisto zu einer so symbolträchtigen Figur hat werden lassen. Die Identifikation von Mephisto und Hitler, dem Bösen und Gründgens ist zu naheliegend, um sich nach 1945 (oder auch schon vorher) nicht in den Köpfen festzusetzen.

Gründgens kann dafür zunächst gar nichts. Sein Mephisto war keine Verkörperung Hitlers. Aber ihm können die Neigung zur Inszenierung und die Suggestivkraft Hitlers nicht entgangen sein, ihm kann nicht entgangen sein, daß sein Mephisto von der Atmosphäre des Dritten Reichs profitierte, daß dies der Boden war, der seiner Figur erst die überragende Bedeutung gab, die sie damals hatte, ob er es beabsichtigte oder nicht. Aber genau von solchen theatralischen Implikationen wollte er nichts wissen, genau das war ja das Gegenteil seiner Theaterauffassung. Gründgens hat diese Verbindung ausgeschlossen, abgelehnt und bekämpft und sich damit entscheidender Möglichkeiten beraubt.

Denn daß man auf die intime Verbindung Hitlers zum Schauspiel auch ganz anders hätte reagieren können, zeigen mehrere Beispiele. Bereits vor 1933 wurde Hitlers Verwandtschaft mit einem Komödianten gesehen und Anlaß zu Spott und bewußt eingesetztes Mittel zur Entmystifizierung des »Führers«. »Chaplin hat Hitler um die Herausgabe seines Schnurrbarts gebeten. Die Verhandlungen dauern an«, schrieb etwa Kurt Tucholsky 1932 in der »Weltbühne«. Und zwei große Filme, die Hitler als Schmierenkomödianten vorführen, entstanden schon während des Dritten Reichs. Charlie Chaplins »The Great Dictator« kam 1940 in die Kinos, Ernst Lubitschs »To be or not to be« folgte 1942.[21] Chaplin spielt in »The Great Dictator« eine Doppelrolle:

den jüdischen Friseur und den im Film Hynkel genannten Hitler. Der Friseur ist stumm, Hynkel brabbelt ununterbrochen und erscheint so als mehr denn lächerliche Figur. In »To be or not to be« wird die Gestapo durch einen als Hitler verkleideten Schauspieler vorgeführt.

Aus Chaplins Autobiographie geht hervor, daß er sich für die theatralischen Posen Hitlers bereits 1933 interessierte. In seinen Memoiren beschreibt er, wie er die berühmte Postkartenserie, die Hitlers Photograph Heinrich Hofmann 1927 angefertigt hatte, in die Hände bekam: »Vanderbilt schickte mir eine Serie Postkarten, die Hitler zeigten, während er eine Rede hielt. Das Gesicht war in obszöner Weise komisch – eine schlechte Imitation von mir, mit dem absurden Schnurrbart, den ungekämmten strähnigen Haaren und dem widerwärtigen dünnen, kleinen Mund. Jede Postkarte zeigt eine andere Pose: Einmal griff er mit klauenartigen Händen in die Menschenmasse, dann wieder hatte er wie ein Kriketspieler beim Schlag den Arm steil emporgestreckt, während der andere schlaff herabhing. Auf der nächsten Karte sah man ihn mit ausgestreckten Händen, die Fäuste geballt, als hebe er eine Hantel. Die Gebärde des Grußes, bei der er die Hand über die Schulter zurückwarf, wobei die Handfläche nach oben gerichtet war, erweckte bei mir den Wunsch, ein Tablett mit schmutzigen Tellern daraufzustellen. ›Das ist ein Verrückter‹, dachte ich. Doch als Einstein und Thomas Mann gezwungen wurden, Deutschland zu verlassen, war dieses Gesicht Hitlers nicht mehr komisch, sondern unheimlich.«[22]

Heinrich Hofmanns frühe Aufnahmen trugen zum Hitler-Bild der Öffentlichkeit wesentlich bei. Sie können Gründgens nicht entgangen sein. Hitler, das vor allem ist auffällig, erscheint in diesen Bildern als Schauspieler, der alle möglichen Rollen und Posen ausprobiert. Diese berühmt gewordenen Photographien, die in den 30er Jahren weit verbreitet waren, machten damals und machen bis heute deutlich, wie sehr Hitler Staatsschauspieler, der erste Schauspieler seines Staates war.

1937 schrieb folgerichtig der Regisseur Bertolt Viertel über diese Bilder in der »Neuen Weltbühne«: »Schwer über deutsche Schauspieler zu sprechen, seit der eine sie alle zu Komparsen gemacht hat – er, der sämtliche große Rollen der Geschichte und der Literatur verkörpert, von Christus bis Cäsar und, vielseitig wie Zettel der Weber, die heilige Johanna noch dazu.«[23] Es ist schier undenkbar, daß Gründgens zu solcher Freiheit und Ironie, zu einer solchen Mischung von Lust und Verzweiflung, Sarkasmus und Spott hätte finden können. Dazu war er eben doch viel zu sehr damit beschäftigt, ein Theater zu machen, das in den Nischen bestehen konnte, die ihm Goebbels und Göring noch gelassen hatten. Gründgens war in einer so fundamentalen Weise Teil des Systems, daß er das kaum durchschaut haben dürfte; aber daß es ihm dennoch irgendwie unanständig erschienen sein muß – auch darauf deutet sein Reinheits- und Klarheitsfanatismus. Was er so vollständig verkannte, war das theatralische Potential, das in Hitler lag. Wenn Hitler dem Theater etwas gegeben hat, dann sich selbst. Immerhin reicht die abgründige Tradition, die mit Chaplin beginnt, bis zu George Tabori, der in »Mein Kampf« Hitler wieder auf die Bühne bringt. Zusammengebracht hat diese beiden Traditionen erst Heiner Müller in seiner Berliner Arturo-Ui-Inszenierung.

Gründgens' Verbindung zum Dritten Reich ist vor allem symbolischer Natur, deshalb hing ihm der »Mephisto« so an. Man stelle sich vor: Gründgens hätte sich nicht andauernd darüber beklagt, daß er verkannt wird, sondern durchschaut, weshalb er so gesehen werden mußte. Dann hätte er eine Form der künstlerischen Auseinandersetzung finden können, wie sie Heiner Müller 1995 mit dem »Arturo Ui« errreicht hat.

Auffälligerweise gelang Gründgens bei der Beurteilung seiner selbst im Dritten Reich ja auch nie die Distanz, die ihm sonst so leichtfiel. Mehrfach ist bezeugt, daß er ein Buch über diese Zeit schreiben wollte. Immer wieder versuchte er, Klarheit über sich zu gewinnen. Seine Versuche sind aber immer dadurch gekennzeichnet, daß er den Schauspieler soziologisch beschrieb und ihn dadurch zu objektivieren suchte. Das ist sein Ansatz schon in der Schrift »Zur Situation der Schauspieler« von 1932, das ist noch sein Ansatz, als er sich nach dem Dritten Reich über sich selbst klar zu werden versuchte. »Zur Soziologie des deutschen Schauspielers« heißt ein Aufsatz von 1946, den er dann doch nicht zur Veröffentlichung freigab. Gründgens spricht hier unübersehbar von sich, indem er von anderen spricht: »Um die Mentalität des Deutschen Schauspielers zu verstehen, muß man sich vor allen Dingen vor Augen halten, daß er sich zum größten Teil aus Kreisen des Bürgertums zusammensetzt. […] Der allgemeine Typus des deutschen Schauspielers bis 1918 war dem Bürgertum, das ihn selbst manchmal nur widerwillig aufnahm, sehr verhaftet. […] Nach 1918 schien sich das ändern zu wollen. Die Schauspieler fanden sich, bedingt durch die schlechte finanzielle Lage, zu selbständigen kleinen Gruppen zusammen, die revolutionäre Stücke spielten und sich revolutionär gebärdeten. Aber es dauerte nicht lange, bis die Begabten unter diesen Künstlern sich von den Verlockungen der großen Bühne Max Reinhardts oder der anderen verleiten ließen und ihre kleinen Truppen im Stich ließen. […] Nach 1933 kam in Deutschland die Kunst zu einer noch größeren Scheinblüte, d.h. die Machthaber des Dritten Reichs wandten große Summen auf, um das Theater äußerlich zum Glänzen zu bringen. [...] Es besteht kein Zweifel, daß es den deutschen Schauspielern, äußerlich gesehen und vom Geld her betrachtet, nie besser ging, als in den letzten Jahren vor dem Zusammenbruch.«[24] Das waren Versuche, sich selbst zu beschreiben. Sie mußten unzulänglich bleiben.

Auch seine Entwürfe zu einer Autobiographie sind von dieser soziologischen Sichtweise geprägt. In Gründgens' eigenen Augen stammte er aus einer glorreichen Industriellenfamilie, die allerdings bereits längst in Auflösung begriffen und auf beinahe kleinbürgerliche Maße zusammengeschrumpft war. Aus dieser Welt, aus diesem Niedergang befreite sich Gründgens, indem er sich am Theater noch einmal selbst erschuf, indem er sich an einen Ort begab, wo er sich, wie nirgends sonst, selbst eine Form geben konnte, die dann sein Leben wurde. Aber schon diese naheliegende Einsicht wollte Gründgens nicht zulassen. Als fürchtete er, der ganze Zauber könne verfliegen, wenn er benannt würde.

Warum gelang Gründgens hier keine Distanz? Seine Rolle im Dritten Reich war für ihn die einzige, bei der er nicht auf einvernehmliche Zustimmung rechnen konnte. Hat er das Buch über den Künstler und die Macht nicht schreiben können, weil ihm beim Schreiben das faszinierte, in gewisser Weise hörige Publikum, auf das er sonst rechnen konnte, nicht gegenübersaß? Fehlte ihm beim Schreiben also weniger die Distanz als die Vorbedingung der Nähe zu sich?

In dem Interview mit Günther Gaus, der letzten öffentlichen Äußerung vor seinem Tod, läßt sich eindrucksvoll beobachten, wie sehr Gründgens darauf angewiesen war, sein Gegenüber einzunehmen, und wie er daraus seinen Elan bezog. Gaus fragt ganz sachlich und teilnahmslos, Gründgens aber meint nach kurzer Zeit, ihn auf seine Seite gezogen zu haben, und spricht dann viel befreiter und emphatischer. Gaus fragt nach dem Wesen des Schauspielers, Gründgens bleibt mit Thomas Manns Glühwürmchen-Zitat weit hinter der Vorlage, die Gaus ihm gegeben hatte, zurück. Die Aufforderung zur Selbstreflexion greift er nicht auf, meint sich aber ganz in seinem Element. Gaus fragt nach Gründgens' ablehnender Haltung gegenüber Bühnenexperimenten, Gründgens glaubt, Gaus verstehe ihn jetzt, sei mit ihm jetzt auf einer Wellenlänge, und kann dann auftrumpfen, sein Gestus und Ausdruck werden anders, wirken überzeugt und überzeugend. Trotzdem behält die Situation etwas Groteskes. Gaus fragt präzise, zurückhaltend, objektiv, Gründgens begeistert sich an sich selbst. Man kann hier miterleben, wie Gründgens durch eine Selbsttäuschung sich selbst erschafft.

So erscheint Gründgens als die ideale Verkörperung eines bestimmten Zuges jedes Schauspielers. Er ist derjenige, der seine Lust darin hat, sich im Anderen entstehen zu sehen, der sich im Anderen findet. Das war der Weg, auf dem Gründgens aus seinen eher kleinbürgerlichen Anfängen über sich selbst hinauswuchs. Und auch das bringt ihn in eine unwägbare Nähe zu Hitler, der von den Deutschen lebte wie diese von ihm. Denn was der Theaterschauspieler ist, entsteht tatsächlich unmittelbar im Blick des Publikums. Es gibt nichts, wie etwa im Film, was daneben existieren würde. Das macht ihn im nachhinein kaum mehr greifbar, das heißt aber auch, daß er wie kein anderer die Verkörperung der Gefühlslagen des Publikums ist, sein gefallsüchtiges Temperament wird wie nichts anderes sein Ausdruck, und auch er selbst lebt wie niemand sonst im Publikum. Damit aber ist er auch, wie niemand sonst, auf ein Gegenüber angewiesen. So ist der Schauspieler, von seiner gesamten Konstitution her, nicht zur Kritik sondern zum lebendigen Spiegel geschaffen. Im Verhältnis zu einer Diktatur muß das später, aus der Distanz, zu den Vorwürfen führen, die Gründgens gemacht wurden. Wollte man von ihm eine Beurteilung seiner selbst, überschätzt man, von wenigen Ausnahmen abgesehen, die Möglichkeiten, die dem Schauspieler überhaupt zu Gebote stehen. Am allerwenigsten, so könnte man sagen, kann es für den Schauspieler ein wahres Leben im falschen geben. Die Frage, ob Gründgens Nazi war oder nicht, wird deshalb zumindest dem Schauspieler Gründgens, und um den geht es, wenn vom »Mephisto« die Rede ist, nicht gerecht. Mit dem gleichen Recht, wie ihn als Büttel der Macht zu bezeichnen, kann man sagen, Gründgens hat sich mit seinen Mitteln in der Nähe zur Macht in bewundernswerter Weise aufrechterhalten und als standhaft erwiesen. Zweideutig wurde er nicht durch die Nähe zum Nationalsozialismus, sondern seine konstitutionelle Zweideutigkeit ermöglichte ihm einen einzigartigen Balanceakt. Gründgens war kein Held und kein Teufel. Er war Schauspieler.

Anmerkungen

Erinnerungsspuren: Gesinnung oder Maske

1 Siegfried Melchinger: Schauspieler. Velbert 1964, S. 219
2 Was übrigens auch die Beliebtheit der Anekdote im Theater erklärt.
3 Gustaf Gründgens: Wirklichkeit des Theaters. Frankfurt am Main 1953, S. 55 (im folgenden zitiert als »Wirklichkeit«)
4 Wirklichkeit, S. 56
5 Manche Anekdote wurde mir dreimal erzählt, und zwar dreimal anders.
6 Hamburger Abendblatt vom 8. 10. 1963
7 zitiert nach: Eberhard Spangenberg: Karriere eines Romans, Reinbek 1986, S. 165 f.
8 vgl. etwa: Gustaf Gründgens: Briefe, Aufsätze, Reden. Hrsg. von Rolf Badenhausen und Peter Gründgens-Gorski. München 1970, S. 79 (im folgenden als »BAR« zitiert)
9 Antje Weisgerber, Imo Moszkowicz, Walter Zemma
10 vgl. dazu Spangenberg: Karriere eines Romans, S. 169–203
11 Eberhard Spangenberg vermutet Daniel Cohn-Bendit als Urheber; Spangenberg: Karriere eines Romans, S. 265
12 zitiert nach: Alfred Mühr: Mephisto ohne Maske. München 1981, S. 332
13 Helmut Lethen: Verhaltenslehre der Kälte. Lebensversuche zwischen den Kriegen. Frankfurt am Main, 1994
14 z.B. in einem Interview mit Hermann Beil und Claus Peymann. Abgedruckt im Programmbuch des Bochumer Schauspielhauses zu »Thomas Bernhard, Der Weltverbesserer, Spielzeit 1980/81. Wiederabgedruckt in Spangenberg: Karriere eines Romans, S. 141 ff.
15 Imo Moszkowicz und Antje Weisgerber berichten, daß während der Nazizeit die Gespräche verstummten, wenn Minetti den Raum betrat, weil jeder Angst hatte, daß er ein Nazi-Spitzel war.

Bedeutung als Programm: Die ersten Jahre, die erste Ehe

1 Der Nachlaß von Gustaf Gründgens wurde durch seinen Adoptivsohn Peter Gorski an die Staatsbibliothek Preußischer Kulturbesitz in Ber-

lin mit der Auflage verkauft, daß er erst ab dem Jahr 2000 eingesehen werden darf. Bis heute muß man sich deshalb auf die Briefe verlassen, die Curt Riess in seiner Biographie abgedruckt hat. Dort finden sich auffallend viele Briefzitate, die sich vor allem um Gründgens' Geld- und Liebessorgen drehen. Außerdem versichert er seine Mutter immer wieder seiner Liebe.
2 BAR, S. 380
3 Klaus Mann: Der Wendepunkt. Reinbek 1994, S. 178
4 Im Interview mit Günther Gaus
5 So Imo Moszkowicz
6 Frederic Kroll: Klaus-Mann-Schriftenreihe. Wiesbaden 1976 ff. Hier Band III: Vor der Sintflut (1927–1933), S. 47
7 zitiert nach: Curt Riess: Gustaf Gründgens. Eine Biographie. Hamburg 1965, S. 69 (im folgenden zitiert als »Riess«)
8 Klaus Mann: Mephisto. Reinbek, 1981. S. 171 f.
9 Mephisto, S. 172 ff.
10 Kroll: Klaus-Mann-Schriftenreihe, Bd. II, S. 134
11 Klaus Mann, der Pamela seit der Heirat seiner Schwester Erika heiraten wollte, litt lange darunter, daß diese sich gegen ihn und für den um einiges älteren Dramatiker Carl Sternheim entschied.
12 BAR, S. 345
13 Irmela von der Lühe: Erika Mann. Frankfurt am Main 1996, S. 45
14 Riess, S. 66
15 von der Lühe, S. 46
16 Riess, S. 67
17 vgl. Kroll: Klaus-Mann-Schriftenreihe, Bd. II, S. 127
18 Klaus Mann: Der Wendepunkt. Reinbek 1994, S. 163
19 Der Wendepunkt, S. 163 f.
20 Der Wendepunkt, S. 164
21 Dumont-Lindemann-Archiv (Hrsg.): Gustaf Gründgens – Eine Dokumentation. München und Wien 1980, S. 30 (im folgenden als »Katalog« zitiert)
22 Kroll: Klaus-Mann-Schriftenreihe, Bd. II, S. 127
23 Gründgens sollte später großen Wert darauf legen, Mephisto als gefallenen Engel zu kennzeichnen, um den tragischen Zug der Figur herauszustreichen.
24 Katalog, S. 29
25 Katalog, S. 19

26 Katalog, S. 21
27 Katalog, S. 23
28 Katalog, S. 27
29 Katalog, S. 27. Paul Henckels war Co-Direktor des Düsseldorfer Schauspielhauses und ein Schauspieler, mit dem Gründgens später noch zu tun hatte.
30 Riess, S. 53
31 vgl. Kroll: Klaus-Mann-Schriftenreihe, Bd.II, S. 156
32 Katalog, S. 37
33 Daß Gründgens von Anfang an berühmt werden wollte, bezeugt nicht nur die bekannte Postkarte von 1919 mit dem Satz »Zum Aufbewahren bis ich berühmt bin« (abgedruckt z. B. in Gustaf Gründgens: Wie sind wir vornehm. Hannover 1993, S. 9), sondern auch Bernhard Minetti: Erinnerungen eines Schauspielers. Stuttgart 1985, S. 28).
34 Katalog, S. 36
35 Riess, S. 30
36 Riess, S. 30 f.
37 Riess, S. 55
38 Katalog, S. 7
39 Riess, S. 19
40 Riess, S. 167
41 Hilpert leitete während des Nationalsozialismus das Deutsche Theater.
42 Julius Hart in Der Tag vom 25. 10. 1928
43 Hans W. Fischer in Die Welt vom 29. 10. 1928
44 Henning Rischbieter (Hrsg.): Gustaf Gründgens – Schauspieler, Regisseur, Theaterleiter. Velbert 1963, S. 29 f.
45 BAR, S. 319
46 Kroll: Klaus-Mann-Schriftenreihe, Bd.III, S. 91
47 Der Wendepunkt, S. 213
48 Kroll: Klaus-Mann-Schriftenreihe, Bd.III, S. 93
49 Kroll: Klaus-Mann-Schriftenreihe, Bd.III, S. 93

Fuß fassen: Emmy als Minna

1 Legal hatte zuvor die später als »kulturbolschewistisch« eingestufte Krolloper geleitet, an der Gründgens einen seiner ersten Erfolge mit »Figaros Hochzeit« gehabt hatte.

2 »Einer unserer Lehrer war der Schauspieler Lothar Müthel. Ich erinnere mich, wie der eines Tages von einer Reise nach München zurückkam und uns, seinen Schülern, völlig ekstatisch von einer Begegnung erzählte, die er in einem Münchner Bierkeller hatte, wo ein Mann einen tollen Eindruck auf ihn gemacht hatte. Das war Adolf Hitler. Er war fasziniert von der Art, wie Hitler gesprochen hat.« Eike Geisel und Henryk M. Broder (Hrsg.), Premiere und Pogrom. Berlin 1992, S. 211
3 An dessen Düsseldorfer Theaterschule Gründgens ausgebildet worden war.
4 Hans Daiber, Schaufenster der Diktatur. Stuttgart 1995, S. 81. Lindemann war Jude und überlebte das Dritte Reich in Deutschland.
5 Deren Präsident er 1935 werden sollte.
6 Arend wurde später Reichsbühnenbildner.
7 Auch Martin Heidegger hielt im Mai bei einer Schlageter-Gedenkfeier eine seiner berüchtigten Reden.
8 BAR, S. 13
9 BAR, S. 14 f.
10 Es handelte sich um »Die schönen Tage von Aranjuez« und »Der Tunnel«.
11 Antje Weisgerber berichtet, daß Gründgens die Erinnerung an den Pariser Aufenthalt noch lange nach dem Dritten Reich erregt haben und er dort schlechte Erfahrungen gemacht haben muß. Er fühlte sich nach ihren Vermutungen von der dortigen kommunistischen Szene abgelehnt.
12 BAR, S. 27
13 Wieder abgedruckt in: Spangenberg: Karriere eines Romans, S. 89
14 vom 1. März 1934 bis 1. August 1940
15 Peter Jammerthal: Gustaf Gründgens und das Berliner Staatstheater in der Nazizeit. Berlin 1997
16 Später wurde Göring im Umkreis von Gründgens immer wieder mit dem Satz »Wer Jude ist, bestimme ich.« zitiert.
17 Eckart von Naso: Ich liebe das Leben. Hamburg 1953, S. 622
18 Riess, S. 123
19 Abgedruckt im Programmbuch des Bochumer Schauspielhauses zu »Thomas Bernhard, Der Weltverbesserer«, Spielzeit 1980/81. Wiederabgedruckt in: Spangenberg: Karriere eines Romans, S. 142 f.
20 Minetti: Erinnerungen eines Schauspielers, S. 89
21 Mühr: Mephisto ohne Maske, S. 27

22 Mühr: Mephisto ohne Maske, S. 10
23 Mühr: Mephisto ohne Maske, S. 10
24 Mühr: Mephisto ohne Maske, S. 11
25 Emmy Göring: An der Seite meines Mannes. Göttingen 1967, S. 60
26 Für Antje Weisgerber etwa erwies es sich im Interview als ausgemachte Sache.
27 Wirklichkeit, S. 65
28 Berliner Tagblatt vom 27. 9. 1934
29 Alfred Mühr: Aus dem Tagwerk eines Schauspielers. Hamburg 1943, S. 107
30 zitiert nach: Rischbieter (Hrsg.): Gustaf Gründgens: Schauspieler, Regisseur, Theaterleiter, S. 9f.
31 Eike Geisel und Henryk M. Broder: Premiere und Pogrom
32 Göring: An der Seite meines Mannes, S. 89
33 Göring: An der Seite meines Mannes, S. 89
34 Göring: An der Seite meines Mannes, S. 326
35 Riess, S. 290

Inseltheater: Spielplan und Planquadrat

1 zitiert nach: Günther Rühle: Der Griff nach dem Theater. Drama und Bühne im Dritten Reich, S. 93 (abgedruckt in: Hilmar Hoffmann, Heinrich Klotz (Hrsg.): Die Kultur unseres Jahrhunderts, Band III, 1933–1945. Düsseldorf, Wien, New York, Moskau, 1991)
2 Joseph Goebbels: Tagebücher 1924–1945. Herausgegeben von Ralf Georg Reuth, München 1992, S. 1067
3 BAR, S. 19
4 BAR, S. 19
5 »Wenn die Elite der deutschen Kunst, Wissenschaft, Wirtschaft und des Militärs sich nicht so eifrig den Totengräbern Deutschlands zur Verfügung gestellt hätte, so wäre ihr erstens nicht das Geringste passiert, zweitens hätten sich Hitler und seine Komplizen weitaus schwerer getan, das Land der Dichter und Denker in den Griff zu bekommen und das der Massenmörder in Gang zu bringen.« Gottfried Reinhardt: Der Liebhaber. München und Zürich 1973, S. 202
6 z. B. im Interview mit Gaus, abgedruckt in: Katalog, S. 185 ff.
7 Katalog, S. 185
8 vgl. Heinrich Goertz: Gustaf Gründgens. Reinbek 1982, S. 53

9 Joseph Wulf: Theater und Film im Dritten Reich. Frankfurt am Main, Berlin 1983, S. 179
10 Minetti: Erinnerungen eines Schauspielers, S. 116 ff.
11 Geheimes Staatsarchiv 568/68. Abgedruckt in: Jammerthal: Gustaf Gründgens und das Berliner Staatstheater in der Nazizeit, S. 34
12 Dieses Telegramm wurde in der Presse abgedruckt.
13 ebenfalls in der Sammlung Zakowsky
14 alle in der Sammlung Zakowsky
15 Wirklichkeit, S. 72 f.
16 vgl. Erik Grawert-May: Theatrum eroticum. Tübingen 1981, S. 189
17 abgedruckt in: BAR, S. 35 ff.
18 alle Zitate: BAR, S. 35 ff.
19 Bruno E. Werner in der Deutschen Allgemeinen Zeitung vom 11.12.1939
20 Edda Kühlken: Die Klassikerinszenierungen von Gustaf Gründgens. Meisenheim 1972, S. 223 f.
21 Völkischer Beobachter vom 10. 5. 1940
22 Mühr: Mephisto ohne Maske, S. 193
23 zitiert nach: Daiber: Schaufenster der Diktatur, S. 243
24 Slg. Zakowsky
25 vgl. BAR, S. 317 ff.
26 Berlin Document Center (im Bundesarchiv Berlin): Akte Gründgens, Reichskulturkammer (RKK) 2600, Box 0246, File 01
27 vgl. Jammerthal S. 117
28 vgl. Jammerthal S. 52 f.
29 Tägliche Rundschau vom 30. 4. 1946
30 Eike Geisel und Henrik M. Broder: Premiere und Pogrom, S. 126
31 Premiere und Pogrom, S. 150
32 Mühr: Mephisto ohne Maske, S. 165
33 Premiere und Pogrom, S. 215 f.
34 Premiere und Pogrom, S. 215 f.
35 Fritz Kortner: Aller Tage Abend. München 1959, S. 375
36 Aller Tage Abend, S. 375

Selbstbewußt sein: Hamlet, 1936

1 »Hamburger Correspondent« vom 17. 10. 1927
2 »Hamburger Nachrichten« vom 17. 10. 1927
3 Etwa M.A.M. im »Hamburger Fremdenblatt« vom 17. 2. 1927
4 von Naso: Ich liebe das Leben, S. 628
5 Riess, S. 213 f.
6 Paul Fechter: Große Zeit des deutschen Theaters. Gütersloh 1950, S. 8
7 Berliner Tageblatt vom 22. 2. 1936
8 Berliner Tageblatt vom 22. 1. 1936 (zitiert nach: Kühlken: Die Klassikerinszenierungen von Gustaf Gründgens, S. 68)
9 Fechter: Große Zeit des deutschen Theaters, S. 8 f.
10 BAR, S. 97
11 Richard Biedrzynski: Schauspieler, Regisseure, Intendanten. Heidelberg, Berlin, Leipzig 1944, S. 37
12 Will Quadflieg: Wir spielen immer. Frankfurt am Main 1976, S. 155
13 Quadflieg: Wir spielen immer, S. 156
14 Minetti: Erinnerungen eines Schauspielers, S. 99
15 BAR, S. 16
16 Mühr: Mephisto ohne Maske, S. 75
17 zitiert nach: Riess, S. 140
18 RKK 2600, Box 0246, File 01
19 Wulf: Theater und Film im Dritten Reich, S. 37
20 zitiert nach: Riess, S. 140
21 vgl. Spangenberg: Karriere eines Romans, S. 101
22 RKK 2600, Box 0246, File 01
23 BAR, S. 16
24 Riess, S. 152
25 BAR, S. 25
26 BAR, S. 25
27 Wulf: Theater und Film im Dritten Reich, S. 120
28 Mühr, S. 164
29 RKK 2600, Box 0246, File 01
30 BAR, S. 17 f.
31 RKK 2600, Box 0246, File 01
32 Spangenberg: Karriere eines Romans, S. 105
33 Minetti: Erinnerungen eines Schauspielers, S. 137

34 »Mein erstes Engagement.« Theaterleute erinnern sich. Hrsg. Hans Peter Doll, Stuttgart 1988, S. 19 f.
35 im Interview
36 Thomas Mann: Tagebücher 1935–1936. Frankfurt am Main 1978, S. 267
37 Eine Aufstellung der Reichsfilmkammer von 1944 befindet sich im Bundesarchiv: R 109 III/000012 fol.1-. Auch in einer Aktennotiz von 1939 ist Gründgens Honorar mit der Terra Filmkunst bereits auf 80 000 Mark pro Film festgelegt.
38 vgl. Jammerthal: Gustaf Gründgens und das Berliner Staatstheater in der Nazizeit
39 So Imo Moszkowicz, der Gründgens in Düsseldorf bei den seltenen Einkaufsbummeln hinterhergehen mußte, um die Rechnungen zu bezahlen.
40 So ebenfalls Imo Moszkowicz
41 von Naso: Ich liebe das Leben, S. 644
42 von Naso: Ich liebe das Leben, S. 645
43 von Erich Ebermayer, Alfred Mühr, Eckart von Naso und Curt Riess
44 Erich Ebermayer: Denn heute gehört uns Deutschland.... Hamburg und Wien 1966, S. 315
45 Mühr, S. 84 f.
46 vgl. Mühr, S. 136
47 RKK 2701, Box 0001, File 11
48 Ebermayer: Denn heute gehört uns Deutschland, S. 314
49 Er wurde am 30. 6. 1934 im Zusammenhang mit dem Röhmputsch erschossen – ein Datum, an dem Gründgens das Gefühl hatte, der Verhaftung knapp und durch Görings Hilfe entkommen zu sein.
50 RKK 2705, Box 0002, File 20
51 RKK 2705, Box 0002, File 20
52 Riess, S. 222
53 Wulf: Theater und Film im Dritten Reich, S. 45
54 Janet Flanner: Paris, Germany... Reportagen aus Europa 1931–1959. München 1992, Seite 38
55 Berliner Lokal Anzeiger vom 18. 10. 1936
56 Fechter: Große Zeit des deutschen Theaters, S. 10
57 Kühlken: Die Klassikerinszenierungen von Gustaf Gründgens, S. 69
58 Berliner Börsen-Zeitung vom 8. 7. 1942
59 Alfred Mühr: Grosses Theater. Berlin 1950, S. 146

Eine Frage der Haltung: Die Räuber

1 BAR, S. 38
2 BAR, S. 76
3 Riess, S. 232
4 Bundesarchiv Berlin, NS 8/242 fol. 1–261, S. 191
5 Mühr: Mephisto ohne Maske, S. 209
6 Der Spiegel vom 12. 5. 1949
7 alle Briefe sind abgedruckt in: Spangenberg: Karriere eines Romans, S. 165
8 Spangenberg: Karriere eines Romans, S. 164
9 Hauptstaatsarchiv Nordrhein-Westfalen, NW 1002 Ad, S. 81
10 siehe etwa: Wirklichkeit, S. 19
11 Herbert Ihering (Hrsg.): Theaterstadt Berlin. Berlin 1948, S. 69
12 Ihering (Hrsg.): Theaterstadt Berlin, S. 68
13 beide Zitate aus: Ludwig Brunnhuber, Berliner Morgenpost vom 27. 6. 1944
14 Richard Biedrzynski, Völkischer Beobachter vom 27. 6. 1944
15 Werner Fiedler, Deutsche Allgemeine Zeitung vom 27. 6. 1944
16 Ludwig Brunnhuber, Berliner Morgenpost vom 27. 6. 1944
17 Werner Fiedler, Deutsche Allgemeine Zeitung vom 27. 6. 1944
18 Berliner Lokal-Anzeiger vom 27. 6. 44
19 vgl. Jutta Wardetzky, Theaterpolitik im faschistischen Deutschland. Studien und Dokumente, Berlin Ost 1983, S. 274 ff.
20 Wirklichkeit, S. 137
21 Wirklichkeit, S. 136
22 Wirklichkeit, S. 112
23 Wirklichkeit, S. 117
24 Wirklichkeit, S. 124
25 Wirklichkeit, S. 124 f.
26 BAR, S. 40
27 Mühr: Grosses Theater, S. 144
28 Ihering (Hrsg.): Theaterstadt Berlin, S. 68
29 Riess, S. 266
30 Katalog, S. 121 f.
31 So Imo Moszkowicz im Interview
32 Elisabeth Flickenschildt: Kind mit roten Haaren. Hamburg 1971, S. 123
33 Flickenschildt: Kind mit roten Haaren, S. 124

34 Die Welt vom 15. 9. 1951
35 Flickenschildt: Kind mit roten Haaren, S. 124
36 im Interview
37 Süddeutsche Zeitung vom 15. 9. 1951

Fassung gewinnen: Der Snob, 1946

1 Klaus Mann: Mephisto, S. 243
2 Saul Friedländer: Das Dritte Reich und die Juden. München 1998, S. 22
3 RKK 2703, Box 0076, File 10
4 abgedruckt in BAR, S. 49 ff.
5 Spangenberg: Karriere eines Romans, S. 137
6 Ilse von Wangenheim: Die tickende Bratpfanne. Rudolstadt 1974, S. 134 ff.
7 von Wangenheim: Die tickende Bratpfanne, S. 139
8 Telegraf vom 2. 5. 1946
9 Riess, S. 269
10 RKK 2703, Box 0076, File 10
11 Katalog, S. 117
12 BAR, S. 380
13 Minetti: Erinnerungen eines Schauspielers, S. 175
14 BAR, S. 380 f.
15 BAR, S. 382
16 RKK 2705, Box 0002, File 20
17 vgl. die Ausführungen hierzu im Kapitel »Eine Frage der Haltung: Die Räuber«
18 BAR, S. 50
19 RKK 2705, Box 0002, File 20, abgedruckt in: Katalog, S. 112
20 RKK 2705, Box 0002, File 20, abgedruckt in: Katalog, S. 114
21 RKK 2705, Box 0002, File 20
22 RKK 2705, Box 0002, File 20
23 vgl. beide Aussagen im Kapitel »Inseltheater: Spielplan und Planquadrat«
24 RKK 2705, Box 0002, File 20
25 Katalog, S. 118
26 zitiert nach: Goertz: Gustaf Gründgens, S. 107 f.
27 Tägliche Rundschau vom 30. 4. 1946
28 Katalog, S. 46

29 Paul Rilla: Theaterkritiken. Berlin 1978, S. 82 f.
30 in: Henning Rischbieter (Hrsg.): Gründgens – Schauspieler, Regisseur, Theaterleiter, S. 42
31 Neue Zeitung vom 6. 5. 1946
32 Am 4. 5. 1946, abgedruckt in: Friedrich Luft: Berliner Theater 1945–1961. Hannover 1961, S. 51
33 Walter Karsch: Wort und Spiel. Berlin 1962, S. 281 f.
34 vom 5. 5. 1946
35 Rilla: Theaterkritiken, S. 82
36 vom 10. 5. 1946
37 in: Die neue Zeit vom 5. 5. 1946
38 am 2. 5. 1946
39 BAR, S. 61 f.
40 Spangenberg: Karriere eines Romans, S. 156
41 BAR, S. 54
42 BAR, S. 61
43 Luft: Berliner Theater, S. 62 f.
44 zitiert nach: Goertz: Gustaf Gründgens, S. 111
45 Karsch: Wort und Spiel, S. 247
46 Bundesarchiv Berlin, R 50.01 / 292 Bl. 19
47 Karsch: Wort und Spiel, S. 22
48 Telegraf vom 24. 4. 1946
49 Sonntag vom 5. 1. 1947
50 Tägliche Rundschau vom 24. 12. 1946
51 Kurier vom 3. 5. 1946
52 Hauptstaatsarchiv NRW; NW 1002 Ad, S. 83 ff.
53 zitiert nach: Goertz: Gustaf Gründgens, S. 112
54 BAR; S. 206
55 BAR, S. 207
56 BAR, S. 212
57 BAR, S. 212
58 Boleslaw Barlog: Theater lebenslänglich. Berlin 1977. S. 221
59 BAR, S. 213
60 Wirklichkeit, S. 163
61 So Antje Weisgerber im Interview
62 Die Welt vom 16. 9. 1947
63 Der Kurier vom 11. 11. 1947
64 Die Welt vom 15. 11. 1947

65 Echo der Woche vom 22. 11. 47
66 Herbert Ihering: Auf der Suche nach Deutschland – Die Sendung des Theaters. Berlin 1952, S. 35
67 RKK 2701, Box 0007, File 11
68 RKK 2701, Box 0007, File 11

Mephisto sein: Faust

1 BAR, S. 22
2 Herbert Ihering: Von Reinhardt bis Brecht. Berlin 1961, S. 17
3 Dolf Sternberger: Kriterien. Frankfurt am Main 1965, S. 257
4 Sternberger: Kriterien, S. 266
5 »Meine Begegnung mit Faust« in: Gründgens' Faust. Frankfurt am Main 1982, S. 123
6 Gründgens' Faust, S. 123 f.
7 Gründgens' Faust, S. 124
8 Gründgens' Faust, S. 126
9 Sternberger: Kriterien, S. 264
10 Gründgens' Faust, S. 128
11 Quadflieg: Wir spielen immer, S. 163
12 Quadflieg: Wir spielen immer, S. 163
13 Quadflieg: Wir spielen immer, S. 164
14 Gründgens' Faust, S. 122
15 Quadflieg: Wir spielen immer, S. 164
16 Quadflieg: Wir spielen immer, S. 166
17 BAR, S. 147
18 Sternberger: Kriterien, S. 258
19 zitiert nach: Goertz: Gustaf Gründgens, S. 131
20 BAR, S. 110
21 BAR, S. 405
22 BAR, S. 405
23 vgl. Kühlken: Die Klassikerinszenierungen von Gustaf Gründgens, S. 118
24 Gründgens' Faust, S. 115
25 Katalog, S. 23
26 Berliner Börsen-Courier vom 3. 12. 1932
27 Berliner Börsen-Courier vom 3. 12. 1932
28 Berliner Tageblatt vom 3. 12. 1932

29 Berliner Fremden-Zeitung vom 3. 12. 32
30 Katalog, S. 79
31 Gründgens' Faust, S. 116
32 Göring: An der Seite meines Mannes, S. 59
33 Gründgens' Faust, S. 118
34 Deutsche Allgemeine Zeitung vom 23. 1. 1933
35 Berliner Tageblatt vom 23. 1. 1933
36 BAR, S. 14
37 vgl. Jammerthal: Gustaf Gründgens und das Berliner Staatstheater in der Nazizeit, S. 17
38 BAR, S. 78
39 BAR, S. 78
40 Spangenberg: Karriere eines Romans, S. 67
41 BAR, S. 72
42 Berliner Tageblatt vom 3. 9. 1934
43 Völkischer Beobachter vom 4. 9. 1934
44 Gründgens' Faust, S. 119
45 Gründgens' Faust, S. 118
46 Die Premieren waren am 11. 10. 1941 und 22. 6. 1942, zu den Berliner Kunstwochen.
47 B.Z. vom 23. 6. 1942
48 Gründgens' Faust, S. 120
49 Zweite Besprechung der Aufführung durch Richard Biedrzynski, noch vor der Aufführung des zweiten Teils; sie befindet sich in der Sammlung Zakowsky ohne Datumsangabe
50 Deutsche Allgemeine Zeitung vom 22. 6. 1942
51 nach den Photographien zu urteilen
52 12 Uhr Blatt vom 23. 6. 1942
53 Berliner Theateralmanach auf das Jahr 1942 (hrsg. von Axel Kaun), S. 25
54 Berliner Theateralmanach, S. 253
55 BAR, S. 325
56 Gründgens' Faust, S. 126
57 Rischbieter (Hrsg.): Gründgens – Schauspieler, Regisseur, Theaterleiter, S. 163
58 Quadflieg: Wir spielen immer, S. 179
59 Rudolf Ramin: Gustaf Gründgens. Bildnis eines Künstlers. Berlin 1933, ohne Seiten
60 Minetti: Erinnerungen eines Schauspielers, S. 11

61 Minetti: Erinnerungen eines Schauspielers, S. 134
62 Minetti, Erinnerungen eines Schauspielers, S. 103
63 Gründgens' Faust, S. 128

Held oder Dämon: Der Staatsschauspieler

1 Julius Hart in Der Tag vom 25. 10. 28
2 Herbert Ihering: Der Kampf um das Theater. Berlin 1974, S. 444 (geschrieben 1932)
3 Lethen: Verhaltenslehren der Kälte.
4 BAR, S. 318
5 Wirklichkeit, S. 15
6 Slg. Zakowsky, ohne Datum
7 abgedruckt auch in: BAR, S. 333
8 von Naso: Ich liebe das Leben, S. 644
9 Hans Bürger-Prinz: Ein Psychiater berichtet. Hamburg 1970, S. 217
10 BAR, S. 368
11 BAR, S. 417
12 Ihering: Der Kampf um das Theater, S. 444
13 vgl. Riess, S. 301, und von Naso: Ich liebe das Leben, S. 644
14 BAR, S. 349
15 von Naso: Ich liebe das Leben, S. 627
16 von Naso: Ich liebe das Leben, S. 645
17 BAR, S. 382
18 Der Gründgens später überzeugen wollte, in dem Propagandafilm »Ohm Krüger« mitzumachen.
19 Veit Harlan: Im Schatten meiner Filme. Erlebnisse eines Filmregisseurs unter seinem allerhöchsten Chef, dem Schirmherrn des deutschen Films, Dr. Joseph Goebbels. Gütersloh 1966, S. 42 f.
20 Harlan: Im Schatten meiner Filme, S. 43 f.
21 Lubitsch hatte seine Karriere bei Max Reinhardt als Schauspieler begonnen.
22 Charles Chaplin: Die Geschichte meines Lebens. Frankfurt am Main 1964, S. 324
23 Die neue Weltbühne, Heft 33, S. 1331. Zitiert nach: Rudolf Herz: Hoffmann & Hitler – Fotografie als Medium des Führer-Mythos. München 1994
24 BAR, S. 55 f.

Chronik

1899	Gustav Gründgens wird am 22. Dezember in Düsseldorf geboren.
1909–1916	Besuch des Comenius-Gymnasiums in Düsseldorf
1917	Soldat an der Westfront, Engagement am Fronttheater Friedrichsburg in Saarlouis
1918	Leiter des Fronttheaters, das zu dieser Zeit nach Thale im Harz verlegt wird
1919–1920	Ausbildung an der Düsseldorfer Theaterakademie von Louise Dumont und Gustav Lindemann
1920/21	Engagement an den Städtischen Bühnen in Halberstadt
1921/22	Engagement am Vereinigten Städtischen Theater in Kiel
1922/23	Engagement am Theater in der Kommandantenstraße in Berlin Auftritt im Kabarett Größenwahn in Berlin
1923	Engagement an den Hamburger Kammerspielen
1925	Lernt Klaus und Erika Mann kennen.
1926	Heirat mit Erika Mann Gustav Gründgens nennt sich jetzt Gustaf; erster Auftritt bei Max Reinhardt, Theater in der Josefstadt in Wien.
1928	Ende des Engagments in Hamburg, Auftritt an den Münchner Kammerspielen, Engagement bei Max Reinhardt am Deutschen Theater in Berlin, spielt jetzt auch verstärkt beim Film.
1929	Scheidung von Erika Mann
1931	Ende des Engagements bei Max Reinhardt, Operninszenierungen
1932	Gründgens tritt erstmals am Preußischen Staatstheater am Gendarmenmarkt in Berlin auf.
1934	Intendant des Preußischen Staatstheaters
1935	Kauf des Gutes in Zeesen
1936	Staatsrat

	Urlaub in Sizilien, eintägige Flucht in die Schweiz
	Heirat mit Marianne Hoppe;
	in Amsterdam erscheint »Mephisto« von Klaus Mann
1938	Intendant des Preußischen Staatstheaters Berlin
	Ensemble-Gastspiel: Schloß Kronborg (Dänemark)
1942	Ensemble-Gastspiel: Luftgaukommando Norwegen
1943	als Soldat zur Wehrmacht, stationiert in Utrecht
1945	Wird von den Russen mehrfach verhaftet und neun Monate inhaftiert.
1946	Engagement am Deutschen Theater in Berlin
	Scheidung von Marianne Hoppe
1947	Generalintendant der Städtischen Bühnen Düsseldorf
1948	Präsident des Deutschen Bühnenvereins
1949	Gastspiel mit »Faust I« in Edinburgh
	Adoption von Peter Gorski
1950	Rücktritt als Präsident des Deutschen Bühnenvereins
1951	Gründung der »Schauspiel GmbH« in Düsseldorf
1953	Großes Verdienstkreuz mit Stern des Verdienstordens der Bundesrepublik Deutschland
1955	Gründgens wird Generalintendant des Deutschen Schauspielhauses in Hamburg
1956	»Mephisto« erscheint in der DDR
1959	Gastspiel mit »Faust I« in Moskau und Leningrad
1961	Verfilmung von »Faust I«
	Gastspiel mit »Faust I« in New York
1963	Gründgens beendet seine Karriere als Intendant mit dem Rücktritt in Hamburg, will aber als Schauspieler und Regisseur weiterarbeiten. Im September tritt er eine Weltreise an und stirbt in der Nacht vom 6. auf den 7. Oktober in Manila.
1965	»Mephisto« erscheint in der Bundesrepublik Deutschland, wird dort ein Jahr später verboten und erst 1981 als Taschenbuch wieder aufgelegt.

Rollen- und Inszenierungsverzeichnis

Aus dem Zeitraum 1918 bis 1933 werden nur die wichtigsten Rollen und Inszenierungen genannt.

1918	**Fronttheater Friedrichsburg bei Saarbrücken**	
2. 10.	*Jugendfreunde* LUDWIG FULDA	Philipp
Oktober	*Faust I* GOETHE	Schüler
1919	**Bergtheater Thale im Harz**	
März	*Faust I* GOETHE (Rezitationen)	Mephisto
	Schauspielhaus Düsseldorf	
	20 Rollen, darunter	
19. 4.	*Der lebende Leichnam* TOLSTOI	Lakai bei Afremow
27. 9.	*Das Käthchen von Heilbronn* KLEIST	Friedrich v. Herrnstadt
26. 12.	*Ein Sommernachtstraum* SHAKESPEARE	Flaut, Thisbe
1920		
16. 1.	*Wallensteins Tod* SCHILLER	Kammerdiener
8. 2.	*Hamlet* SHAKESPEARE	Priester
10. 2.	*Robert und Bertram* GUSTAV RAEDER	Tanzeinlage
7. 4.	*Minna von Barnhelm* LESSING	Riccaut
7. 5.	*Hamlet* SHAKESPEARE	Güldenstern
19. 5.	*Kabale und Liebe* SCHILLER	Kalb
1920/21	**Städtische Bühnen Halberstadt**	
	23 Rollen, darunter	
	Die Nibelungen HEBBEL	Dankwart
	Dantons Tod GEORG BÜCHNER	Paris, Payn, 2. Bürger
	Egmont GOETHE	Machiavell
	Emilia Galotti LESSING	Marinelli

1921/22	**Vereinigte Städtische Theater Kiel**	
	48 Rollen, darunter	
	Emilia Galotti LESSING	Marinelli
	Tartuffe MOLIÈRE	Tartuffe
	Maria Stuart SCHILLER	Leicester
	Das Konzert HERMANN BAHR	Dr. Jura
	Wie es euch gefällt SHAKESPEARE	Jacques
	Kleist HANS REHBERG	Kleist
	Der König HANNS JOHST	Oberhofzeremonien-meister
	Faust I GOETHE	Mephisto
	Maria Magdalena HEBBEL	Leonhard
1922/23	**Theater in der Kommandantenstraße Berlin**	
	12 Rollen, darunter	
	Torquato Tasso GOETHE	Herzog
	Gespenster IBSEN	Oswald
	Kabarett Größenwahn	Wandervogelszene
1923	**Hamburger Kammerspiele**	
16. 9.	*Der Reigen* ARTHUR SCHNITZLER	Der Graf
6. 11.	*Das Fossil* CARL STERNHEIM (U)	Ago v. Bohna
1924		
16. 4.	*Hans Sonnenstößers Höllenfahrt* PAUL APEL	Albert
14. 8.	*Franziska* FRANK WEDEKIND	Der Herzog
26. 8.	*Geschäft ist Geschäft* OCTAVE MIRBEAU	Caviar und Inszenierung
1925		
23. 3.	*Emilia Galotti* LESSING	Hettore Gonzaga (Prinz)
4. 7.	*Das Konzert* HERMANN BAHR	Dr. Jura und Inszenierung

Gastspiel: Komödienhaus Berlin

12. 5.	*Der Kronprinz* SIDNEY GARRICK (U)	Kronprinz
August	*Pension Schöller* CARL LAUFS	Eugen Rümpel und Inszenierung

Hamburger Kammerspiele

21. 8.	*Der Snob* CARL STERNHEIM	Christian Maske
5. 9.	*Leonce und Lena* BÜCHNER	Prinz Leonce und Inszenierung
22. 10.	*Anja und Esther* KLAUS MANN	Jakob und Inszenierung

Gastspiel: Oldenburg

	Wie es euch gefällt SHAKESPEARE	Jacques

1926 Gastspiel: Theater in der Josefstadt Wien

23. 4.	*Cristinas Heimreise* HUGO VON HOFMANNSTHAL	Florindo

Hamburger Kammerspiele

15. 5.	*Wie es euch gefällt* SHAKESPEARE	Jacques
1. 9.	*Frühlingserwachen* WEDEKIND	Moritz Stiefel und Inszenierung

1927

17. 2	*Kaspar Hauser* ERICH EBERMAYER (U)	Kaspar Hauser

Gastspiel: Leipzig

22. 4.	*Revue zu Vieren* KLAUS MANN (U)	Allan

Hamburger Kammerspiele

25. 4.	*Revue zu Vieren* KLAUS MANN	Allan und Inszenierung
15. 10.	*Hamlet* SHAKESPEARE	Hamlet

1928

19. 1.	*Dantons Tod* GEORG BÜCHNER	Danton und Inszenierung
19. 4.	*Der Snob* CARL STERNHEIM	Christian Maske und Inszenierung

Münchner Kammerspiele
Der Liebestrank Frank Wedekind — Schwiegerling und Inszenierung

Berliner Theater
6. 9. *Der lebende Leichnam* Tolstoi — Afremow

Deutsches Theater Berlin
23. 10. *Verbrecher* Bruckner — Ottfried

1929 Theater in der Josefstadt Wien
15. 3. *Wann kommst du wieder?* Maugham — Inszenierung

Krolloper Berlin
Der arme Matrose Cocteau/Milhaud — Inszenierung

1930 Theater am Nollendorfplatz Berlin
16. 1. *Menschen im Hotel* Vicki Baum — Inszenierung

Lessingtheater Berlin
27. 3. *Haus Danieli* Alfred Neumann — Großherzog

Komödie Berlin
2. 5. *Soll man heiraten?* Shaw — Rolle

Deutsches Theater Berlin
10. 6. *Iphigenie auf Tauris* Goethe — Orest
7. 10. *Elga* Gerhart Hauptmann — Starschenski

Nelson-Theater Berlin
Glück muß man haben Rehfisch/Katz — Rolle

1931 Deutsches Theater Berlin
22. 1. *Pariser Platz 13* Vicki Baum — Inszenierung

Krolloper Berlin
25. 1. *Die Hochzeit des Figaro* Mozart — Inszenierung

Theater am Schiffbauerdamm
12. 3. *Der Dompteur* Alfred Savoir   Lord Londsdale

Theater am Kurfürstendamm
11. 4. *Alles Schwindel* Marcellus Schiffer   Inszenierung

Staatsoper Berlin
15. 12. *Cosi fan tutte* Mozart   Inszenierung

1932
26. 1. *Die Hugenotten* Meyerbeer   Inszenierung und Choreographie

Theater im Admiralspalast Berlin
17. 4. *Liselott* Künnecke   Herzog von Orleans

Städtische Oper Berlin
29. 5. *Die Banditen* Offenbach   Antonio, Bearbeitung und Inszenierung

Staatsoper Berlin
22. 9. *Der Rosenkavalier* Strauss   Inszenierung

Preußisches Staatstheater Berlin
2. 12. *Faust I* Goethe   Mephisto

1933
21. 3. *Faust II* Goethe   Mephisto
13. 10. *Das Konzert* Hermann Bahr   Dr. Jura

1934
17. 1. *Der König* Hermann von Boetticher   Friedrich II.
15. 2. *Hundert Tage* Mussolini/Forzano   Fouché
30. 5. *Rebell in England* Schwarz   Inszenierung
26. 9. *Minna von Barnhelm* Lessing   Riccaut und Inszenierung
26. 10. *Das Glas Wasser* Eugène Scribe   Bolingbroke
23. 12. *König Lear* Shakespeare   Inszenierung

1935
4. 10. *Himmel auf Erden* Jochen Huth   Jacques und Inszenierung

7. 11.	*Egmont* GOETHE	Inszenierung
16. 11.	*Thomas Paine* HANNS JOHST	König
6. 12.	*Gyges und sein Ring* HEBBEL	Inszenierung
1936		
21. 1.	*Hamlet* SHAKESPEARE	Hamlet
3. 6.	*Der tolle Tag* BEAUMARCHAIS	Inszenierung
27. 10.	*Hans Sonnenstößers Höllenfahrt* PAUL APEL	Hans und Inszenierung
5. 12.	*Don Juan und Faust* GRABBE	Don Juan
1937		
9. 6.	*Was ihr wollt* SHAKESPEARE	Inszenierung
29. 9.	*Emilia Galotti* LESSING	Prinz und Inszenierung
29. 10.	*Die Kameliendame* ALEXANDRE DUMAS	Inszenierung
1938		
7. 4.	*Der Siebenjährige Krieg* HANS REHBERG (U)	Friedrich der Große und Inszenierung

Staatsoper Berlin

12. 5.	*Schneider Wibbel* MÜLLER-SCHLÖSSER/MARK LOTHAR	Inszenierung

Preußisches Staatstheater Berlin

29. 10.	*Der Arzt am Scheideweg* SHAW	Dubedat
1. 12.	*Südfrüchte* MARCEL PAGNOL	Inszenierung

Staatsoper Berlin

18. 12.	*Die Zauberflöte* MOZART	Inszenierung

1939	**Preußisches Staatstheater Berlin**	
6. 4.	*Die Königin Isabella* HANS REHBERG (U)	Inszenierung
5. 5.	*Richard II.* SHAKESPEARE	Richard II.
9. 12.	*Dantons Tod* GEORG BÜCHNER	St. Just und Inszenierung
1940		
4. 4.	*Die Verschwörung des Fiesco zu Genua* SCHILLER	Fiesco
9. 5.	*Cavour* MUSSOLINI/FORZANO	Inszenierung

5. 9.	*Wie es euch gefällt* SHAKESPEARE	Inszenierung
5. 10.	*Kirschen für Rom* HANS HÖMBERG (U)	Lukull

1941
4. 5.	*Julius Cäsar* SHAKESPEARE	Julius Cäsar
14. 6.	*Alexander* HANS BAUMANN	Alexander und Inszenierung

Staatsoper Wien
1. 10.	*Die Zauberflöte* MOZART	Inszenierung

Preußisches Staatstheater Berlin
11. 10.	*Faust I* GOETHE	Mephisto
30. 12.	*Die lustigen Weiber von Windsor* SHAKESPEARE	Inszenierung

1942
22. 6.	*Faust II* GOETHE	Mephisto und Inszenierung

1943 **Preußisches Staatstheater Berlin**
2. 1.	*Iphigenie auf Tauris* GOETHE	Orest

1944
24. 7.	*Die Räuber* SCHILLER	Franz und Inszenierung
23. 9.	*Faust I* und *Die Räuber* GOETHE/ SCHILLER (Rezitationsabend)	
30. 9.	*Hamlet* SHAKESPEARE (Rezitationsabend)	

1946 **Deutsches Theater Berlin**
3. 5.	*Der Snob* CARL STERNHEIM	Christian Maske
29. 5.	*Stürmischer Lebensabend* LEONID RACHMANINOW	Wassili
4. 10.	*Kapitän Brassbounds Bekehrung* SHAW	Inszenierung
22. 12.	*König Oedipus* SOPHOKLES	Oedipus

1947
3. 4.	*Der Schatten* JEWGENIJ SCHWARZ	Inszenierung
10. 6.	*Der Marquis von Keith* WEDEKIND	Marquis und Inszenierung

Kabarett Ulenspiegel
Alles Theater Neumann

Städtische Bühnen Düsseldorf

15. 9.	*König Oedipus* Sophokles	Oedipus
16. 9.	*Die Hochzeit des Figaro* Mozart	Inszenierung
7. 11.	*Die Fliegen* Jean-Paul Sartre (DE)	Orest und Inszenierung

1948

3. 4.	*Die Möwe* Tschechow	Trigorin und Inszenierung
20. 5.	*Die Banditen* Jacques Offenbach	Antonio und Inszenierung
14. 9.	*Der Freischütz* Weber	Inszenierung
15. 9.	*Zwei Herren aus Verona* Shakespeare	Inszenierung
16. 9.	*Frühlingserwachen* Wedekind	Inszenierung
19. 10.	*Der Snob* Sternheim	Christian Maske und Inszenierung
16. 12.	*Der arme Matrose* Cocteau/Milhaud	Inszenierung

1949

14. 1.	*Torquato Tasso* Goethe	Tasso und Inszenierung
13. 4.	*Faust I* Goethe	Mephisto und Inszenierung
8. 6.	*Madame Butterfly* Puccini	Inszenierung
25. 10.	*Der Fall Winslow* Terence Rattigan	Sir Robert Morton
22. 12.	*Hamlet* Shakespeare	Hamlet

Staatstheater am Gärtnerplatz München

6. 7.	*Die Banditen* Jacques Offenbach	Antonio und Inszenierung

1950 ### Städtische Bühnen Düsseldorf

10. 2.	*Der Familientag* T. S. Eliot (DE)	Inszenierung
19. 9.	*Der Prozeß* Kafka/Gide/Barrault	Josef K. u. Inszenierung (mit U. Erfurth)
9. 12.	*Die Cocktail-Party* T. S. Eliot (DE)	Sir Henry und Inszenierung

Maggio Musicale Fiorentino

6. 5.	*Macbeth* VERDI	Inszenierung
17. 5.	*Genoveva* ROBERT SCHUMANN	Inszenierung

1951 Städtische Bühnen Düsseldorf

29. 3.	*Die Frau des Bäckers* MARCEL PAGNOL	Inszenierung

Düsseldorfer Schauspielhaus

13. 9.	*Die Räuber* SCHILLER	Franz u. Inszenierung
16. 9.	*Wie es euch gefällt* SHAKESPEARE	Inszenierung
1. 12.	*Venus im Licht* CHRISTOPHER FRY	Inszenierung

1952

5. 1.	*Der Alpenkönig und der Menschenfeind* RAIMUND	Inszenierung
11. 4.	*Faust I* GOETHE (W)	Mephisto und Inszenierung
20. 4.	*Heinrich IV.* PIRANDELLO	Heinrich IV. und Inszenierung

Maggio Musicale Fiorentino

8. 6.	*Wilhelm Tell* ROSSINI	Inszenierung
20. 6.	*Dido* LEONCAVALLO	Inszenierung

Düsseldorfer Schauspielhaus

18. 10.	*Bacchus* COCTEAU (DE)	Kardinal Zampi und Inszenierung
15. 11.	*Undine* GIRAUDOUX	Inszenierung

1953

12. 9.	*Wallensteins Tod* SCHILLER	Wallenstein
14. 10.	*Der Gattenmord* HANS REHBERG (U)	Inszenierung
29. 11.	*Herrenhaus* THOMAS WOLFE (U)	General Ramsay und Inszenierung

1954

6. 2.	*Kirschen für Rom* HANS HÖMBERG	Lukull
30. 5.	*Ende gut, alles gut* SHAKESPEARE	Inszenierung
15. 9.	*Der Privatsekretär* T. S. ELIOT (DE)	Inszenierung
23. 10.	*Um Lucretia* GIRAUDOUX	Inszenierung

1955

15. 1.	*Marschlied* JOHN WHITING (DE)	Rupert Foster und Inszenierung
23. 4.	*Der Drachenthron* WOLFGANG HILDESHEIMER (U)	Inszenierung

Deutsches Schauspielhaus Hamburg

1. 9.	*Wallensteins Tod* SCHILLER	Wallenstein
3. 9.	*Das kalte Licht* ZUCKMAYER (U)	Inszenierung
27. 11.	*Der Privatsekretär* T. S. ELIOT	Inszenierung

1956

26. 1.	*Herrenhaus* THOMAS WOLFE	General Ramsay und Inszenierung
26. 4.	*Thomas Chatterton* HANS HENNY JAHNN (U)	Inszenierung
12. 10.	*Nichts Neues aus Hollywood* CURT GOETZ (U)	Cliff Clifford und Inszenierung

1957

21. 4.	*Faust I* GOETHE	Mephisto und Inszenierung
29. 9.	*Der Entertainer* JOHN OSBORNE (DE)	Archie Rice

Deutsche Oper am Rhein Düsseldorf-Duisburg

17. 11.	*Macbeth* VERDI	Inszenierung

1958 Deutsches Schauspielhaus Hamburg

10. 1.	*Dantons Tod* GEORG BÜCHNER	Inszenierung

Scala di Milano

19. 2.	*Orpheus und Eurydike* GLUCK	Inszenierung

Deutsches Schauspielhaus Hamburg

9. 5.	*Faust II* GOETHE	Mephisto und Inszenierung

Salzburger Festspiele

26. 7.	*Don Carlos* VERDI	Inszenierung

1959 Deutsches Schauspielhaus Hamburg

26. 2.	*Don Juan und Faust* GRABBE	Inszenierung
30. 4.	*Die heilige Johanna der Schlachthöfe* BRECHT (U)	Inszenierung
31. 5.	*Maria Stuart* SCHILLER	Inszenierung
4. 9.	*Cäsar und Cleopatra* SHAW	Cäsar und Inszenierung (mit Karl Vibach)
10. 11.	*Wallensteins Tod* SCHILLER	Wallenstein und Inszenierung
21. 11.	*Sappho* LAWRENCE DURELL (U)	Inszenierung

1960

21. 5.	*Gyges und sein Ring* HEBBEL	Kandaules und Inszenierung
21. 10.	*Der Sturm* SHAKESPEARE/HANS ROTHE	Prospero
22. 11.	*Fräulein Julie* STRINDBERG	Inszenierung
22. 12.	*Von Bergamo bis morgen früh* DIETER WALDMANN (U)	Inszenierung

1961

22. 11.	*Actis* LAWRENCE DURRELL (U)	Inszenierung
25. 12.	*Don Gil von den grünen Hosen* TIRSO DE MOLINA	Inszenierung

1962

9. 5.	*Das Konzert* HERMANN BAHR	Albert Heink und Inszenierung
20. 11.	*Don Carlos* SCHILLER	Philipp II. und Inszenierung

1963

18. 1.	*Totentanz* STRINDBERG	Inszenierung
14. 4.	*Hamlet* SHAKESPEARE	Inszenierung

Erklärung der Abkürzungen:
U = Uraufführung, DE = Deutsche Erstaufführung, W= Wiederaufnahme

Bibliographie

A. Archivalien

1. Bundesarchiv Berlin
R 109 I/1358
NS8/242 und 254
R 109 III/12
2. Akten des Berlin Document Center zu Gustaf Gründgens (im Bundesarchiv Berlin).
RKK 2600
RKK 2701
RKK 2703
RK 2705
3. Nordrheinwestfälisches Hauptstaatsarchiv, Düsseldorf
NW 1002 Ad
NW 1037 – BI –2363
4. Dumont Lindemann Archiv
In diesem zum Düsseldorfer Theatermuseum gehörenden Archiv befindet sich die von einer Gründgens-Verehrerin angelegte »Sammlung Zakowsky«. Diese enthält vor allem Theaterzettel, Aufführungsphotos und Zeitungsausschnitte. Die Zeitungsausschnitte sind leider nicht immer gekennzeichnet, so daß in diesem Fall das Datum und der Ort bestenfalls erahnt werden können.

B. Sekundärliteratur

Abkürzungen:
BAR (für Briefe, Aufsätze, Reden. Hrsg. von Rolf Badenhausen und Peter Gründgens-Gorski)
Katalog (für Katalog des Dumont-Lindemann-Archivs von 1980)
Wirklichkeit (für Gustaf Gründgens, Wirklichkeit des Theaters)
Riess (für Curt Riess): Gustav Gründgens. Eine Biographie

Jean Amery: Karrieren und Köpfe. Zürich 1954
Rolf Badenhausen (Hrsg.): Gustaf Gründgens »Laß mich ausschlafen«. Frankfurt am Main, Berlin 1987. (1. Auflage: München und Wien 1982)
Boleslaw Barlog: Theater lebenslänglich. Berlin 1977
Heinz Beckmann: Nach dem Spiel. Theaterkritiken 1950–62. München und Wien 1963
Wolfgang Benz, Hermann Graml, Hermann Weiß (Hrsg.): Enzyklopädie des Nationalsozialismus. München 1997 (Erste Auflage: Stuttgart 1997)
Richard Biedrzynski, Alfred Mühr: Die Kulturwaffen des neuen Reiches. Berlin 1933
Richard Biedrzynski: Schauspieler, Regisseure, Intendanten. Heidelberg, Berlin und Leipzig 1942
Hans Bürger-Prinz: Ein Psychiater berichtet. Hamburg 1970
Charlie Chaplin: Die Geschichte meines Lebens. Frankfurt am Main 1964
Rosemarie Clausen: Schrift und Maske. Hamburg 1958
Rosemarie Clausen: Faust in Bildern. Braunschweig 1960
Rosemarie Clausen: Theater, Gustaf Gründgens inszeniert. Hamburg 1960
Rosemarie Clausen: Gründgens. Velbert 1963
Hans Daiber: Schaufenster der Diktatur. Stuttgart 1995
Hans Peter Doll (Hrsg.): Mein erstes Engagement. Theaterleute erinnern sich. Stuttgart 1988
Boguslaw Drewniak: Das Theater im NS-Staat. Szenarium deutscher Zeitgeschichte. Düsseldorf 1983
Wolfgang Drews: Die Großen des deutschen Schauspiels. Berlin 1941
Wolfgang Drews: Theater. München 1961
Georg Droescher: Die Preußischen Staatsteater in Berlin, Statistischer Überblick. Berlin 1936
Dumont Lindemann Archiv (Hrsg.): Gustaf Gründgens – Eine Dokumentaion. München und Wien 1980
Erich Ebermayer: »Denn heute gehört uns Deutschland …«. Hamburg und Wien 1966
Fritz Erpenbeck: Lebendiges Theater. Berlin 1949
Paul Fechter: Große Zeit des deutschen Theaters. Gütersloh 1950
Jürgen Fehling: Die Magie des Theaters. Äußerungen und Aufzeichnungen. Velbert 1965
Walter Firner und Oskar Bie: Wir von der Oper. München 1932

Janet Flanner: Paris, Germany... Reportagen aus Europa 1931– 1959. München 1992

Elisabeth Flickenschildt: Kind mit roten Haaren. Hamburg 1971

Saul Friedländer: Das Dritte Reich und die Juden – Die Jahre der Verfolgung 1933–1939. Erster Band, München 1998

Eike Geisel und Henryk M. Broder: Premiere und Pogrom: Der jüdische Kulturbund 1933- 1941. Berlin 1992

Emmy Göring: An der Seite meines Mannes. Göttingen 1967

Heinrich Goertz: Gustaf Gründgens. Reinbek 1982

Erik Grawert-May: Theatrum eroticum. Ein Plädoyer für den Verrat an der Liebe. Tübingen 1981

Gustaf Gründgens: Wirklichkeit des Theaters. Frankfurt am Main 1953

Gustaf Gründgens: Briefe, Aufsätze, Reden. Hrsg. von Rolf Bandehausen und Peter Gründgens-Gorski. München 1970 (Erste Auflage: Hamburg 1967)

Gustaf Gründgens: Rede zur Feier des 75. Geburtstages von Jürgen Fehling. Hrsg. von Rolf Badenhausen. Köln 1964

Gustaf Gründgens: Wie sind wir vornehm. Hannover 1993

Gründgens' Faust. Frankfurt am Main 1982 (darin: Meine Begegnung mit Faust von Gustaf Gründgens, »Faust für uns« von Siegfried Melchinger und Photos von Rosemarie Clausen)

Bettina Finzsch: Gustaf Gründgens und seine Rolle im ›Dritten Reich‹ – der Künstler und die Macht. Magisterarbeit, Bochum 1994

Veit Harlan: Erlebnisse eines Filmregisseurs unter seinem allerhöchsten Chef, dem Schirmherrn des deutschen Films, Dr. Joseph Goebbels. Gütersloh 1966

Rudolf Herz: Hoffmann & Hitler – Fotografie als Medium des Führer-Mythos. München 1994

Hilmar Hoffmann, Heinrich Klotz (Hrsg.): Die Kultur unseres Jahrhunderts 1933–1945. Düsseldorf, Wien, New York, Moskau 1991 (Darin: Günther Rühle: Der Griff nach dem Theater. Drama und Bühne im Dritten Reich)

Herbert Holba, Günther Knorr, Peter Spiegel: Gustaf Gründgens' Filme. Wien 1978

Herbert Ihering: Von Josef Kainz bis Paula Wessely – Schauspieler von Gestern und Heute. Heidelberg, Berlin und Leipzig 1942

Herbert Ihering: Regie. Berlin 1943

Herbert Ihering: Käthe Dorsch. München 1944

Herbert Ihering (Hrsg): Theaterstadt Berlin. Berlin 1948 (Darin: Gustaf Gründgens: Ein Treuloser bekennt sich zu Berlin.)
Herbert Ihering: Junge Schauspieler. Berlin 1948
Herbert Ihering: Auf der Suche nach Deutschland – Die Sendung des Theaters. Berlin 1952
Herbert Ihering: Schauspieler in der Entwicklung. Berlin 1956
Herbert Ihering: Von Reinhardt bis Brecht. Vier Jahrzehnte Theater und Film. Band 1–3. Berlin (Ost) 1961
Herbert Ihering: Der Kampf ums Theater und andere Streitschriften 1918 bis 1933. Berlin (Ost) 1974
Peter Jammerthal: Gustaf Gründgens und das Berliner Staatstheater in der Nazizeit. Magisterarbeit, Berlin 1997
Hanns Johst: Maske und Gesicht. Reise eines Nationalsozialisten von Deutschland nach Deutschand. München 1935
Joachim Kaiser: Kleines Theatertagebuch. Hamburg 1965
Walther Karsch: Wort und Spiel. Berlin 1962
Axel Kaun (Hrsg.): Berliner Theater-Almanach 1942. Berlin o.J.
Alfred Kerr: Die Welt im Drama. Köln und Berlin 1954
Alfred Kerr: Mit Schleuder und Harfe – Theaterkritiken aus drei Jahrzehnten. München 1985
Ian Kershaw: Der Hitler-Mythos. Stuttgart 1980
Ian Kershaw: Hitlers Macht. München 1992
Ian Kershaw: Hitler. 1889–1936. Stuttgart 1998
Konstantin Prinz von Bayern: Die großen Namen. München 1956
Fritz Kortner: Aller Tage Abend. München 1959
Fritz Kortner: Letzten Endes. München 1971
Frederic Kroll (Hrsg.): Klaus Mann Schriftenreihe, 6 Bände. Wiesbaden 1976 ff.
Edda Kühlken: Die Klassiker-Inszenierungen von Gustaf Gründgens. Meisenheim 1972
Helmut Lethen: Verhaltenslehren der Kälte – Lebensversuche zwischen den Kriegen. Frankfurt am Main 1994
Irmela von der Lühe: Erika Mann – Eine Biographie. Frankfurt am Main 1996 (Erstausgabe: Frankfurt am Main 1993)
Friedrich Luft: Gustaf Gründgens. Berlin 1958
Friedrich Luft: Berliner Theater. 1945–1961. Hannover 1961
Klaus Mann: Mephisto. Reinbek 1981 (Taschenbuch-Ausgabe)
Klaus Mann: The Turning Point. New York 1942

Klaus Mann: Der Wendepunkt. Reinbek 1993 (Erste Auflage: Reinbek 1984)
Klaus Mann: Tagebücher 1931–1949. Hrsg. von Joachim Heimannsberg, Peter Laemmle und Wilfried F. Schoeller. Reinbek 1995
Werner Maser (Hrsg.) Paul Stieber-Walter (Devrient), Mein Schüler Hitler. Pfaffenhofen 1975
Winrich Meiszies: Gustaf Gründgens. in: Rheinische Lebensbilder, Band 16. Köln 1997
Siegfried Melchinger: Modernes Welttheater. Bremen 1956
Siegfried Melchinger: Theater der Gegenwart. 2. Aufl. Frankfurt am Main 1958
Siegfried Melchinger: Schauspieler. Velbert 1964
Siegfried Melchinger und Henning Rischbieter: Welttheater, Bühnen Autoren Inszenierungen. Braunschweig 1962
Bernhard Minetti: Erinnerungen eines Schauspielers. Hrsg. von Günther Rühle. Stuttgart 1985
Imo Moszkowicz: Der grauende Morgen. München 1998 (Erstausgabe: München 1996)
Alfred Mühr: Mephisto ohne Maske – Gustaf Gründgens – Legende und Wahrheit. München 1981
Alfred Mühr: Aus dem Tagewerk eines Schauspielers. Berin 1943
Alfred Mühr: Grosses Theater – Begegnungen mit Gustaf Gründgens. Berlin 1950
Alfred Mühr: Rund um den Gendarmenmarkt. Oldenburg 1965
Nachspiel auf dem Theater. Für Gustaf Gründgens – Reden und Texte der Gedenkfeier am 20. Oktober 1963 im Deutschen Schauspielhaus Hamburg. Hamburg 1963
Eckart von Naso: Ich liebe das Leben. Hamburg 1953
Ingrid Nohl (Hrsg): Festschrift Für Rolf Badenhausen zu 70. Geburtstag. München 1977 (darin: Edda Kühlken: Über die Theaterwirklichkeit in Klaus Manns Roman »Mephisto«)
Will Quadflieg: Wir spielen immer. Frankfurt am Main 1976
Rolf Ramin: Gustaf Gründgens – Bildnis eines Künstlers. Berlin 1933
Gottfried Reinhardt: Der Liebhaber – Erinnerungen seines Sohnes Gottfried Reinhardt an Max Reinhardt. München und Zürich 1973
Ralf Georg Reuth (Hrsg.): Joseph Goebbels – Tagebücher 1924–1945. München 1992
Curt Riess: Gustaf Gründgens – Eine Biographie. Hamburg 1965

Curt Riess: Theaterdämmerung oder Das Klo auf der Bühne. Hamburg 1970
Paul Rilla: Theaterkritiken. Berlin 1978.
Henning Rischbieter (Hrsg.): Gründgens – Schauspieler, Regisseur, Theaterleiter. Velbert 1963
Henning Rischbieter: Gründgens unter den Nazis. Theater Heute, Heft 4, April 1981
Karl Heinz Ruppel: Berliner Schauspiel 1936–1942. Berlin 1943
Karl Heinz Ruppel: Großes Berliner Theater. Velbert 1962
Günther Rühle: Theater für die Republik. Frankfurt am Main 1967
Hans Dieter Schäfer: Das gespaltene Bewußtsein – Deutsche Kultur und Lebenswirklichkeit 1933–45. München und Wien 1981
Nicole Schaenzler: Klaus Mann. Eine Biographie. Frankfurt am Main 1999
Albert Schulze-Vellinghausen: Theaterkritik 1952–1960. Velbert 1961
Hans Schwab-Felisch: Das Düsseldorfer Schauspielhaus. Düsseldorf und Wien 1970
Eberhard Spangenberg: Karriere eines Romans. Mephisto, Klaus Mann und Gustaf Gründgens. Reinbek 1986 (Erstausgabe: München 1982)
Dolf Sternberger: Kriterien. Frankfurt am Main 1965
Klaus Theweleit: Buch der Könige 2x – Orpheus am Machtpol. Basel, Frankfurt am Main 1994
Gerd Vielhaber und Liselotte Strelow: Gründgens – Sieben Jahre Düsseldorf. Honnef 1954
Ilse von Wangenheim: Die tickende Bratpfanne. Rudolstadt 1974
Jutta Wardetzky: Theaterpolitik im faschistischen Deutschand. Berlin (Ost) 1983
Joseph Wulf: Theater und Film im Dritten Reich. Frankfurt am Main, Berlin 1983

C. Interviews

Interviews wurden mit Marianne Hoppe, Antje Weisgerber, Imo Moszkowicz und Walter Zemma geführt.

Außerdem wurde das Interview von Günther Gaus mit Gustaf Gründgens, ZDF 1963, und das Interview von Gero von Boehm mit Marianne Hoppe, SWF 1989, berücksichtigt.

Personenregister

Albers, Hans 57
Alexander, Curt 247
Andersen, Hans Christian 216
Antoines, A. P. 61
Apel, Paul 157f.
Arent, Benno von 67, 133, 155
Arnold, Karl 219
Aslan, Raoul 199
Attolico 110
Augstein, Rudolf 169

Badenhausen, Rolf 17, 72, 135
Bahr, Hermann 73, 104
Barlog, Boleslaw 221
Bassermann, Albert 67, 94, 206
Baumann, Hans 111
Beaumarchais 140, 261
Becher, Johannes R. 94
Beckett, Samuel 176f.
Beethoven, Ludwig van 98, 252
Beil, Hermann 79
Bell 197
Benjamin, Walter 13
Benn, Gottfried 67
Bergner, Elisabeth 94
Bernoulli, Alice und Christoph 240
Biedrzynski, Richard 110, 129, 251
Bildt, Paul 114, 186, 199
Billinger, Richard 66
Bing, Rudolf 253
Bismarck, Otto von 111, 252, 276
Boetticher, Hermann von 76
Boetticher, Siegfried 170
Bois, Curt 94
Brandauer, Klaus Maria 23
Brecht, Berthold 29f., 94, 141
Broder, Henryk M. 116
Bruckner, Barbara 248
Bruckner, Ferdinand 57, 60f., 94, 262
Büchi, Ella 230
Büchner, Georg 108
Bürgam-Warscha 102
Bürger-Prinz, Hans 267
Busch, Ernst 199

Calderon 66
Cäsar, Gaius Julius 275, 280
Caspar, Horst 186, 223f., 253f.
Chaplin, Charlie 29, 278ff.
Christiansen, Harro 169

Da Ponte, Lorenzo 140
Daumier, Honoré 85
de Kowa, Victor 114, 140
Dehncke, Ernest 172
Deutsch, Ernst 94
Diderot, Denis 271
Döblin, Alfred 94

Dorsch, Käthe 58, 114, 151, 180, 211, 216
Dumont, Louise 47f., 189, 207
Durieux, Tilla 94
Dymschitz 216

Ebermayer, Erich 25, 147, 149
Einstein, Albert 279
Eisner, Lotte 248
Eliot, T. S. 225
Ermann, Hans 107
Erttel, Holm 199
Etlinger, Karl 199

Fabricius, Hans 174f.
Falckenberg, Otto 45
Fechter, Paul 124, 127f., 159f., 245, 252
Fehling, Jürgen 68, 82, 99f., 105f., 109, 181, 223
Feuchtwanger, Lion 94
Fiedler, Werner 210
Flanner, Janet 156
Flickenschildt, Elisabeth 27, 190ff., 223
Fontane, Theodor 143f., 149
Forzano, Giovacchino 76, 110
Frank, B. 211, 215
Frank, Walter 246
Freisler, Roland 102
Frenzel, Herbert A. 102
Friedländer, Saul 193
Furtwängler, Wilhelm 98

Gaus, Günther 16, 116, 282f.
Geisel, Eike 116
Geisler, H. 169ff.
George, Heinrich 68
George, Stefan 94
Giampietro, Josef 271
Gliese, Rochus 82, 98
Goebbels, Joseph 67ff., 76ff., 91ff., 99, 101, 106, 108, 110ff., 116, 121, 130, 134ff., 141, 154f., 158, 163, 168, 172, 180f., 251, 280
Goethe, Johann Wolfgang von 63, 65, 70, 86, 98, 167, 185, 229ff., 237, 242, 244f.
Gold, Käthe 140, 265
Goldschmidt, Rudolf 149, 151ff., 201
Göring, Emmy, *siehe* Sonnemann, Emmy
Göring, Herrmann 66, 68ff., 73ff., 87, 89f., 93, 96, 98, 100f., 105, 110, 112, 114, 121f., 130ff., 134ff., 144f., 153f., 158, 163, 166, 168, 170, 172, 180f., 199, 241, 245, 248, 255, 280
Gorski, Peter 17, 23, 72, 135, 149, 188, 207
Grabbe, Christian Dietrich 101
Graf, Oskar Maria 94
Granach, Alexander 246
Gress, Ulrich 226f.
Gründgens, Arnold 55
Gründgens, Emmy 55, 146

Gründgens, Marita 42, 55
Gründgens-Gorski, Peter, *siehe* Gorski, Peter
Güttler 103

Harich, Wolfgang 218 f.
Harlan, Veit 67, 274, 276
Hartmann, Paul 180, 250, 253 f.
Hartung, Gustav 94
Hatheyer, Heidemarie 166
Haupt, Ullrich 190 f.
Hauptmann, Gerhart 228
Henckels, Paul 114, 199
Hentschke, Heinz 95
Heydrich, Reinhard 138
Hilpert, Heinz 57, 174
Himmler, Heinrich 67, 77
Hinz, Werner 240
Hitler, Adolf 29 f., 67, 69, 76 ff., 91, 98, 119, 121, 134 ff., 179, 229, 247, 255, 273 f., 276 ff.
Höfer, Werner 60, 112, 249, 263, 283
Hofmann, Heinrich 279
Hofmannsthal, Hugo von 66, 188
Holländer, Felix 94
Hoppe, Marianne 20, 27, 29, 52, 80, 86 f., 104 f., 112, 141 ff., 147 f., 153, 201, 211, 220, 223, 265
Horvath, Ödön von 94
Horwitz, Mirjam 74
Huth, Jochen 95

Ihering, Herbert 46, 83, 98, 126, 141, 225 f., 229, 243 f., 248 f., 257, 262, 271
Izard, Ralf 211

Jacobi, Georg 22
Jacobi, Lucy von 49
Jakob, Franziska 88, 117 f.
Jannings, Emil 274 f.
Jessner, Leopold 65 f., 94
Johst, Hanns 67 f., 73 f., 80, 91, 97, 99, 141, 247
Jugo, Jenny 144

Kaiser, Georg 94
Kaiser, Joachim 230
Karsch, Walter 209, 217
Kerr, Alfred 46, 141, 207, 243 f., 248, 253
Kershaw, Ian 277
Kersten, Paul 179
Kleist, Heinrich von 85, 167 f.
Klöpfer, Eugen 248
Knuth, Gustav 209, 254, 265
Koppenhöfer, Maria 67
Körner, Hermine 114, 181
Kortner, Fritz 28, 94, 109, 119 f.
Krauß, Werner 66, 76, 106, 110, 181, 243 f., 246
Kresnik, Johann 12, 14, 29
Kroll, Frederic 17
Kühlken, Edda 110
Kurzke, Jan 247

Lang, Fritz 59
Langhans, Erich Zacharias 146, 153
Langhoff, Wolfgang 94, 216
Laubenthal 265
Legal, Ernst 229, 242 f.

Lennig, Walter 218
Leonard, F. N. 227
Lessing, Gotthold Ephraim 70 f., 82, 84, 86, 88
Lethen, Helmut 28, 262 f.
Leyhausen, Wilhelm 155
Liebeneiner, Wolfgang 164, 201
Liebmann, Ida 247
Lindemann, Gustav 66, 189, 245 f., 252
Lindtberg, Leopold 94, 240
Linfer, Carl 210
Lingen, Theo 199
Linkmann, Ludwig 188
Lothar, Mark 157
Lubitsch, Ernst 29, 278
Luft, Friedrich 59, 209, 216, 240

Mann, Erika 18, 24, 31 ff., 38 ff., 46, 51 f., 57, 60 f., 69, 213
Mann, Heinrich 49
Mann, Katia 32
Mann, Klaus 13 ff., 21 ff., 31 ff., 35 f., 38 ff., 49, 51, 57, 60 ff., 94, 140, 144, 147, 153, 193 ff., 206, 212 f., 247, 273
Mann, Thomas 16, 23, 51, 94, 144, 279, 283
Mannheim, Lucie 94
Martin, Dean 13
Martin, Kingsley 264
Marx, Karl 25
Mauss, Hanns 137
Mayer, Gustl 143
Melchinger, Siegfried 11
Minetti, Bernhard 29, 67 ff., 86, 100, 109, 130, 141, 198, 251, 257 f.
Mnouchkine, Ariane 14, 23
Moissi, Alexander 123 f., 137
Moltke, Helmuth Graf von 102
Moosheim, Grete 94
Moraller 132
Moszkowicz, Imo 142, 188 f.
Mühr, Alfred 17, 25, 80, 84, 116, 131, 135 f., 148, 161, 185
Müller, Heiner 29 f., 280 f.
Müller, Traugott 109, 182, 184
Müller-Rastatt, Carl 123
Mussolini, Benito 76, 110, 275
Müthel, Lothar 65 ff., 99, 125, 156, 158, 242 ff.

Naso, Eckart von 124, 155, 266, 272 f.
Natan, Alex 248
Neumann, Günther 216
Nietzsche, Friedrich 268 f.
Noedecke 102

Offenbach, Jacques 261
Ophüls, Max 59, 247
Otto, Theo 231, 236 f., 256 f.

Pagnol, Marcel 261
Pasternak, Boris 240
Patry, Albert 65, 145
Pavolini 110
Peymann, Claus 79
Pfeiffer, Herbert 244
Piper, Carl Anton 123
Piscator, Erwin 94
Platon 91

Popitz, Johannes 171
Pringsheim, Klaus 32, 40

Quadflieg, Will 129f., 230, 237ff., 245, 253, 257

Ramin, Rudolf 257
Raymond, Fred 95
Rehberg, Hans 85, 100ff.
Reich-Ranicki, Marcel 130
Reim, Günther 27
Reincke, Heinz 27
Reinhardt, Gottfried 96
Reinhardt, Max 51, 57, 63, 66, 82, 94, 96, 154, 204, 206, 247, 261, 272, 281
Reuter, Ernst 221
Reuter, Renette Isabell 254
Riess, Curt 17, 25, 41, 52, 55, 78, 89, 142, 166, 186, 189, 211
Rilla, Paul 208, 210
Röhm, Ernst 130
Rosenberg, Alfred 67f., 144
Rühmann, Heinz 144
Ruppel, Karl Heinz 84, 192, 252

Sakheim 50
Sartre, Jean Paul 224f.
Sauerbruch, Ernst Ferdinand
Scheer, Maximilian 77
Scheffels, Franz Josef 132
Schell, Maximilian 162
Schiller, Friedrich 11, 86, 155, 174, 179, 185ff., 189f., 223, 267
Schinkel, Karl Friedrich 64
Schlageter, Leo 67
Schlegel, August Wilhelm 129
Schleiß, Jürgen 20f.
Schlösser, Rainer 101, 106, 111ff., 133, 180
Schmeling, Max 243
Schmidt, Willi 191
Schütz, Werner 72
Schwarz, Hans 86
Schwarz, Jewgenij 216
Schwenn, Günther 95
Seghers, Anna 94
Sely 197
Shaw, G. Bernard 50, 216
Sonnemann, Emmy 66f., 70, 73ff., 78ff., 87ff., 147, 153, 166, 180, 199
Sophokles 217
Stang, Walter 166
Stanislawskij, Konstantin Sergejewitsch 271
Stein, Peter 26
Sternaux, Ludwig 127
Sternberger, Dolf 230, 237

Sternheim, Carl 40, 189, 196, 202f., 206, 209f., 213, 223
Sternheim, Mopsa 40
Stobrawa, Renée 52f.
Strehler, Giorgio 235
Strindberg, Johan August 51
Stroux, Karl Heinz 181, 217
Suhrkamp, Peter 19
Szabo, Istvan 14, 23

Tabori, George 29, 280
Thimig, Helene 94
Tietjen, Heinz 65f., 68, 73, 79, 131ff., 184, 281f., 246
Toller, Ernst 13, 94
Trutz, Wolf 147, 220
Tucholsky, Kurt 175, 278

Ulbrich, Franz 66ff., 73f., 247
Unruh, Fritz von 94
Utermann, Utz 27

Valck, Frederik 254
Vielhaber, Gerd 192f., 254
Viertel, Bertholt 94, 280
von der Lühe, Irmela 41
Voss, Gert 149ff., 201

Wachtendonk, Jakob 225
Wangenheim, Gustav von 25, 94, 194ff., 201, 214
Wangenheim, Ilse von 194ff.
Wäscher, Aribert 197ff.
Weber, Max 277
Wedekind, Frank 39, 46, 203, 217, 261
Wedekind, Pamela 39ff., 46, 198, 213
Wegener, Paul 166, 176, 199f.
Weisgerber, Antje 20, 27, 112, 132, 143, 186, 188, 190, 207, 209, 211, 220, 223f., 239, 248, 254
Werfel, Franz 94
Wernicke, Otto 199
Wessely, Paula 144
Wieman, Mathias 252f.
Wilde, Oscar 50
Winzenried, Michael 270f.
Wisten, Fritz 208f.
Wurm, Ernst 160
Wuttke, Martin 30

Zadek, Peter 26
Ziegel, Erich 48f., 51, 57, 74f., 195, 199
Zivier, Georg 210, 218
Zuckmayer, Carl 94
Zweig, Arnold 50, 94
Zweig, Stefan 13, 94

Bildnachweis

Bilderdienst Süddeutscher Verlag 8, 10, 21; C. Riess, Gustav Gründgens – Eine Biographie (1965) 1; Theatermuseum Landeshauptstadt Düsseldorf 2, 4, 12, 17, 24, 25; Ullstein Bilderdienst 3, 5, 6, 7, 9, 11, 13, 14, 15, 16, 18, 19, 20, 22, 23.